歴史のなかの
入会・入会権

評定所の享保期入会裁判、
近畿地方の入会史

後藤正人 GOTO Masato

文理閣

熊谷開作・黒木三郎両先生の学恩に感謝して

熊谷開作先生 (1973. 3. 10)

黒木三郎先生 (左) と筆者 (1998. 8. 27)

はしがき

　入会権は古くて新しい権利である。明治以来の日本民法典の物権編には 2 か条の入会権の規定がある。すなわち 263 条の共有入会権と、294 条の他人などの所有地の上に成立する地役入会権である。前者の共有入会権は所有権の内の共有権の一つとして、後者の地役入会権は地役権の一つとして位置付けられている。ただし入会権の具体的な内容は種々の入会団体の慣習に法的な性格を認めるというもので、この二つの規定の理解は難しい。すなわち入会権はいわば法社会史的考察が必要になるということが示唆されているのである。法学部では日本法制史は必修科目ではないし、民法物権法の講義では入会権の歴史的意味を具体的に語れる教員は非常に少ないし、司法試験には入会権は出題されず、また司法修習所でも入会権に関する研修はほとんどないといわれている。しかし入会権をめぐる裁判は実はそれなりに存在するのである。法制史家が、入会権や入会集団の慣習につき、弁護士から尋ねられることは珍しいことではない。かく言う筆者も尋ねられたことが数度ある。従って、弁護士や裁判官は入会権を学ぶ必要性があることはいうまでもない。

　一般にかつて共同体農民による稲作経営に必ず必要であった刈敷（肥料）や牛馬のための秣（まぐさ）のために、また食料や建築材なども生み出す入会地が絶対になくてはならないものであった。こうした採取の慣行や、田畑や灌漑池をめぐる共同保有の慣行が法として存在していくところに入会権が発生するのである。近世封建社会（豊臣政権～廃藩置県・領主制の廃止）では、共同体成員が所持する土地には共同所持的入会権が、領主の直営地や他村・他人が所持する土地には地役的入会権が発生する。詳しい検討は本書第 1 章に譲るが、両者共に近世の土地所有構造の中に位置づけられるべき存在である。

　現在の入会地には、かつての刈敷や秣のための入会地から、林業経営を含み、あるいはリクレーションの場としての入会地など、多様な存在がみられる。いわゆる入会林野近代化法（1966＝昭和 41 年制定）によって、林野庁経

営課「入会林野等の整備状況等について」（2017 年度　入会林野コンサルタント中央会議での配布資料）によれば、主に生産森林組合に組織替えをした入会地が 58 万 ha に達したという。1960 年（昭和 35）には、入会林野の保有面積は 203 万1000町歩という計算がされているので[注1]、現在でも入会地は100 万 ha 以上に達するのではないかと考えられる。例えば、福井県三方郡美浜町には新庄入会集団の 6000ha もの入会地を目の当たりにすることができる（例えば、小林孝夫「新庄地区の現状と課題」中日本入会林野研究会『入会林野研究』33 号、2013 年）。また山梨県富士吉田市外二ヶ村恩賜県有財産保護組合も広大な林地を有するが、実体的には入会地として現存している（DVD「富士山北面の入会をまもれ！―入会の歴史と恩賜林組合―」・「恩賜林組合と入会について語る」企画・著作同保護組合）。

　また入会地・入会権と軍事基地や原発基地との歴史的な関係も指摘されており、例えば北富士演習場（山梨県富士吉田市・山梨県南都留郡山中湖村）、饗庭野（あえばの）（滋賀県高島市新旭町）、伊豆新島（東京都新島・新島村）、馬毛島（まげじま）（鹿児島県西之表市）や、上関（かみのせき）原発予定地（山口県熊毛郡上関町長島の四代集落）などが挙げられている[注2]。

　入会権には権利としての特質がある。共有入会権や地役入会権は、入会に関わる重要な決定には（例えば、入会地の処分や貸借など）、全員一致が原則である。必ずしも賛成でなくとも、黙認でもよい。また共有入会権は、各持ち分の単独での処分が可能である単純共有権とは異なり、この重要な決定にはやはり全員の一致が必要なのである。このことは入会共同体の性格に由来するのである。従って入会権・入会地を単に共有権・共有地と林学などで述べることはしばしばあるが、誤解を招くこととなる。

　本書では、日本の近世封建社会と近代社会における入会史を主に扱うが、すでに熊谷開作氏は近世社会において「田畑永代売買禁止令があるにもかかわらずかなり広汎に田畑が売買されたこと、全国的に永小作制度が行われたこと」と共に、「入会や水利に関して特殊な慣習が行われてきたことなど、各地方の慣習の存在に注目しながら、幕府の裁判権と領主の裁判権との関係を検討することによって、日本近代法の起源を明らかにする問題が多く残さ

れているように思われる」（同氏「封建社会における国家と法」〔129頁〕黒木三郎編『現代法社会学』第2編第3章、青林書院、1989年）と述べられ、とりわけ幕府の評定所の裁判には大きな関心をもっておられたのである。なお、この「封建社会における国家と法」は、熊谷開作『近代日本の法学と法意識』（法律文化社、1991年）の「熊谷開作先生略歴・著作目録」には残念ながら紹介されていない(注3)。

　以下の本文では、歴史のなかの入会・入会権を始め、管見の限りではこれまで検討されてこなかった徳川幕府の評定所のさしあたり享保期における入会裁判、及び入会権が係わった山論などの裁判、そしてこれらの裁判が主に関東が中心であるので、近畿地方の近世・近代の特徴のある入会史（入会裁判・紛争など）を検討してみたいと思う。

　さて中日本入会林野研究会の初代代表委員を務められた熊谷開作先生（1920〜1990年）と、長らく代表委員を務められた黒木三郎先生（1922〜2006年）との学恩に感謝して、本書を献呈させて頂きたいと思う。後に同研究会の代表委員や府県の入会林野コンサルタントに委嘱される筆者は、御二人の先生に有益な御指導を頂いた故に、感謝の気持ちをこうした形で現しておきたいと思う。

　恩師の熊谷先生へは、拙著『平和・人権・教育―職場と地域にねざして―』（宇治書店、2004年）の中で先生の学問と教えに触れ、また先生の生誕百年記念論集として門下生から共著『裁判と自治の法社会史』（晃洋書房、2020年。拙稿「生類憐みの令と身分制―大坂町奉行の豊後国被差別民取調べを中心に―」）を献呈した。因みに、先生の長女・小松あかねさんが熊谷開作『拾遺集』（1992年）を編集・発行したことも付け加えておきたい。

　黒木先生へは、『黒木三郎先生古稀記念　現代法社会学の諸問題（下）』（民事法研究会、1992年。拙稿「生存権の法社会史―小作争議・職工争議・『交通権』運動をめぐって―」）、『旅する法社会学者―八十年の軌跡―黒木三郎先生傘寿記念集』（東京紙工所、2002年。拙稿「ウィリアム・モリスをめぐる芋銭・花外・熊楠」）、及び黒木三郎『米寿記念　我が道程―自由・平等・友愛―』（自刊、2009年）に拙稿「黒木三郎先生に教わること四十二年」を献呈した。なお黒

木操（黒木三郎先生夫人）『夢―幸せな一生―』（黒木天彦編集・発行、2013 年）がある。

　なお巻末に地名索引を付したが、全て現在の地名に変えてあるので、注意されたい。

注
（1）　黒木三郎「第1章　入会林野近代化法の制定過程」（武井正臣・熊谷開作・中尾英俊『林野入会権―その整備と課題―』一粒社、1989 年）による（3頁）。これに続いて、全国の入会地の地方別の面積、入会林野の所有形態別事業体なども紹介されている。
（2）　上関町の入会地と原発予定地との裁判については、中尾英俊『入会権―その本質と現代的課題―』（勁草書房、2009 年）244～252 頁を参照。また入会地と空港用地の裁判では、但馬空港用地裁判（前掲中尾『入会権』239～241 頁）や、成田空港用地裁判（同書 260～265 頁）などがある。なお現在、入会権をめぐっては種々の法的問題が生じており、この内、2、3の問題について指摘したことがあった。後藤「第 39 回中日本入会林野研究会大会を迎えて」（『入会林野研究』39 号、2019 年）、同「第 40 回中日本入会林野研究会大会によせて」（同上 40 号、2020 年）など。
（3）　同じく紹介されていない入会関係の文献に、黒木三郎・武井正臣・中尾英俊・半田良一・和座一清氏らとの共筆になる、入会林野近代化研究会編『入会林野の高度利用―理解と実務のための 120 題―』（社団法人林野弘済会、1980 年）がある。熊谷氏は以下の4つの設問に回答文を収められている。（問6）ゴルフ場、別荘地として第三者に貸付けた土地に対して近代化法を適用することができるか、（問 18）離村失権という場合の離村とは何を意味するか、（問 19）部落転出後、出役費を醵出しているだけで、そのものを入会権者と考えることができるか、（問 40）数集団に分かれて分割利用している入会林野について、入会権者の合意が得られない一集団を除き、他の集団だけで整備をすることができるか。

歴史のなかの入会・入会権

目　　次

序　章｜近世・近代の入会史

　日本の民法典には、入会権の二つの規定があることを知っている民法学者は多いと思われるが、入会権は地方のそれぞれの入会団体の慣行に法的効力が認められ、民法の共有権や地役権の規定に優先するという趣旨を理解しているのかどうかについては如何であろうか。

　近代物権法以降の入会権については、以下のような説明がなされている。

①　入会権の内容は、各地方の入会集団の慣習に従う。

②　入会権は、一定の集落に住む者が持つ権利である。

③　入会権は、世帯が持つ権利である。

④　入会権は、一般のようには相続されない。ただし世帯主を通じてのみ相続しうる。

⑤　入会権は、一般に他人へ譲ることができない。

⑥　入会権は、それ自体を登記できない。

　また入会権は管理権の一種であるが、入会地の利用については、四つの類型があるといわれている。しかし現実には複数の利用形態が多いものと考えられる。

①　古典的共同利用

②　団体共同（直轄）利用

③　個人分割利用

④　契約利用

　入会権を歴史学の分野では利用権と理解したり、林学の分野では入会地を単に共有地と理解することは珍しくないが、前者に関して言えば、入会権は近世では一種の所持権であり、また管理権でもあり、後者に関していえば、自己の持ち分を自由に処分できる単純共有権ではないことを理解しなければならない。

　各地の入会地は主に近世では刈敷や秣、そして燃料、食料、建築材のために農業共同体にとって不可欠の存在であった。近代になると、これらの役割は多かれ少なかれ低下するが、他方では林業を主体とする入会地なども生まれてくる。しかし入会地は「官民有区分」を通じた「官没」に苦しめられ、やがて入会地の「下戻」運動を行うことも生じた（本書の事例として、例えば第3章第3節第2の滋賀県の金勝入会集団）。この間、入会権は民法上の物権として共有入会権ないし地役入会権として法規範化されていく。日露戦後には社寺林は神社合祀令（社寺合祀令）による圧迫が起こり、南方熊楠は神社林の植物学上の種々の貴重性・有用性を学術的に基礎づけて、神社合祀令の廃滅運動を展開する（第3章第4節第1）。また日露戦後には町村財政の強化のためとして入会集団が有する入会林を町村の所有へ移そうとする「部落有林野統一政策」（入会林野統一政策）が実施されていくが、これに対する入会集団の対応も極めて興味深いものがある（第3章第3節第1）。

　第2次世界大戦後にはいわゆる「入会権近代化法」（1966＝昭和41年）によって主に生産森林組合が誕生するが、依然として入会地を所有していく入会集団はまだ多く存在する。現在、そうした入会地では住民との多彩なコミュニティを形成している（かつて案内を頂いた、山梨県富士吉田市外二ヶ村恩師県有財産保護組合や福井県三方郡美浜町の新庄入会集団が典型的）。こうした入会地の在り方は今後の入会地の未来を象徴しているように見受けられる。

　入会権の存否をめぐって裁判上で争われる場合には集団内部の紛争か、あるいは集団外部との紛争であるか、また共有の性格を有する入会権の存否についての紛争か、あるいは共有の性格を有しない入会権についての紛争か、といった場合が考えられる。

　入会権は入会集団の権利であると共に、入会集団の成員の一人一人の権利でもあることも重要である。従って入会集団には訴権があり、入会権者個人の訴権も存在するのである。個々人による入会権の法意識は入会集団の入会権の存否に関する裁判の場合に鮮明に現れる。しかし入会林野の契約利用などの場合には、ややもすれば不平等な契約を余儀なくされた個々の入会権者が入会集団の入会権を主張する場合に、入会集団側が入会権の存在を否認す

るようなことも裁判上では起こるのである。

　さらに入会権の確認を求める裁判の場合には、入会権者全員が訴訟当事者にならなければならないという「固有必要的共同訴訟論」は、中尾英俊氏によって無内容なドグマであり、入会権解体に道を開くものであるといわれている。この「固有必要的共同訴訟論」は入会権者個々人の入会権という私権の法意識を阻害する要因と言えるものと考えられる（中尾英俊「第8章　入会裁判の当事者」同『入会権─その本質と現代的課題─』勁草書房、2009年）。

　入会地は「入会近代化法」を通じて、解体の方向にあり、入会権の持つ意味も弱まったとする見解もあるが、本書第1章で紹介するように、現代においても入会地は100万ha以上が存在し、例えば福井県三方郡美浜町の新庄入会集団が有する6000haほどの入会地では一部で植林、川魚釣りなどのレクリエーションや地球環境維持にも貢献している。社寺林を始め財産区、慣行使用地（地方自治法）など、実体的にも入会地といわれているものの面積は200万haを超えることも指摘されている。なお財産区の存在は、旧農村地域ではありふれた存在であり、筆者の住む長岡京市の住まいの近くにも2、3の存在（共有入会地としての墓地）が見受けられる。同じく共有入会地として、農業用水のための溜池が多く存在している。

　本書の基本的な性格は、近世・近代における入会・入会権に関する法社会史研究といってよい。そのために、序章では「近世・近代の入会史」を、第1章では「歴史のなかの入会史」と「近世の入会概念と信州の歴史研究」、及び「歴史における入会・入会権の役割」を、第2章「評定所の享保期入会裁判」では、ほとんど扱われてこなかった徳川幕府の評定所の入会裁判、及び紛争に対していかなる吟味や裁許、あるいは内済を行ったのかという問題を検討したいと思う。この課題は優れて魅力的な課題であり、近代入会権法理に何がしかの影響を与える可能性を秘めているものと愚考される。ただし江戸時代を通じた評定所の入会裁判を全てやり抜くことは不可能であるので、史料的には享保期における入会裁判を対象とする。なお評定所という言葉は必ずしも幕府の造語ではなく、歴史的に見ると、鎌倉幕府の評定会議、戦国家法の大内氏壁書に見られる評定所などに、使用の例がある。ただし、

こうした裁判所の役割は広汎なものではない。徳川幕府の評定所の裁判権は全国的な頂点にあり、従って、かなり広汎な権限、及び内容を有していることに注意が必要であると思われる。

　さて享保期の評定所の訴訟方と相手方は財政的な理由から主に関東の国々が中心だと思われるので、それと対比する意味で、第3章では近畿地方の裁判・入会紛争などを通じて、主に近世・近代の入会史を検討する。しかしながら、全ての府県に亘る実証的な研究は無理であるので、現在でいえば京都府、兵庫県、滋賀県、和歌山県における入会史を具体的に分析してみたい。

　第1章、第2章と第3章のそれぞれにつき、まとめと問題点を挙げ、最後には本書の何がしかの成果と、残された課題を明らかにしておきたいと思う。なお筆者は本書では法史学（法制史）・法社会史の立場から入会史を追究しているが、法史学の学問的価値・役割について、近年の作品では、林毅『法史学方法論と西洋法史』（敬文堂、2000年）が示唆的であるので、敢えて挙げておきたい。

〈主な関係文献〉

中田薫『法制史論集　第2巻』岩波書店、1938年

福島正夫・潮見俊隆・渡辺洋三編『林野入会権の本質と様相―岐阜県吉城郡小鷹利村の場合―』東京大学出版会、1966年（同村は、現岐阜県飛騨市古川町中野カ）

中尾英俊『入会林野の法律問題』勁草書房、1969年

同　上　『林業法律』林業教育研究会編、農林出版、1974年

同　上　『村からのたより―入会・家族・生業―変わる村々の記録―』海鳥社、1999年

同　上　『入会権―その本質と現代的課題―』勁草書房、2009年

同　上　『平成日本歩き録―入会権と環境保全―』海鳥社、2012年

中尾英俊・江渕武彦編『コモンズ訴訟と環境保全―入会裁判の現場から―』法律文化社、2015年

黒木三郎『現代農業法と入会権の近代化』敬文堂、1971年

黒木三郎・熊谷開作・中尾英俊編『昭和49年　全国山林原野入会慣行調査』青甲社、1975年

黒木三郎編『現代法社会学』青林書院、1989年

黒木三郎・山口孝・橋本玲子・笹原義人編『新国有林論―森林環境問題を問う―』大月書店、1993年

渡辺洋三『法社会学研究2　入会と法』東京大学出版会、1972年

戒能通孝『戒能通孝著作集Ⅴ　入会』日本評論社、1977 年

熊谷開作『法制史紀行　鳥海と阿蘇』法律文化社、1984 年

同　上　『日本の近代化と土地法』日本評論社、1988 年

同　上　『近代日本の法学と法意識』法律文化社、1991 年

武井正臣・熊谷開作・黒木三郎・中尾英俊編著『林野入会権―その整備と課題―』一粒社、
　　　1989 年

笠原義人編著『よみがえれ国有林』リベルタ出版、1996 年

三井昭二『森林社会学への道』（株）日本林業調査会、2010 年

後藤正人『土地所有と身分―近世の法と裁判―』法律文化社、1995 年

中日本入会林野研究会『中日本入会林野研究会　会報』、同現『入会林野研究』）など。
　　同研究会事務局：京都大学大学院農学研究科森林科学専攻気付

第1章｜歴史のなかの入会史

1　はじめに

　2018年5月に森林経営管理法、同年6月には所有者不明の土地を利用するための特別措置法が成立した。森林経営管理法は、森林所有者の経営管理権を、国が市町村を通じて私企業などの民間事業者に委託しようとするものである。また、この特別措置法とは、登記簿などで所有者が不明な土地の利用を一定の公益目的のためとして、市町村や私企業が申請して認められると、都道府県知事は最長10年間の利用権を設定できるというものである。この問題はまた新たな問題を孕んでいくように思われる。

　これらの法律は、物権としての共有入会権を有する入会集団や、地役入会権者である入会集団にとって、はたまた生産森林組合にとって、多かれ少なかれ利害関係が生じる可能性があると考えられる。森林経営管理法の問題では、森林を有する入会団体や同じく生産森林組合には林業経営が困難になっている場合が多いのではと思われるからである。また「特別措置法」の問題では、とりわけ小規模の入会地を有する入会団体にとっては、入会権それ自体の登記義務はないので、登記簿上は「所有者不明の土地」と見做されるという間違いが生じる可能性があるからでもある(注1)。こうした経営第一主義の問題点を森林経営100年のスパンに倣って日本の歴史のなかで考えなければならないと思う。とりわけ林業が、まず外材の関税が自由化され、現在では木材の売却は1ha当たり100万円の赤字になるという現況を考えると、「外材依存政策の克服」が重要な課題と言えるのではないだろうか。

　なお2021年6月には、「重要施設周辺及び国境離島等における土地等の利用状況の調査及び利用の規制等に関する法律」が制定された。これは、内閣

総理大臣へ、防衛施設や原発等の周辺などの区域を指定して土地建物の使用者や利用実態などを調査する権限を与えて、その区域に関する報告義務などを含む取引の規制を行うことができるというものである。これには、区域の指定の判断基準が不明確で、規制に罰則も付けられていることなど、人権侵害の恐れが高い悪法である、との指摘がなされている（元永佐緒里弁護士、『彦根共同法律事務所ニュース』63号、2021年。近年の文献に、馬奈木厳太郎・土地規制法を廃止にする全国自治体議員団『〈徹底検証〉住民・市民を監視する土地規制法』かもがわ出版、2021年）。

　さて「入会・入会権」の理解が多かれ少なかれ低下している状況の中で、日本の「歴史のなかの入会・入会権」を明らかにし、こうしたことを踏まえて未来の「入会・入会権」を展望することが大事になっているように思われる。一方において「入会権」は解体していくべきものといった見方があり、他方では「入会権」は入会集団の発想によって市民との連携によって様々の利用形態がありうるという見方があるように思われるからである。

　以下では、中世の土地所有構造における「入会」の発生から、近世の土地所有構造に根差した入会権の存在、近代における「官民有区分」などに見られる入会権の受難、帝国憲法下の民法物権としての入会権の成立、入会権と入会林野統一政策、日本国憲法下の入会権、及びいわゆる「入会近代化法」下の入会権といったテーマを中心として、「歴史のなかの入会・入会権」を検討していきたいと思う。

2　中世のなかの入会、近世のなかの入会権

　まず古代では山川草木は公私による自由な利用がされており、そのことは律令でも保障されていた。

　中世の民衆による小規模経営の発生をみる平安時代になると、摂関家や大寺社の「囲い込み」による大土地所有化（荘園化）が行われ、鎌倉時代には守護・地頭補任権を基に武家による大土地所有化・経営化も進んでくる。しかし、この平安時代には次第に民衆が地域的組織を有することによって、共

同体による土地保有・労働・経営、そして入会（主に肥料のため）・水利といった慣習法的権利を生み出して行く。民衆たちの小経営における「慣習法上の権利」の発生である。とりわけ鎌倉時代は、ヨーロッパに典型的な封建制の姿を呈してくる。日本中世の具体的な土地所有構造は主に本所（本家）職―領家職―名主職―作職―下作職といった重層的かつ複雑な色彩を帯びてきた。しかも、重要なことに、これらの主な職は特定の官職と結びつきがあり、名主職以下の保有者は本所から荘園の構成員とは認められなかった。当時の「入会」はこれらの職のうち、どの職と結びついているかと問われると、「名主職」ないし自作農の職である「作職」と不可分に結び付いていたのではないかと思われる。

　戦国末期における各地域民衆のパワーに対応して、やがて近世国家の頂点に立つ豊臣政権は軍役を担当する武士を城下町に集住させ、家屋敷を始め入会的所持権を有して農業経営を行う者たちを百姓身分として農村居住を認め、屋敷地を有する商工業者を町人身分として町場居住を認めて行く。ヨーロッパ封建制には余り見られない兵農・兵商・農商分離の体制である。要するに民衆による農林業及び商工業の経営、さらに言えば漁業経営の獲得が反映された封建制としては成熟した終末期の体制である。こうした近世の土地所有構造は、基本的に領主的土地領有権、及び百姓的土地所持権・町人的土地所持権から成る。この土地領有権は、とりわけ百姓的土地所持権が経営上実現して初めて現実化するのである(注2)。

　従って、石盛されている村高があるが故に、幕藩領主は入会を確認し、事情によっては入会地（地役的入会権）を新たに創設することさえ起こるのである。ここで成立する共同所持的入会権は一般には旧戸百姓共同体に担われ、百姓的土地所持権に対応する。他方の地役的入会権は幕藩領主の林業直営地（国有地入会の源流）や他村の所持山などを対象とし、また主に自小作などの新戸百姓が有するものと考えることができる。要するに近世の入会地は基本的には肥料（刈敷）・秣（飼料）・燃料・建築材・食料などの源泉地であったわけである。ここで提案している共同所持的入会権や地役的入会権といった、これにかなり近い内容が幕府の評定所や、評定所における訴訟方や相手方の

「申立」の中にあるのではないか。同じ「入会」という表現であっても、入会地に対して木材を伐採できる入会（刈敷・下草は当然）と、刈敷や秣といった下草のみを採取できる入会との概念の区別を明確に行っていたことが評定所の裁許状や内済の「取替證文」（その後「差上申一札之事」）の中に明確に表れているのではないか（本書第 2 章を参照）。なお共同所持的入会権には、地役的入会権が存在する入会地において、畑を全面的に開墾できる権利は一般に含まれないが、地役的入会権に影響を与えない僅かな範囲で畑地の開墾が見られたことも事実である。

　かくして近世における入会権は百姓身分にとって農業経営や生活に不可欠の権利となり、他の地域農業共同体との入会権をめぐる一般的な入会紛争は藩内の各入会集団間、幕領内の農民間、他藩領民間、及び幕領と私領農民間で行われるが、これらの内で幕府の裁判所である評定所に懸けられた入会裁判はかなりの数になることを指摘することができる[注3]。幕末には民衆の様々な抵抗によって、領主的土地領有権は 5 公 5 民や 6 公 4 民という年貢収取を実現できなくなってくる。同時に世直しを志向する民衆運動を底流として、明治維新政府が成立するが、農民たちの共同所持的入会権（地）は所有権の一つとして当然には認められず、かつ年貢半減の期待は裏切られていく。

　近世の共同所持的入会権や地役的入会権は民法上の共有入会権や地役入会権といかなる関係を有するのであろうか。結論を先取りして述べると、一方の共同所持的入会権は共有入会権として発展し、他方の地役的入会権は地役入会権へ発展するべき性格のものであると考えられる。すなわち共同所持的入会権は共有入会権の源泉であり、地役的入会権は地役入会権の源泉なのではないか。なお、この間の二つの入会権に対する当事者・裁判官・法学者の認識や意識に対する全面的な研究は今後の課題である。

3　近代日本法と土地私有権

　維新政府は、廃藩置県によって領主の土地領有権を廃止し（年貢・労働力収取の廃止）、それに伴って近世身分制が廃絶され、他方では、都市の町人

所持の土地は移転性に富んでいたので、まず土地私有権として認められ、続いて百姓所持の土地も土地私有権として認められていった。しかし、維新政府は同じく土地所持権の一つである共同所持的入会権を土地私有権として必ずしも認めなかった。いわば「公私共有視」して「公有地地券」を発行する場合もあった(注4)。こうした考えの延長線上に「入会公権論」を考えることができるのであろうか。ただし、入会権は私権であることに間違いない。

近世には、幕府評定所や入会裁判の両当事者は、入会という言葉で現民法上の共有入会権と地役入会権との二つの原型としての意味を使い分けていたが、維新以後・明治民法に至る間で、いかなる言葉が使用されていたのかという問題は興味深い。明治6年(1873)3月の太政官114号布告「地券発行ニ付、地所ノ名称区別更正ノ事」(地所名称区別法)によって、共有入会地に対して公有地地券が発行されるが、共有入会権を「立会」という言葉で表現していた(注5)。明治6年10月10日付の「地券之証」。ただし翌1874年(明治7)11月の太政官第120号布告によって、国内の土地は官有地(第1種〜第4種)、民有地(第1種〜第3種)に区分されて、公有地の規定は消え去った。民有地第1種と第2種では所有の確証のないものは官に没収されたのである。詳しくは、熊谷『日本の近代化と土地法』(日本評論社、1988年)8頁以下を参照されたい。

京都府乙訓郡下の小倉社「領」(境内、現同郡大山崎町)に対する下海印寺・金ヶ原両村(現長岡京市)の「共同所持的入会権」による「両村持山」(共有入会地)の確認につき、「右場所一円立木下葉差配仕来り候」と表現している。後にこれを受けた京都府知事・北垣国道の内務大臣・伯爵山県有朋に対する「入会山分離之義伺」では「入会山地」と認め、山県も「書面伺之通」と認可していたのである(本書第3章第1節第1)。また1886年(明治19)5月に京都府乙訓郡小塩村(現京都市西京区大原野小塩町)の共有入会地に対する同郡井ノ内・今里(現長岡京市)・鶏冠井・上植野(現向日市)の4か村との入会訴訟の「和解書」では、この4か村の地役的入会権を「下芝草落葉刈取り之義」と表現している(同章同節第2)。なお共有入会権の下にある山を「公有山」と表現することも珍しくなかった。

　とりわけ近世入会の概念につき幕府評定所の入会裁判によれば、近世では、二つの入会権を同じく「入会」という言葉で表現し、説明の際には一方の共同所持的入会権を主に地元の土地で刈敷や萩の採集はもちろん、木材を伐採し、植林ができる権利、他方の地役的入会権を刈敷や萩などが採集できる毛上の権利として理解されていたのである。しかしながら、近世法では共同所持的入会権と地役的入会権とについて、それぞれを示す独自の言葉を生み出せなかったことは成立期の日本近代土地法へ明確な位置づけを獲得できなかった内在的な要因であったものと考えられる。

　維新政府が初めて新しく直轄領を持ったのはかつて「官軍」に抵抗した幕藩領だけであったが、これだけでは不足するとして、「官民有区分」（官没）で知られる大規模な土地取上げ、とりわけ大森林地帯の官有地化を行った。アイヌ人たちが狩猟や焼畑を行っていた北海道の原野、木曽の美林地帯や那須高原などを近代天皇制国家は手に入れて行く(注6)。しかし「小繋裁判」（小繋は現岩手県二戸郡一戸町）で入会権を擁護した弁護士の戒能通孝氏が検討を加えつつ、「官有地編入処分が入会権を消滅させる旨を規定していなかったし、また規定することも出来なかったのであった。……官有地編入処分と同時に入会権消滅を認めるがごとき学説は、論理的にも正当でないと同じく、社会的にも正当であるとは言い得ない」と結論付けたことには賛意を表したいと思う(注7)。こうした「官没」の後、入会集団がかつての入会地を取り戻そうとする「入会地下戻運動」が盛んとなることも歴史の必然だと勘案されるのである。また国有地入会権も歴史的考察を加えるならば、妥当するものと考えることができる。

　やがて欽定憲法として大日本帝国憲法が発布され、天皇主権が採られて国民は主権者の地位から遠ざけられ、基本的人権は保障されず、人権は国家の制限の下に置かれ、さらに女性には公民権が与えられなかった。帝国憲法の下に、民法制定がなされ、最初に公布された旧民法へは例えば一定の民主的な家族法の規定に対する東京大学のドイツ法・英法の教授たちや大地主層の代議士たちが保守的批判を行い、旧民法は施行できなかった(注8)。その後にでき上がった明治民法物権編には初めて「共有入会権」（263条）と「地役入

会権」(294 条) が規定され、現代に生きているのである(注9)。

　この間には 1886 年 (明治 19) に不動産登記法が制定されるが、入会権は登記の義務がなく、入会権は入会地の利用などの管理が存在すれば、入会権は保護・保障されるというものであった(注10)。先に述べた入会地の「官没」に対しては、入会集団は「下戻運動」(入会地の取返し) を国家へ向けて行うようになる(注11)。

4　日露戦後経営と入会林野統一政策

　主に朝鮮の支配をめぐる日露戦争は国家の歳入の 10 倍ほどの軍事費を費やした帝国主義戦争であったが、政府が自前の大日本帝国を築くために採った政策とは「日露戦後経営」(注12)といわれるものである。これは主に 8・8 艦隊などの軍備大拡張、基幹鉄道の国有と拡張、製鉄所・電話事業の拡張、朝鮮・「満州」などの経営、といった内容である。こうした施策は国民にとって国税を 2 倍にするほどの厳しい内容であった。地方に対しては、地方改良運動といわれる、上からの施策として、主に財政基盤を備えるために町村の大合併、「国家神道」を貫徹させるために神社合祀令(注13)や、入会地を町村の財産に移行させるという「部落有林野統一政策」(注14)が行われた。この地方改良運動の全面的展開の宣言となったのは、1908 年 (明治 41) 10 月の第2 次桂太郎内閣の下での「戊申詔書」である。

　特にこの入会林野統一政策は町村の財政強化のために入会集団が有する入会地を町村の財産に移そうとするもので、物権法上の入会権を消滅させて、その共有入会権を町村の所有権に変えようとする、法的には頗る問題のある政策であった。これには入会集団 (入会権者たち) の抵抗が多かれ少なかれあり、町村議会は補助金を出したり、元の共有入会権者に地役入会権を認めたりと、様々な形態があった(注15)。紀州出身の川瀬善太郎のような著名な林学者が述べているように、入会地では林業経営が困難であり、入会権を解体して町村の所有に委ね、町村行政による森林経営に任せるべきであるといった考え方(注16)は近代天皇制国家に一貫していたのではないかと考えら

れる。

　なお入会地と帝国陸軍基地の問題は、その後に入会地と米軍基地や自衛隊
基地との深刻な問題として山梨県の北富士山麓（現山梨県富士吉田市・山梨県
南都留郡山中湖村）、滋賀県の饗庭野（現高島市新旭町）や、東京都の伊豆新
島（現新島村）[注17]、現代においてはかつて防衛省の事業計画では事業区域
が島の総面積（820ha）の約90％に達するという鹿児島県西之表市馬毛
島[注18]などの入会地問題において歴史的課題を提起しており、また入会地
（山口県玖珂郡上関町）と原子力発電所建設との関係でも重大な裁判結果を残
しているのである[注19]。

5　いわゆる「入会権近代化法」と入会権・入会地

　戦後改革の中で寄生地主制を廃止する農地改革が行われたが、山林地主制
の解体は行われず、大山林地主は残った。やがて 1966 年（昭和41）6 月に
「入会林野等に係る権利関係の近代化の助長に関する法律」が制定された。
この「入会権近代化法」の立法目的は第 1 条にあり、「入会林野又は旧慣使
用林野である土地の農林業上の利用を増進するため、これらの土地に係る権
利関係の近代化を助長するための措置を定め、もって農林業経営の健全な発
展に資する」としている。衆参両院で付された付帯決議の内容は、旧慣使用
権者の権利を十分尊重すること、土地の集中分散を防ぐこと、生産森林組合
などの協業化を促進すること、造林事業、草地造成に補助金を出資し助成を
強化すること、優秀な林業労働力を確保する措置を講ずること、入会林野コ
ンサルタント制度を活用することなどである[注20]。先の戒能通孝氏が、大
事なことは零細な入会権者の生活と権利の保障をどうするかという趣旨のこ
とを述べたことが貴重であった。入会権は前近代的な権利ではなく、明治民
法以来の現代的権利であることも理解する必要がある。

　この「入会権近代化法」によって、入会地の中では所有と労働と経営が一
体化する新しい協同体である生産森林組合となったり、あるいは入会地を分
割所有して、山林小地主ができたりといった変化が見られた。また一部では、

入会地を形式として財産区に変えることや、この生産森林組合を地縁団体に変えることも起こった。私が見た近畿地方の生産森林組合が建てた幾つかの顕彰碑には、入会権の言葉が見られなかった(注21)。すなわち入会権者たちが強い入会権意識を発揮して入会権運動を行って来たからこそ、生産森林組合があるのだという表現や意識がほとんど見られないことは今日の生産森林組合の発展にとって惜しまれることである。

　戦後の林業政策を見れば、敗戦後の住宅建設などで杉・桧などの建材不足の中で、「拡大造林」という名の国策が採られ、橅、楢、シデといった天然林などの広葉樹を皆伐して、補助金を梃子として主に杉を密植する政策が採られた。これは1ha当たり500本であった以前の粗放林を5000本以上も密植にするほどで、さらには尾根筋や沢付近にまで杉を植えたのである。杉の根は横に張るもので、洪水や地震には弱いことが昨今の災害でその弊害は多少知られることとなった。こうした政策は今日の災害・防災の点で重大な問題を残していることは明らかである。

　他方、土木・建設業界の要請があったのか、政府は1964年（昭和39）に木材の輸入自由化を強行し、この結果は国内の木材価格を暴落させることとなり、さらには当時における農山村の基幹産業である林業に大打撃も与えるという、現代に繋がる問題を残した。山村の凋落（過疎も導く）の第一歩となったのである。林業を重要な財源とする山村自治体の自立にとって、重大な問題を残したのであった。また密植した人工林は間伐などの念入りな手入れが必要であるが、林業家はこうした費用の捻出に手が廻らなくなっているのも周知のことである。

　従って、南米・アフリカの原生林の乱伐にもつながる外材依存政策を克服し、誤れる林業政策を転換して、主権者である国民のための林業政策を確立していくことが大事だと考えられる。

6　未来に生きる入会権・入会地

　いわゆる「入会林野近代化法」によって、林野庁経営課「入会林野等の整

備状況等について」（2017年度　入会林野コンサルタント中央会議資料）によれ
ば、58万町歩余りの入会地が主に生産森林組合に整備されている。黒木三
郎「第1章　入会林野近代化法の制定過程」[注22]によると、「一九六〇（昭
和三五）年世界農林業センサスによると、入会林の保有面積は一五八万町歩
であり、そのうち財産区名義のものが三七万五千町歩であるが、これらのセ
ンサスは原野を入れていないので、昭和三〇（一九五五）年の公有林野調査
による入会原野の面積四五万一千町歩を加えると、入会林野の面積は二〇三
万一千町歩となる」。これに続いて、入会地の地方別の面積、入会林野の所
有形態名義別事業体（共有50.8%、社寺有21.3%、字〔区〕有17.5%など）や、
林野庁の調査報告書（1964年）によって利用形態別を析出して（1形態だけ
の場合では直轄利用が最も多く、2形態が組み合わさっている場合では直轄が主た
るものが多く、複合利用形態が70%近くを占め、直轄利用形態をとる集団は50%
を越えている）、「部落が直轄して造林している場合が半数以上あることがわ
かる」と分析されている。

　従って入会地は未だ100万町歩ほどが存在するものと勘案される。この中
にあって、とりわけ実測面積が6000haを有する福井県三方郡美浜町の新庄
入会集団の歴史と現状は有益な内容を提供している[注23]。

　因みに、アジアにおいては多少「入会・入会権」に類似する慣習法がある
が、例えば、仁井田陞『中国の法と社会と歴史』（福島正夫・佐伯有一編、岩
波書店、1967年）によると、清代（17〜19世紀）以降における村落共同体の
規制として紹介された事例には、一種の入会慣行を認めることができるので
ある（60頁）。

　さて入会地の入会集団に底流する平等主義は、ドイツの協同組合が世界遺
産となったように、入会地が有するその森林を市民たちに多かれ少なかれ開
放することを通じて、入会権や入会地が未来に生き続ける可能性が大いにあ
るように考えられるのではないか。なお銀銅鉱石や石灰石などを含む入会地
も存在するので、意外な社会貢献をも予想できるのである。

　また現在一部に生じている、入会地や生産森林組合の所有地を自らの意思
として地縁団体の所有へ変えることも一種の協同化・平等化と捉えるなら

16

ば、止むを得ない処置として許容されるように思われる。現代の入会地は、解体しつつあるという存在ではなく、豊かな可能性を秘めているのであり、入会権者たちと市民との対話の時代が来ることが予想されるのである。

注

（1）　入会地を共有地として登記を行っている事例は多いとされる。入会権と登記については興味深い問題がある。詳しくは、青嶋敏「入会権と登記」（『中日本入相林野研究会　会報』14号、1994年。現『入会林野研究』）・同「入会権と登記─民法典施行直後のふたつの入会権登記法案をめぐって─」（『入会林野研究』24号、2004年）を参照。

　　　　なお2021年度の中日本入会林野研究会の研究大会における高村学人・山下詠子報告「全国アンケートから見る入会林野整備の今日的課題と新たな政策動向の法的論点─なお入会林野近代化法が必要な場面はどこにある？─」、及び資料「入会林野整備の実績と新たな政策動向に関する全都道府県アンケートの集計結果」は興味深い。

（2）　後藤正人『土地所有と身分─近世の法と裁判─』（法律文化社、1995年）第2章「近世成立期における土地所有の特質」36頁以下。

（3）　本書第2章「評定所の享保期入会裁判」を参照。

（4）　例えば、後藤正人『社会科教育と法社会史』（昭和堂、1992年）第4章「入会訴訟と住民の自治」70頁以下。

（5）　前掲後藤『社会科教育と法社会史』71頁以下。

（6）　熊谷開作『日本の近代化と土地法』（日本評論社、1988年）第2章「明治顕官たちによる官没林野の収奪─那須野の場合を例として─」・第3章「北海道土地法の変遷と北陸農民の移住」を参照されたい。本書に対しては、武井正臣氏の書評「熊谷開作『日本の近代化と土地法』」（日本法社会学会編『法社会学』42号、1990年）が有益である（184〜188頁）。

（7）　戒能通孝『戒能通孝著作集Ⅴ　入会』（日本評論社、1977年）122頁。

（8）　その後に成立する明治民法はドイツ流となり、とりわけ家族法には家制度や戸主権強化・家督制度などが導入されたが、戦後の日本国憲法で国民主権、基本的人権の絶対的保障、戦争根絶・戦力不保持の基本の原理の導入と相まって、非民主的な家制度・戸主権・家督制度は廃止された。自由民権派の家族法構想には現代家族法の原型が見られた。後藤正人「第2章　自由民権運動と法」（長谷川正安・渡辺洋三・藤田勇編『市民革命と日本法』フランス人権宣言200年記念「講座・革命と法」第3巻、日本評論社、1994年）を参照。なお民法典論争については、例えば熊谷開作『日本の近代化と「家」制度』（法律文化社、1987年）など。

（9）　前掲熊谷『日本の近代化と土地法』第9章「民法典における『入会権』の制定」を参照されたい。

（10）　この不動産登記法は2004年（平成16）6月に同名の法律によって改正されるも、

入会権には登記の義務がないことは以前と同様である。なお前掲青嶋敏「入会権と登記—民法典施行直後のふたつの入会権登記法案をめぐって—」も参照のこと。

(11)　「下戻処分」については、渡辺洋三『法社会学研究2　入会と法』(東京大学出版会、1972 年)の「Ⅱ　下戻処分における法律的問題」に詳細である。

(12)　宮地正人『日露戦後政治史の研究—帝国主義形成期の都市と農村—』(東京大学出版会、1973 年) 第1章「地方改良運動の論理と展開—日露戦後の国家と『共同体』—」を参照。同章は、「はじめに」、第1節「日露戦後の日本」、第2節「部落有林野統一政策」、第3節「小学校教育と青年会」、第4節「町村の再編成—『国家のための共同体』構築—」、第5節「地方改良運動と報徳社」、「その後の展望」を検討しており、有益であった。

(13)　詳しくは、後藤正人『南方熊楠の思想と運動』(世界思想社、2002 年) 第5章「熊楠の神社合祀令廃滅運動」を参照。

(14)　いわゆる「部落有林野統一政策」については、最近では牧田勲「公有林野の歴史に学ぶ」(『入会林野研究』39 号、2019 年) 15 頁以下が詳しい。

(15)　例えば、本書第3章第2節第1「丹波市の新山管理組合の入会史—抵抗と妥協の狭間で—」、同章第3節第1「栗東市の金勝生産森林組合の入会史—部落有林野統一政策に対する抵抗を中心に—」を参照。

(16)　大日本山林会編纂・発行『川瀬先生の小伝と論文抄』(1934 年) 所収「公有林野及共同林役(即入会関係)」・「公有林野の整理及管理に就て」(かつて脇村義太郎氏所蔵、現和歌山大学附属図書館蔵)。なお川瀬善太郎の農林学校学生時代の論文「森林ト水トノ関係」の先駆的意義については、後藤正人『権利の法社会史—近代国家と民衆運動—』(法律文化社、1992 年) の第4章「一九世紀のヒューマニズムと自然環境論」特に86〜89 頁を参照。

(17)　前掲熊谷『日本の近代化と土地法』第11章「伊豆新島の入会慣習—その存在を否定した最高裁判決に対する法制史からの批判—」、及び中尾英俊『入会権—その本質と現代的課題—』(勁草書房、2009 年) 320〜323 頁を参照されたい。

(18)　前掲中尾『入会権』331〜336 頁、中尾英俊「最高裁判所まで行った入会地裁判　鹿児島県西之表市馬毛島」(同『平成日本歩き録—入会と環境保全—』海鳥社、2012 年) 209〜222 頁、牧洋一郎「第14 章　最高裁でやり直しを命ぜられた裁判—鹿児島県西之表市馬毛島—」中尾英俊・江渕武彦編『コモンズ訴訟と環境保全—入会裁判の現場から—』(法律文化社、2015 年) を参照されたい。なお饗庭野については、「饗庭野砲弾誤射問題、衆院委で与野党質問」(『京都新聞』2018 年 11 月 17 日付朝刊) があり、2021 年 6 月にも口径 120 ミリの砲弾 1 発が饗庭野演習場外西 1km に飛んだことが報道されている。

(19)　伊藤裕「入会権と全員一致原則—上関入会権訴訟最高裁判決をめぐって—」(『中日本入会林野研究会　会報』29 号、2009 年)・「揺らぐ入会の原則」(『入会林野研究』31 号、2011 年)、中尾英俊「原発で汚すな瀬戸の海　山口県熊毛郡上関町」(前掲中尾『平成日本歩き録』152〜164 頁)、前掲中尾『入会権』244〜252 頁、野村泰弘「第10

章　原発設置反対運動と入会権—山口県上関町四代—」（前掲中尾・江渕編『コモンズ訴訟と環境保全』）を参照されたい。なお中尾・江渕編の同書には、他にもダム建設、空港拡張工事、産廃処理場建設、溜池所有権、ゴルフ場建設やリゾート開発などと入会裁判をめぐる問題が検討されている。

(20)　武井正臣・熊谷開作・黒木三郎・中尾英俊『林野入会権—その整備と課題—』（一粒社、1989 年）所収の黒木三郎「第1章　入会林野近代化法の制定過程」、及び 84〜86 頁を参照されたい。

(21)　例えば、本書第3章第2節第1「丹波市の新山管理組合の入会史—抵抗と妥協の狭間で—」、同第2「宍粟市の東河内生産森林組合の入会史—『故焼山久吉氏頌徳碑』を中心に—」、同第3節第2「旧栗太郡金勝入会集団の『上地』に対する抵抗—入会地『下戻運動』を中心に—」を参照。

(22)　前掲武井・熊谷・黒木・中尾『林野入会権』3〜4 頁。

(23)　新庄入会集団については、熊谷開作「近代化法による整備を拒否する入会集団—福井県三方郡美浜町新庄—」・「福井県三方郡美浜町新庄の入会規約の変遷」（武井正臣・熊谷開作・黒木三郎・中尾英俊編著『林野入会権—その整備と課題—』一粒社、1989 年）、並びに森本辰三郎・小林一男「近代化に挑む理由—福井県美浜町新庄の実態報告—」（『中日本入会林野研究会　会報』4 号、1983 年）、中尾英俊「入会地と両墓制……福井県三方郡美浜町」（同『村からのたより—入会・家族・生業（なりわい）—変わる村々の記録』海鳥社、1999 年）104 頁以下、同「風力発電と保安林　福井県三方郡美浜町新庄」（前掲同『平成日本歩き録—入会と環境保全—』）240 頁以下。森本辰三郎「思い出と期待」（『中日本入会林野研究会—30 周年記念—』2009 年）、及び小林孝夫「新庄地区の現状と課題」（『入会林野研究』33 号、2013 年）を参照。幕末の越前国三方郡新庄村は、村高 748 石 2 斗 2 合であった（『旧高旧領取調帳　中部編』近藤出版社、1977 年）。なお森本辰三郎氏には、かつて新庄地区の広大な入会地の研修に御案内を頂いた。併せて感謝を申し上げたい。

〔付記〕　本稿は、2018 年 9 月に開かれた第 39 回中日本入会林野研究会研究大会（三重県津市）で基調報告として行ったテーマ「歴史のなかの入会・入会権」が原型となっている。当日の報告に対する質問・意見、及び報告に関説したものに、鈴木龍也「歴史に揺れる入会林野—第 39 回大会感想記」、峰尾恵人「第 39 回中日本入会林野研究会大会に参加して」（『入会林野研究』39 号、2019 年）がある。その後、発表した拙稿「歴史のなかの入会・入会権」（同上 39 号）に関説したものとして、大塚生美「コメント：『入会林野研究』第 40 号を拝読して」、青嶋敏「中日本入会林野研究会の最近 10 年間の研究動向（1）」（共に『入会林野研究』41 号、2021 年）がある。

付説1　近世の入会概念と信州の歴史研究
―入会顕彰碑をてがかりに―

1　はじめに

　明治民法以来、近代物権法における入会権概念は規定の条文によってそれぞれ共有入会権と地役入会権として明確にされ、近代における入会権をめぐる研究は進んできた[注1]。しかし、近世期（豊臣政権期〜廃藩置県）の入会概念は入会史の研究者には明確になっているのであろうか[注2]。

　まずは長野県飯山市に存在する以下のような「入会顕彰碑」（縦書き、1997年建立）を紹介・検討し、次いで近世信濃入会史の著名な歴史研究を取り上げて検討し、「結び」では、これらを踏まえて、近世における入会権概念を示す言葉を提唱してみたい。

　　　　　　　殉難の石仏

　元禄八年（一六九五年）頃より、瀬木村など山元の村と里村との間に薪や馬草をめぐり入会の争いが絶え間なくつづいた。

　しかし宝暦七年（一七五七年）五月瀬木村は、飯山藩の裁きの「えこひいき」を不服として、江戸奉行所に箱訴（目安箱に訴状を入れること）した。

　庄屋幸左ェ門は水盃をして家を出、「在所に人種（ひとくさ）のあらん限りは……」と江戸の評定所で訴え続けるという悲惨なものであった。

　宝暦九年七月二十一日の裁許まで、四十回以上に及ぶ吟味の結果、きびしい拷問（ごうもん）の末、十七名全員闕所（けっしょ）（家屋敷、田畑などを藩に没収されること）となり、牢死、病死合わせて十一名、残り六名も、遠島、重追放、中追放など実に惨憺たる結末であった。

　尊い命を犠牲にして、村を守った殉難者の方々への遺徳を偲び、心から供養するものである。

　　　　　　　平成九年七月六日

　　　　　　　　　　　　　　　　　　瀬木区

人種は、人草である。

2 飯山市の「入会顕彰碑」をめぐって

　この「入会顕彰碑」は、長野県飯山市戸狩温泉の延命地蔵尊の前に存在する。これによれば、元禄8年（1695）頃より、信濃国水内郡瀬木村（現飯山市）など山元の村々と「里村」との間に入会紛争があり、瀬木村は飯山藩（4万石、松平〔桜井〕氏）の裁判の依怙贔屓を理由として、宝暦7年（1757）5月に「江戸奉行所」に訴えたが、同9年（1759）7月21日に至り、2年余りの間の厳しい拷問の末に、牢死と重罪、及び「闕所」（財産没収）という裁判に終わった。瀬木区は村を守った殉難者の遺徳を偲んで、1997年7月6日付で、この顕彰碑を建てたという。なお瀬木村は、「元禄郷帳」（元禄13＝1700～同15＝1702年に完成、国立公文書館デジタル画像）によれば、村高が207石3斗5升であった[注3]。

　この顕彰碑によれば、入会という言葉は、薪や馬草を採集する権利と捉えており、また入会権は「瀬木村など山元の村々」にあったのか、あるいは「里山」にあったのか、さらに前者の入会権と後者の入会権は同質の入会権なのか、はたまた異なる入会権なのかという疑問が直ちに浮かぶのである。さらに入会山の所持権はいずれにあったのか、といった疑問も浮かぶのである。因みに「瀬木村など山元の村」とは、全体どのような村々であったのであろうか。村名も知りたいところである。すなわち、この村々の間で、瀬木村がこの入会権運動で指導的な役割を果たしたのは何ゆえか、という問題が浮かぶからである。

　『飯山市誌　歴史編上』（飯山市役所、1993年）によれば、瀬木村などの村々に入会権があり、里の村々から侵害を受けたという記述がある。この瀬木区の顕彰碑には、この文献と係わった記述が欲しかった。顕彰碑の表現に関して述べるならば、「江戸奉行所」とは不正確であり、また「江戸の評定所」とは幕府の評定所という最高の裁判所なのである。評定所は、「支配違いの訴訟」（異なる領主間における民衆たちの訴訟）を裁許し、通常は老中、及び

三奉行（寺社・勘定・町）とで構成されると一般には言われている。この顕彰碑に現れた入会の「権利」の内容が、「薪や馬草を採集する」だけでは決してないはずである。すなわち食料や建築材など種々の内容の権利を管理していたのであろうか。この点は上記の文献も同様の問題を残している。

　『飯山市誌　歴史編下』（飯山市役所、1995 年）では、一般的に近代日本の入会林野統一政策（入会集団が所有する入会地を市町村の所有に移そうとする政策）などの係わりで、かつての「共有地」（単純共有地ではない）に関する叙述が窺われるが、近世・近代を通じた入会山をめぐる所持・所有の変遷についての叙述が欠落している。注目されねばならないのは、入会集団がいかにして入会山の所持を近代まで維持してきたのか、という点が大事である。なお入会山を共有山というのは不正確である。共有入会権は、単独で持分権を処分できる単純共有権と異なり、共有入会山に関して重要な処分・変容をもたらす案件には入会権者全員の同意（黙認も含む）が必要であることを認識しなくてはならない。以上のような問題点は、『長野県史　通史編』（長野県庁、近世・近代の巻、1988〜1900 年）にも多かれ少なかれ残されている。

3　近世信州の入会研究をめぐって

　信州に関する代表的な入会史研究である平沢清人『近世入会慣行の成立と展開』（御茶の水書房、1967 年）によれば、古島敏雄「近世入会制度論」（法律学体系　第 2 部　法学理論篇 67、日本評論新社、1955 年）を批判するものだという。主に入会形態の多様さについて、信州下伊那地方を中心に検討し、①個人持山への入会、②仲間持山への入会、③部落持山（内山）への入会、④数部落（外山）入会、⑤村中（内山）入会、⑥数ヶ村（外山）入会、の諸形態を析出する。村民の入会の平等はほとんどなく、階層による入会の差も明白だとし、入会形態の変化の要因を検討して、入会の権利内容にも地元・入会・入方の区別は明白だと述べている。また平沢氏は、「入会村のうちでもその権利の強弱もあったが、入会村は『山手大豆』を出していない。しかし、『入方村』は入会地にも制限があり、『山手大豆』を出すし、日帰りの薪

ばかり採る権利をもつにいたっている。入会村と入方村の相違はこれら三点の制限をもつかどうかにかかわっていよう」（同書226頁）と述べる。入会村と入方村の相違は、負担や制限の問題として検討されているのである。

　しかし、近世の入会権として、地元村、入会村、入方村がどのような入会権を持っていたのかという相応しい追究は残されたままである。すなわち近代物権法の2種類の入会権概念をヒントにする研究が欠けているのではないか。このことは、近代法の概念を直接に前近代へ持ち込むのではないのである。また、入会山は「公有地」となったといわれるが、近世の入会山が近代以後にどのような道筋を辿ったのかという研究は、歴史家には関心が湧かなかったのは何故であろうか。

4　結びに

　近世の入会権は近世の土地所有構造との係わりで位置づけられねばならない。近世の土地所有構造に関して、将軍を頂点とする領主的土地領有権と、百姓的土地所持権と町人的土地所持権からなる被支配的土地所有権という近世身分制的土地所有構造を分析してきた。農業や商工業の経営から原則として離れることを余儀なくされた領主身分（階級）の土地領有権は、とりわけ百姓的土地所持権の実現（農業の私的経営）によってのみ、現実化されるのである(注4)。

　こうした近世の「領有―所持」の所有構造の中に、この時代の入会権を位置づけることが大事である。また同時に明治民法以来の物権法の「共有入会権」と「地役入会権」の概念を入念な探究の下で参考にすることも必要である。平沢氏の研究で挙げられた「地元村、入会村、入方村」を近世の所持概念に生かしていくことも有益であると考えられる。図式的に示すならば、地元村（所持）は一般的に地元村民による「共同所持的入会権」を、入会村は慣習法的な「地役的入会権」を、「入方村」は「契約的な地役的差等入会権」を有するものと概念づけられるものと考えられるのではないか。「入会村」の追究で抜けているのは、木材の伐採や一定の畑地経営が含まれるのかどう

かという問題である。近代民法を勘案して近世の入会権を位置付けると、「共同所持的入会権」と「共同地役的入会権」と概念づけられる。そして「共同所持的入会権」は現民法上の「共有入会権」の原型であり、「地役的入会権」は同じく「地役入会権」の原型であると考えられるのである。

　これまで検討してきた瀬木村と「里村」とが如何なる入会権を有したのかは、この顕彰碑では述べられていない。入会権に因んだ顕彰碑は割と残されているが、今後、生産森林組合などがこれまでの入会史に触れる場合にはどのような入会権を有していたのか、是非明記することをお願いしたいと思う。

注
（１）　近年の貴重な研究として、中尾英俊『入会権―その本質と現代的課題―』（勁草書房、2009 年）があり、またユニークな研究に、同『平成日本歩き録―入会環境保全―』（海鳥社、2012 年）がある。
（２）　徳川幕府の評定所による入会裁判については、評定所の民事裁判記録である『裁許留』（司法省秘書課編集・刊行、1943 年）を対象として享保期に即した研究がある（本書第 2 章「評定所の享保期入会裁判」）。ただし、この編纂物には、宝暦期の裁判は含まれていない。
（３）　瀬木村は、幕末の村高が 227 石 6 斗 6 升 5 合であり（『旧高旧領取調帳　中部編』近藤出版社、1977 年）、村の生産力が飛躍したとは必ずしもいえないものと思われる。
（４）　後藤正人『土地所有と身分―近世の法と裁判―』（法律文化社、1995 年）第 2 章「近世成立期における土地所有の特質」を参照。

付説2　歴史における入会・入会権の役割

　入会・入会権は中世・近世の封建社会においては刈敷や秣が農業共同体にとって必要・不可欠であったので、農業共同体にとっては絶対になくてはならない権利であった。この入会地は、同時に燃料となる薪、食料や建築材などの供給地でもあった。ただし「共同所持的入会権」は植林と共に、木材の伐採ができるが、「地役的入会権」は毛上の刈敷や秣などの採集ができるだけである。近世中後期には金肥の多少の生産もあるが、多くの農業共同体は一般的なものではなかった。また、この時代には木材需要もやや高まったことを受けて、入会地における植林や成木の生産も高まりつつあった。近世の入会地の中には、今日の生産森林組合の林業経営の基礎が形成される場合も存在したのである。

　第1章、及び付節1の成果の内では、近世期に現代民法上の共有入会権と地役入会権の原型が形成されていたことを明らかにしたことを成果の第1点に挙げなければならない。確かに評定所や、訴訟方や相手方の主張には、両概念がいずれも「入会」という言葉で表現されているが、裁許状や内済史料を検討すれば、成木を伐採できる入会（刈敷のための下草や秣はもちろん）と、下草や秣だけを採取できる入会とを区別しているからである。近世の土地所有構造に即していえば、前者は共同所持的入会権であり、後者は領主の土地領有権や、被支配身分の土地所持権の「毛上」に成立する地役的入会権と称すべきものと考えられるのである。

　近代では、①明治政府による「官民有区分」による入会地の「官没」、②日露戦後経営の中での主に神社合祀令による神社林（実態は氏子たちの入会地）の圧迫、③「部落有林野統一政策」（入会地を町村財産へ移すこと）などの入会地消滅の危機などがあったが、①については入会地の「下戻運動」、②に対しては、南方熊楠たちの神社合祀令廃滅運動、③に対して形式上は入会地を献上するが、実質的に利用管理権を保持するなどの様々な抵抗があっ

た。こうした林地が第 2 次世界大戦後には例えば「財産区」となり、かつての入会集団の入会地となる場合もあったのである。

　確かに、近代日本においては森林に対して木材生産第一主義が採られ、森林を多少有している入会地に対して、上に見てきたような政策がとられたが、入会集団は多かれ少なかれ種々の抵抗を行ってきた。その結果は、「はしがき」で紹介したように、入会地は 1960 年（昭和 35）で 203 万町歩が存在していたのである。その後、1964 年（昭和 39）には木材の輸入自由化が行われ（アフリカ・南米などの原生林の伐採まで発生）、山村などでは林業経営の打撃をまともに受けた。さらに 1966 年（昭和 41）には「入会近代化法」が成立し、入会地の整備が行われたが、未だ 100 万町歩は存在すると考えられている。現代に存在する入会地には、新しい協同主義による入会地の多目的機能が発揮されていることが認識されているように思われるのである。

第2章｜評定所の享保期入会裁判

序　説　「裁許留」の入会裁判

　徳川幕府の評定所による民事裁判記録は「裁許留」として残されてきたが、主に見ることができるのは、〔裁許留二〕享保5年（1720）、同13年（1728）、同14年、〔裁許留五〕天明元年（1781）、同2年、〔裁許留六〕寛政8年（1796）、同10年（1798）、同11年、〔裁許留八〕文化6年（1809）、同8年（1811）、同9年、同14年（1817）、〔裁許留十〕文政4年（1821）、同9年（1826）、同10年、同12年（1829）、同13年、〔裁許留十一〕天保2年（1831）、〔裁許留十三〕嘉永元年（1848）、〔裁許留十四〕嘉永2年、同5年（1852）、同6年、同7年、安政元年（1854）、〔裁許留一六〕文久2年（1862）と〔裁許留十七〕慶応元年（1865）分である。近世前期の記録がないのは残念であるが、これらを司法資料として、『裁許留』を解読し、編纂・刊行したのは司法省秘書課である（1943年12月刊行）。

　同書の「序」によれば、幕府裁判書類目録を引いて、連綿ではないが、元禄15年（1702）から慶応3年（1867）に至る計45冊から「裁許留」は成り立っていたという。しかし1923年（大正12）9月の関東大震災ですべて失われたが、享保5年（1720）から同14年（1729）まで（同6年から12年までを除く）の模写本が京都帝大法学部研究室に伝えられ、天明元年（1781）から同2年（1782）までの複本が東京帝大法学部研究室に存在した。同書は、これらの所蔵本に加えて、司法省「徳川禁令考後聚」(注1)所載の事例36件を蒐集し、校勘を加えて編纂されたのだという。ただし刊行された『裁許留』は、読解を便利にするためとはいえ、読点を余りにも施し過ぎたきらいがある。なお句点は付けられていない。

　同書には総計160件の裁判記録が含まれている(注2)。入会関係の事案が全

体的には最も多い一つであり、特に享保期と天明期とは比較的に目立ってい
る。このことの要因を探る課題もある。時代を下るにつれて、金銭債権的訴
訟が多くなるのは一般的に商業資本が発展する経済動向を反映したものと考
えられる。入会紛争をめぐって幕府の評定所に裁判を仰いだのは、入会集団
間及び他の地縁団体との入会権に係わる利害関係が深刻で、且つこれらの団
体の規模が大きいために長期間の訴訟遂行が可能となる財政的な裏付けが
あったからと勘案されるのである。とするならば、入会をめぐる訴訟は大規
模なものとなるに違いない。それにも拘らず、近年では近世の民事訴訟制度
の研究はある程度盛んであるが、入会裁判が幕府の評定所では多い割に、入
会裁判をめぐる研究が少ないのはどうしてなのであろうか。

　熊谷開作氏は「封建社会における国家と法」(黒木三郎編『現代法社会学』
第 2 編第 3 章、青林書院、1989 年) の中で (127 頁)、『裁許留』には言及して
いないが、評定所が他の機関と違って裁判のみを行う専門機関であり、支配
違いの公事 (「出入物ともよばれ、原告から訴状すなわち目安の提出があると相
手方を召喚し両者を対決させて審理する裁判、これに対するものが吟味物」) につ
いて裁判を行うのであるから、評定所の裁判例には注目すべきものが極めて
多いと述べていた(注3)。

　近世の入会権と、領主の領有権と被支配身分の所持権からなる近世土地所
有構造との関係については、共同所持的入会権は所持権の一形態であり、地
役的入会権は領有地や所持地に対する地役的利用権である。この二つの入会
権はもちろん一種の管理権でもあるが、領主の土地領有権の下にあることを
理解しなければならない。評定所の構成は、原則として寺社奉行 4 人、勘定
奉行 2 人、町奉行 2 人 (南・北) からなるといわれているが、ただし老中が
一般的・継続的に吟味・裁決に係わっていたのかという点については疑問で
ある。評定所の裁判や法実務に係わった主な役人の内に、評定所留役がある。
近年の主な研究として、神保文夫『近世法実務の研究下』第 2 部第 1 章「評
定所留役小考―職階制成立までの官制史―」(汲古書院、2021 年) がある。

　以下では、評定所の享保期の入会裁判につき、時系列的に享保 5 年 (1720)
の伊豆国賀茂郡下の内済、及び上総国市原郡下・武蔵国都筑郡下・常陸国多

珂郡下の裁許、享保13年（1728）の下総国香取郡下・同海上郡下の内済、享保14年の安房国長狭郡下の内済、及び駿河国駿東郡下の裁許の八つの事例を詳細に検討する。なお入会が係わった裁判として、享保5年の下野国那須郡下の裁許、享保13年の下総国葛飾郡下の内済、享保14年（1729）の美濃国土岐郡下の裁許、及び伊豆国田方郡下の内済の四つの事例も併せて検討したい（注4）。

　この内、享保5年の伊豆国賀茂郡下の内済、及び上総国市原郡下の裁許、享保14年の駿河国駿東郡下の裁許の事例、入会が係わった享保5年の下野国那須郡下の「村境論」、享保14年の美濃国土岐郡下の「山論」裁許の事例については、関係史料を全文紹介する。因みに、享保以前の裁許の事例として、入会が係わった「山論」裁許状も紹介しておきたい（注5）。以上の史料紹介に際しては、旧字を新字に大体直してある。以上の検討を通じて享保期の入会権と裁判の特徴を明らかにしてみたい。

　評定所の入会裁判を中心に扱った研究は管見の限りでは見受けられないが、小早川欣吾『（増補）近世民事訴訟制度の研究』（名著普及会、1988年）、裁判管轄について指摘する平松義郎氏の『近世刑事訴訟法の研究』（創文社、1960年）や、生類憐みの令や変死事件に関する幕府・私領間の刑事事件をめぐる具体的な幕藩関係法に関しては、後藤『近世・維新期の民衆と法―東九州を中心に―』（文理閣、2021年）を関連文献として挙げておきたい（注6）。

注
（1）　徳川禁令考は、明治初期に大木喬任が司法省の官吏・菊池俊助等に命じて編纂した徳川幕府の法令集であり、法制史学会の編纂によって前集・後集、及び別冊の全11巻が創文社によって1959年から61年に掛けて出版された。
（2）　『裁許留』の史料をかつて検討した私の研究に、例えば後藤『近世の土地所有と身分―近世の法と裁判―』第8章「武蔵国の旦那場と訴訟」（法律文化社、1995年）がある。
（3）　これに続いて、熊谷氏は幕府が水利紛争につき重要な裁判を行ったことを紹介している。すなわち「水論は内済（＝和解）で済ますべきであること、もし水利に関して不法をしかけられたときは一二か月内の訴えに限って受理すること、の二つであったが、この事件がもともと支配違いのものであったために評定所立会の上で判断が下さ

れたことに注目する必要がある」（128頁）と。さらに熊谷氏は幕府の裁判権とヨーロッパの封建領主の領主裁判権との比較研究の重要性につき、深い示唆を与えている。「戦国時代のごく短い期間をのぞいて、領主が単独で裁判権をもちそれを行使した時期はあまり多くなかったといえる。領主が独自に裁判権を行使したようにみられた場合でも、幕府の裁判権を無視することはあくまでもできなかった。このことをヨーロッパ、なかでもドイツやフランスの封建領主が強力な領主裁判権を有していたこととくわしくくらべてみる必要があるように思われる。そして、そのことが、封建国家が倒れて近代国家が成立したときの裁判権の構造について特殊な条件を用意したように思われるし、ひいては、国家と法の関係について日本とヨーロッパの国々との比較をする場合にも深い示唆を与えるように思われる」（128頁）。

（4）　この他に「入会」（この場合は萩などの刈取り）が全く付随的に係わった、享保5年（1720）とだけ記された、訴訟方・信濃国小県郡原口村又左衛門他1名と相手方・同郡坂井村九左衛門他3人の「嶋出入」がある（本書3頁）。本題は、又左衛門の祖父が坂井村枝郷・鍋屋窪を質物に取ったが、相手方が「鍋屋窪島河原」の利用を妨害しており、この「鍋屋窪島河原」がこの質物の範囲に含まれるか否かの訴訟であった。九左衛門方は、この島河原が川の氾濫によって、その後にできた場所であり、13年以前に「内改」を請い、見取場に致して年貢を納め、本村と鍋屋窪はこれを「入会」として萩などを刈り取っていると弁明したのである。評定所は、訴訟方が提示した2通の文書を証拠なしと判断し、訴訟を取り上げない趣旨を申し渡したものである。この論地が入会地であったからというのではなく、質物に取った後に出来た土地で、しかも年貢地であったことが評定所の判断の決め手になったのである。この裁判は検討から除外した。

　　なお、この裁判は、初め寺社奉行所で一応吟味を遂げて両当事者を召し出し、後に「一座」（評定所一座）が吟味を行っていた。因みに「元禄郷帳」（国立公文書館デジタル画像）で村高を確認すると、原口村（現東御市滋野乙原口）は見えず、坂井村は294石4斗1升3合、である。幕末の『旧高旧領取調帳　中部編』（近藤出版社、1977年）によれば、原口村は269石2斗2升9合5夕、坂井村は小諸藩領分275石9斗8升7合、恵光院除地5石6斗4合である。

（5）　享保期以前における評定所の入会判決については、入会関係裁判であるが、例えば宝永5年（1708）の美濃国加茂郡下の能古山（のぶこ山、納古山）をめぐる「山論」裁判が知られており、入会についても判断されているので、裁許状を紹介しておきたい（岐阜県加茂郡川辺町役場『川辺町史　史料編上巻』1980年、936～937頁）。なおルビを外した。

　　同書の「宝永四年　のふこ山論江戸日記　亥之九月」（908頁以下）によれば、「江戸検使内御吟味役」2名（関東御代官・町野惣右衛門の手代・酒巻礒右衛門と同前島小左衛門の手代・太田只（唯）右衛門）は、同書の「宝永五年子ノ二月御検使様之次第覚」（931頁以下）によると、宝永5年（1708）2月11日に来村して、同月19日に在所を出立した。この間、訴訟方及び相手方を呼び出し、論所に出向いて確認を行い、

口書などの記録も残している。そして評定所の裁許が済むまでは両当事者の立入を禁じ、最後に江戸へは4月10日前後に下着するようにと、命じられたのであった。この口書は評定所の裁判では重要な証拠となったものと勘案される。因みに現在は納古山（こやま）といわれて岐阜県加茂郡七宗町に属し、個人所有の山となっている。

　　〔史料〕　美濃国加茂郡上川辺村追訴、鹿塩村・同郡石神村・栃井村・下川辺村、
　　　　中ノ番村、山論之事
　　上川辺村百姓訴候ハ、内山境峯を限り四ヶ村不入由申之、四ヶ村百姓答候は、
　論所惣名納古山と称之、不残入会候旨申之、為検使町野惣右衛門・手代酒巻礒右
　衛門、前島小左衛門・手代太田唯右衛門差遣、内山境令詮議候処、上川辺村之者
　新規ニ牓示引之、誤候旨口上書差出候、貞享三年上川辺村え差出帳ニ、納古山四
　至牓示載之、六ヶ村入会山と記候、同五年六ヶ村より地頭え出候証文絵図と、村
　差出帳引合令点検（候脱カ）処、名所致符合是又六ヶ村入会と書記候条、四ヶ村
　申処理運ニ候、惣山不残入会ニ相定畢、有来外新開新林不可致之、山手米如前々
　一村切ニ可収納之、且又上川辺村地内之溜井用水ニ引候ニ付、溜井敷代石神村よ
　り出来候上は、右堀筋上川辺村之者不可妨之、石神村際之大道林ニ附候分は、
　石神村ニて可支配之、為後証絵図令裏書、双方え下置間不可再犯者也
　　宝永五年戊子五月廿五日

　　　　　　　　　　　　　　　　　　　　　　平　若狭㊞
　　　　　　　　　　　　　　　　　　　　　　石　安房㊞
　　　　　　　　　　　　　　　　　　　　　　中　出雲㊞
　　　　　　　　　　　　　　　　　　　　　　萩　近江㊞
　　　　　　　　　　　　　　　　　　　　　　坪　能登㊞
　　　　　　　　　　　　　　　　　　　　　　松　壱岐㊞
　　　　　　　　　　　　　　　　　　　　　　丹　遠江㊞
　　　　　　　　　　　　　　　　　　　　　　本　弾正㊞
　　　　　　　　　　　　　　　　　　　　　　堀　丹後㊞
　　　　　　　　　　　　　　　在所御暇ニ付無加印
　　　　　　　　　　　　　　　　　　　　　　三　備前
　　　　　　　　　　　　　　　　　　　　　　鳥　播磨㊞

　なお上記の奉行について、奉行名と名前を明らかにしておきたい。勘定奉行：平岩
　　若狭守親庸（平　若狭）、石尾阿波守氏信（石　安房〔阿波〕）、中山出雲守時晴（中
　　出雲）、萩原近江守重秀（萩　近江）、町奉行：坪内能登守定鑑（坪　能登）、松野
　河内守（壱岐守）助義（松　壱岐）、丹羽遠江守長守（丹　遠江）、本多弾正少弼忠晴
　（本　弾正）、寺社奉行：堀　丹後守直利（堀　丹後）、三宅備前守康雄（三　備前）、
　鳥居播磨守忠救（鳥　播磨）。すなわち勘定奉行4名、町奉行4名、寺社奉行3名で
　ある。

　評定所の近世前期の入会関係裁判は、前掲神保書第 2 部の第 2 章「江戸時代前期の判例集」に「史料『御裁許留』上中下」が復刻されている。入会に係わる裁判は、通し番号の九、一一、一七、一八、一九、二一、二二、二三で貞享 3 年（1686）から元禄 2 年（1689）に至る 8 つの事例がある（なお「九」には「下野国山本村」対「同国門毛村」とあるが、門毛村は常陸国茨城郡門毛村の誤りである。現茨城県桜川市）。

　その特徴を挙げると、主な内容は全て「以絵図裏書裁許」とあり、裁許の要旨が記述されており、従って内済は存在しない。表題はなく、「目録」の「論所」には、村境、山論、野論はあるが、「入会論」の扱いはなかった。吟味のために手代を派遣した事例が若干存在した。裁許を行った奉行たちを「出坐」として三奉行の名が挙げられている。他に国領半兵衛（重次）あるいは諸星伝佐衛門（忠直）が名を連ねているが、両人は勘定吟味役であると勘案しうる。勘定吟味役は、勘定所内では勘定奉行に次ぐ地位であるが、勘定奉行の次席ではなく、老中の直属機関であり、勘定所の全体を監査する職権を有したのである。この場合は、評定所における老中の下僚として裁判に加わったものと考えることができよう。

（6）　前掲拙著『近世・維新期の民衆と法』の「書評・示教」については、後藤編・刊の『歴史と文芸』8 号（2021 年）で紹介している。

第1節　伊豆国賀茂郡下の入会裁判
―河津組上郷・下郷の「取替證文」を中心に―

1　はじめに

　司法省秘書課が編纂した『裁許留』（3～6頁）には「豆州加茂郡川津組拾七ヶ村、入会山出入、裁許之事」が掲載されている。この入会裁判は伊豆国賀茂郡川津組の下郷10か村と上郷7か村との入会権をめぐる紛争であり、内済によって終結したものである。この内済の日付は享保5年（1720）6月日付である。近世初期以来、川津組17か村・「川津3000石」と称され、川津組上郷は8か村、同下郷は9か村であった。この間、それぞれに属する村々の変化があったのであろう。現在、以上の17か村は全て現静岡県賀茂郡河津町に属している。以下、賀茂郡河津組と称したい。史料全文は本文末に紹介した。ただしこの編纂物はすでに指摘したように、読点が余りにも多く、句点はない。旧漢字は一部を除いて新字に替えてみた。

　この入会紛争は「天城入会をめぐる上郷・下郷の対立」（『角川日本地名大辞典22　静岡県』1982年、角川書店、1294頁）としてすでに触れられているので、紹介しておきたい。河津郷（組）17か村は「入会い」で天城山の雑木や薪などを取っていたが、上郷7か村が下郷10か村の「入会い」を差し止めるという事件が享保4年（1719）に起きた。天城の伝馬役人足は定式の通行の際は上郷が負担して、不時（臨時）の場合には下郷からも人足を出すことになっていた。ところが、細井佐次右衛門一行の（臨時の）通行には下郷から人足を出さなかったことが紛争の原因であったという。また、下郷が火除人夫を出さないので、上郷によって天城山入口の佐ヶ野山の萱場利用も下郷は止められた。困却した下郷は、上郷が天城山から薪を取って、海へ積み出す船を差し止めるという対抗手段を採った。翌享保5年（1720）になって、下郷が臨時通行の人足と、かつ佐ヶ野「入会地」へ火除人足を差し出すという内容で、「入会地」をめぐる紛争の和解が評定所によって成立したと

いう。

　この解説によれば、出典史料は何かという問題と共に、使用されている「入会い」の用語の意味が明確ではない。近世土地法における入会権とは如何なるものかという問題と共に、当該の入会権の内容が明確ではないが、恐らく天城山の雑木や薪などを取る権利との理解であろう。この入会権は、天城山全体が幕藩領主の領有地であるとしても、上記で述べた近世所持権の一つである共同所持的入会権なのか、はたまた地役的入会権なのかという問題が残っているのである。天城山と同入口の佐ヶ野山との入会権の内容の違いや、入会権と火除人夫をめぐる説明も必要と思われる。

　『静岡県史　資料編 11　近世 3』（静岡県庁、1994 年）の第 2 編第 3 章第 1 節「天城の御林と木材」[注1] の宝暦 5 年（1755）10 月の史料によれば、広大な天城山は元々御料（幕領、御山内）としての御立山（東西 13 里＝約 52km、南北 6 里＝約 24km）と、周囲の傾斜地からなっていた。享保元年（1716）11 月の史料によれば、前者では松・杉・檜・槻・楠・樅・栂の 7 木が御制木であり、その他の伐採は認められていたので、この土地は一応地役的な入会地であった。なお上記の宝暦 5 年 10 月の史料では、元禄 11 年（1698）に天城山周辺の村々が多分に私領になったので、天城山 4 口の山守制が成立した。他方、周辺の山裾地（最寄稼場）は共同所持的入会地であった。ちなみに正徳 6 年（ママ、1715）5 月の史料によれば、山内の 7 制木以外の伐採などの入会収益につき、「分一」金を払っていたことが判明する。また宝暦 12 年（1762）4 月の史料によれば、山内は 6 組（計 45 か村）に区画され、組毎の村々が入会権を行使したと勘案される。

　天城山を中心とする入会や入会地の利用などについて、『静岡県史　資料編 23　民俗一』（静岡県庁、1989 年）の記述（第 2 編第 4 節、第 3 編第 2 節）は参考となるが、御料地では全て利用禁止とあり、本文で見たように誤りである。また入会地を共有地とし、入会林を共有林とする記述も正確ではない。入会権は、自己の持ち分を単独の権利として処分できる単純共有ではなく、持ち分を権利者が単独で処分権を有しない入会共有権である。入会地（入会林を含む）に関する重要な処分権などは入会集団の全会一致を原則とするか

らである。すなわち共有には3種類の共有がある。現行民法の学説上では単純共有、総有、合有の3種類があるが、現行民法物権の入会権（2種あり）の規定からは歴史家・経済史家（林学者）・民俗学者には理解し難いものと考えられる。

　さて、この入会訴訟は表題には「裁許之事」とあるが、後掲の史料に「取替證文之事」とあるように、「内済」という形で決着をみた。両当事者の申分、及び証拠物件、評定所の吟味について、以下にその内容を詳しく検討してみたい。

2　賀茂郡河津組下郷の訴えと、上郷の返答

　訴訟方の下郷10か村（現河津川の下流辺）の訴えを検討すると、上郷7か村を評定所へ訴えたのは、天城山の入会権が河津組17か村によって担われ、雑木・薪などを採集してきたが、享保4年（1719）11月に上郷7か村（河津川のやや上流辺）によって入会権の行使が差し止められたからであった。この差し止めによって、下郷10か村は一斉に騒ぎ立ち、以前のように入会権の行使を願ったのである。

　他方、相手方の上郷の返答によれば、天城山通行の伝馬役人足につき、下田奉行（注2）の往来などの定式通行については上郷が人足役を負担するが、「不時」（臨時）の御朱印人足（注3）などは下郷からも差し出すことになっている。先年に伊豆国賀茂郡大瀬村（石廊崎北東近く）へ吹き寄せられた琉球人が江戸へ召し寄せられた節や、放鳥奉行（注4）の通行の節には、下郷からも人足を差し出すべき割合を記した帳面（名主・組頭判形つき）を下郷に披見させた。ところが、享保4年（1719）に細井佐次右衛門様（旗本・勝茂カ）が不時の御用で通行の節に下郷へ人足の催促をしたけれども、下郷が出さなかったので、下郷の天城山入会権を停止させたのである。その後は、上郷が不時の通行共々伝馬人足を勤めてきており、上郷は下郷の天城山入会権の停止を願ったのである。

3　評定所の吟味、及び内済

　天城山入会権については、室（宝のミス）永 2 年酉（とすれば、1705 年）付
の上郷・下郷の連判書があり、これによって評定所は新規に入会停止を仰せ
付けられることはない旨を吟味し、上郷・下郷は双方共に「御尤至極、奉存
候」と納得した。上郷は、これまでの通り下郷が不時の御用人足さえ難渋な
く差し出すのであれば、以前の通り、下郷が入会を仰せ付けられることに対
しては少しも違うことはないという。

　他方、天城山入口の佐ヶ野山は天城山周辺の山と考えられ、古くからの入
会ではなく、16 年以前（宝永元＝1704 年頃カ）に大名主（大庄屋と同意）の五
左衛門の了簡によって、下郷からも野火除人足を差し出すことを申し合わせ
た。しかし近年になって下郷は春の内に茅を刈る際に火除人足を差し出さな
かったので、上郷は下郷の佐ヶ野山入会権の行使も差し止めたいと評定所へ
申し上げた。ただし下郷が火除人足を滞りなく差し出すのであれば、下郷の
入会権行使を差し止めたいと、評定所へ強いて願いを申し上げることはない
旨の口上書を上郷 7 か村が評定所へ差し上げたので、下郷の村々に対して吟
味がなされた。

　下郷は、「先規」（先期）より御朱印人足並びに不時御用人足を差し出して
きたが、去年（享保 4 ＝1719 年）細井佐次右衛門様が下田へ通行の際には定
式の通行と考えて心得違いをし、人足を差し出さなかったのは不調法の致し
方で、申し開きのできないことであると述べ、自今は不時の通行人足を先規
の如く滞りなく差し出し申すので、天城山入会の儀は以前の通りお願いした
い。また天城山入口の佐ヶ野山については 16 年以前（前出）より大名主・
五左衛門の了簡で下郷からも野火除人足を差し出すことを極め、入会として
茅を刈らせる趣旨について、上郷より申し上げたが、下郷は左様のことを承
りかつ伝えられたこともなく、往古より入会権を行使して来たことを述べた。
さらに下郷は火除人足をもちろん滞りなく差し出すので、これまで通り入会
権の行使をお願いした。

評定所は、また下郷に対して、上郷が村々から集めた薪を積んだ船をなぜ下郷が差し止めたのかについて訊ねた。下郷からは、天城山から伐り出した薪を積み下したので、この訴訟が係属する間は差し止めたと申し開きを行い、この訴訟の決着がつけば、以前の通り少しも差し障りがないので、判決の結果がどうであれ、少しも違反しないことにつき、下郷10か村は口書を評定所へ届けた。

依って評定所から言い渡されたことは、上郷より天城山の入会権を差し止められて、下郷が難儀に陥った趣旨について、下郷が訴えた事案につき、詮議の結果、以前より上郷・下郷共に入会権を行使してきたことが上郷・下郷の連判書にあり、下郷から連判書を差し出した以上は、往古より入会権の存在を認めたものと判示する。また伝馬人足役のことは下郷村々の印形のある割合帳面を上郷から差し出したことにより、下郷より不時人足を差し出すべきことは紛れもないことである。いよいよ先規の如く、御朱印並びに不時人足は下郷からも差し出すべきことである。さらに天城山の入会については、上郷・下郷によって入会権を行使するべし、佐ヶ野山についても下郷の村々が今より野火除人足を滞りなく差し出すべき旨を申し述べたからには、下郷より野火除人足を滞りなく差し出し、以前の如く、入会権として茅などを刈り取り申すべきことを仰せ渡した。上郷・下郷の双方は納得して畏み奉った。今般の御裁許の趣旨を永く相守るべく、もしも相背いた場合には何分の曲事にも仰せ付ける。依って後證のために、連判一札を上郷・下郷から共同して評定所へ差し上げた。

下郷10か村総代として田中村名主・新八、笹原村名主・七兵衛、沢田村名主・彌五兵衛、嶺村名主・與十郎、上郷7か村として梨本村名主・善左衛門、大鍋村名主・與右衛門、小鍋村名主・藤三郎、湯ヶ野村名主・與四右衛門、下佐ヶ野村名主・善兵衛、筏場村・矢野村名主・安左衛門、下筏場村名主・仁兵衛が、評定所宛に取替證文を享保5年（1720）6月付で提出した。因みに、上記の村々の石高（村高）を「元禄郷帳」（元禄13＝1700〜同15＝1702年に幕府勘定方によって作成、国立公文書館デジタル画像）で確認すると、下郷では田中村347石1斗2升5合、笹原村234石5斗6升7合、沢田村183石

9升2合、嶺村424石7斗5合である。また上郷では梨本村289石4斗4升3合、大鍋村69石5斗3升4合、小鍋村113石8斗8升、湯ヶ野村96石3斗1升1合、下佐ヶ野村184石8斗4升、筏場村120石2斗6升7合、筏場村枝郷矢部村55石5斗4升9合である。ただし下筏場村は記載がない。

　下郷と上郷の村高を比較すると、下流に属する下郷の方が概して村高が勝っており、田畠が上郷よりも多少多かったことであろうし、従って農産物の生産も上郷よりも上回っていたことであろう。

　最後に、評定所はこの訴訟を神保甚三郎の手代・加納丈右衛門と、前島小左衛門の手代・渡辺治助に吟味させ、その上で詮議を行った後に、取替証文が作成されて、裁許が終了したことが窺える。なお神保・前島の人物については、共に代官であると思料されるが、当時何処の代官であったのか、後考を俟ちたい[注5]。

　以上、「取替證文」の内容を紹介したが、これによれば、上記の『角川日本地名大辞典22　静岡県』の「天城入会をめぐる上郷・下郷の対立」の解説文は、この『裁許留』が出典であり、しかも要点だけを紹介したものであることが判明する。ただし同書の性格上、出典を明記すれば、この程度でよいのであろう。

　裁許の末尾にある「訴状・返答書継合、裏判消に遣ス」という文言は慣用句である。裏判とは、訴状糺が終了して本目安が差し出された場合に、管轄奉行が訴状の裏面に行う一定形式の裏書・捺印のことで、訴えを承認・保証するための押印を意味する。この慣用句の意味は、訴状の裏判を抹消する評定所の行為を指し、これは評定所の内座で行われる（小早川欣吾『近世民事訴訟制度の研究』305頁以下、408頁以下を参照。有斐閣、1957年）。なお「初判」が誰であったのか、裁許状には現れていなかった[注6]。

4　解説

　まず上郷と下郷の入会紛争の対象となったのは、雑木・薪を採集したとあることからすれば、河津組17か村が地役的入会権を有する天城山の御立山

の一区画と考えねばならない。さらに天城山入口の佐ヶ野山は天城山の周辺の傾斜地と考えるべきであり、河津組（上郷・下郷）17か村による共同所持的入会地であると考えられる。

佐ヶ野山入会については、宝永元年（1704）以前に大名主の了簡によって入会が発生したように読み取れるが、むしろこの時期に上郷・下郷のそれぞれの入会権の内容が確定したのではないか。それ以前は、やはり村々が自由に入会権を行使してきたが、紛争があり、大名主の裁量によって、それぞれの入会権の内容が確定したものと考えられるが、如何であろうか。

天城山一帯は幕府を含む領主たちの領有地であり、既に述べたように、山林は幕府の御料林とあり、「取替證文」の内容からすれば、村々入会であることは明確である。ただし天城山及び周辺の佐ヶ野山などについて、上郷の攻勢が目立っており、上郷と下郷がそれぞれ同等の入会権を有していたのか、という興味深い問題が残っている。これらの問題は、この評定所における当事者の申口や、指摘された証拠物に基づく裁定からは判明しない。

以上のような問題の背景には、中世以来の入会の歴史があり、上郷・下郷も一体として存在し、近世以降に上郷・下郷がそれぞれ固有の経済的・社会的発展によって相対的独自性を発揮し、近世中期には上記のような紛争を生じさせたものなのであろうか、併せて今後の課題である(注7)。なお表題の前の番号（この場合は二）はこの『裁許留』所載の裁判の通し番号である。

〔史料〕　二　豆州加茂郡川津組拾七ヶ村、入会山出入、裁許之事、
　　　　　　　取替證文之事

　　豆州加茂郡川津組下郷拾ヶ村、訴上候は、天城山之儀、前々より川津組拾七ヶ村入会ニて、雑木・薪等、取来候処、去亥十一月、上郷七ヶ村より、入会差留、下郷拾ヶ村、悉、難儀仕候間、如前々、入会奉願旨、申之、上郷七ヶ村、申上候は、天城山通御伝馬役人足・下田御奉行様御往来等、其外定式御通ハ、上郷斗ニテ相勤、不時之御通、
　　御朱印人足等ハ、下郷よりも差出来候、則、先年同国大瀬村え被吹寄候琉球人、江戸え被召呼候節、幷御放鳥御奉行様御通之節、下郷より人足差出候割合帳面、名主・組頭判形有之ニ付、為証拠、奉入御披見候、然処、去

年、細井佐次右衛門様、不時御用ニて御通之節、人足申触候得とも、差出
不申ニ付、天城山入会、差留候、向後は、不時之御通人足共ニ、上郷斗に
て可相勤候間、天城山入会、御停止に奉願旨、申上候得とも、先々より入
会山と申儀、室永弐酉年（宝）、上郷・下郷連判書物有之候得は、新規ニ、入会
御停止ニ可被仰付様無之旨、御吟味之趣、御尤至極、奉存候、只今迄之通、
不時之御用人足さへ、無難渋、差出候得は、前々之通、入会に被仰付候儀
は、少も違背仕間鋪候、右山入口・佐ヶ野山之儀は、前々より之入会ニて
は無之、拾六年以前、大名主・五左衛門了（料）簡ニて、下郷よりも、野
火除人足、差出候筈に申合、春之内、茅為刈候処に、火除人足も、近年ハ
差出不申候間、佐ヶ野山入会は、差留度由、申上候得とも、是又、火除人
足さへ、無滞、差出候ハ、入会指（差）留度と強て御願可申上様無之、
御裁許、何分ニ被仰付候処、少も無違背、可奉畏旨、上郷七ヶ村、口書差
上申候ニ付、下郷村々、御吟味ニ御座候、先規より

御朱印幷不時御用人足ハ差出候得とも、去年、右佐次右衛門様は、下田え
御通被遊候ニ付、定式之御通と奉存、心得違ニて、人足差出不申段ハ無調
法之致方、申披無御座候、自今、不時御通人足ハ、如先規、無滞、差出可
申候間、天城山入会之儀、前々之通、奉願候、且又、右山入口・佐ヶ野山
之儀ハ、拾六年以来、大名主・五佐衛門了（料）簡ニて、下郷より野火除
人足差出候筈に相極、入会ニ、茅為刈候旨、上郷より申上候得共、拙者と
もハ、左様之儀、曽て承伝不申候、往古より、入会来申候、勿論、火除人
足は、無遅滞、差出可申候間、有来通、入会奉願候、上郷村々より薪積下
候艜舟差留候訳（マヽ）、御尋ニ御座候、天城山より伐出候薪、積下し候故、出入
之内ハ差留候得とも、出入さへ相済候得ハ、前々之通、少も、差障可申様、
無御座候間、御裁許、何分ニ被仰付候とも、少も違背仕間鋪、下郷拾ヶ
村、口書差上申候、依之、被仰渡候は、上郷七ヶ村より、天城山入会差留、
人之難儀旨（マヽ）、下郷拾ヶ村、訴之ニ付、遂詮議処、前々より入会来旨、上郷・
下郷連判書物有之、下郷より差出上は、往古より入会と相聞候、且、人足
之儀は、下郷村々印形有之・割合帳面、上郷より差出ニ付、下郷より不時
人足差出候段、無紛候条、弥、如先規

御朱印幷不時御用人足ハ、下郷拾ヶ村よりも差出之、天城山之儀ハ、拾七
ヶ村、可為入会、幷佐ヶ野山之儀、自今、野火除人足、無遅滞、可差出旨、
下郷村々申之上は、野火除人足、下郷より、無滞、差出、如前々、入会に
茅等も川取（マヽ）可申旨、被仰渡、双方奉畏候、今般、御裁許之趣、永、相守可
申候、若、相背候ハ、何分之曲事ニも可被仰付候　仍、為後證、連判一

札、差上申所、如件、

　　　　　　　　　　　　豆州加茂郡川津組
　　　　　　　　　　　　下郷拾ヶ村惣代
　　　　　　　　　　　　　田中村
　　　　　　　　　　　　　　名主
　享保五年子六月　　　　　　　新　　　八
　　　　　　　　　　　　　笹原村
　　　　　　　　　　　　　　名主
　　　　　　　　　　　　　　七　兵　衛
　　　　　　　　　　　　　沢田村
　　　　　　　　　　　　　　名主
　　　　　　　　　　　　　　弥　五　兵　衛
　　　　　　　　　　　　　嶺　村
　　　　　　　　　　　　　　名主
　　　　　　　　　　　　　　与　十　郎
　　　　　　　　　　　　同　所
　　　　　　　　　　　　上郷七ヶ村梨本村
　　　　　　　　　　　　　　同
　　　　　　　　　　　　　　善　左　衛　門
　　　　　　　　　　　　　　大鍋村
　　　　　　　　　　　　　　同
　　　　　　　　　　　　　　奥　右　衛　門
　　　　　　　　　　　　　小鍋村
　　　　　　　　　　　　　　同
　　　　　　　　　　　　　　藤　三　郎
　　　　　　　　　　　　　湯ヶ野村
　　　　　　　　　　　　　　同
　　　　　　　　　　　　　　与四右衛門
　　　　　　　　　　　　　下佐ヶ野村
　　　　　　　　　　　　　　同
　　　　　　　　　　　　　　善　兵　衛
　　　　　　　　　　　　　筏場村
　　　　　　　　　　　　　矢野村
　　　　　　　　　　　　　　同

安 左 衛 門

下筏場村

同

仁 兵 衛

御評定所

　右出入、神保甚三郎手代・狩野丈右衛門、前島小左衛門手代・渡辺治助
に吟味為致、猶又、詮議之上、取替證文を以、裁許畢、組^(マヽ)、訴状・返答書
継合、裏判消に遣ス、

注
（１）　この史料の内、明和3年（1766）2月の史料によれば、「天城御山内」は26か村と
　　　あり、後考を待つ。なお御制木は9木となっていく。
（２）　下田奉行は幕府の遠国奉行の一つで、元和2年（1616）に設置、下田港（現下田市）
　　　の警護・廻船積荷改めを任務とした。旗本が任じられ、高1000石、役料は400石で
　　　あった。
（３）　御朱印通行とは、将軍から土地・人民の支配を大名へ当座に下されたことを命じる
　　　朱印状に係わる通行で、極めて慎重な護持が必要となっている。御朱印人足は、例え
　　　ば琉球使節（尚氏による）の慶賀使（江戸立）の場合には多くの人数が付いていた。
（４）　伊豆新島（現東京都新島・新島村）での放鳥奉行による放鳥は、幕府が新島を流刑
　　　地とし、同島での再犯者を死罪としたことと関係があると考えられる。新島へは豆州
　　　の下田港から出航するのが慣行であったようである。ただし放鳥奉行については不詳
　　　である。「御放鳥」については、後藤正人「生類憐みの令の特質」（後藤編集・刊行『法
　　　社会史紀行』7号、2020年）に若干の事例がある。
　　　　新島の入会権については、熊谷開作『日本の近代化と土地法』（日本評論社、1988
　　　年）第11章「伊豆新島の入会慣習―その存在を否定した最高裁判決に対する批判―」
　　　を参照されたい。なお中尾英俊『入会権―その本質と現代的課題―』（勁草書房、2009
　　　年）320～323頁にも記述がある。
（５）　神保甚三郎は享保2年（1717）には羽前国村山郡漆山領（現山形県村山市）の代官
　　　であったことが知られており、「関東御代官」前島小三郎の手代・太田唯右衛門は宝
　　　永5年（1708）の評定所裁許（美濃国加茂郡下の入会関連の山論裁判）に関する論地
　　　「御吟味役」を勤めていた（『川辺町史　史料編上巻』908頁以下、1980年、岐阜県加
　　　茂郡川辺村役所）。
（６）　「初判」については、本書第2章第2節の「上総国市原郡下の入会裁判」を参照。
（７）　なお明治以降の賀茂郡河津町の入会紛争や財産区などを検討したものに、法社会学
　　　インター・ゼミナール『接点』第2号（早稲田大学法学研究科黒木三郎研究室気付、
　　　1978年）がある。

第2節　上総国市原郡、武蔵国都筑郡、
常陸国多珂郡下の入会裁判
―三つの裁許状を中心に―

1　はじめに

　司法省秘書課が編集した『裁許留』の享保5年（1720）の残りの三つの入会裁判はすべて「裁許」であるが故に、あわせて検討したい。

　最初に紹介・検討するテーマの表題は、「上総国市原郡大馬屋村と菊間村、くれ土取場・秣野論、裁許之事」（『裁許留』12～13頁）である（享保5年2月4日付）。ただし裁許のあった年を「享和五年庚子二月四日」とあるが、享保5年の誤りである。この裁許の前後の裁許はすべて享保5年であり、目次なども享保5年である。なお享和は4年2月10日までであり、享保5年の干支は合っている。当事者である大馬屋村と菊間村は、現在の千葉県市原市の西東で隣り合っており、「大厩」と「菊間」の両地区に名を留めている。

　この市原郡下の入会裁判は、本書で紹介する8件の内で、江戸に最も近い論所である。本文の後に全文を紹介しておきたい。

　次に検討するのは表題「武蔵国都筑郡忍田村・六給、秣場論、裁許之事」（『裁許留』13～15頁）である。評定所の裁許の日付は「享保五年庚子二月四日」である。都筑郡の名は、現神奈川県横浜市の都筑区として残っているが、同郡の範囲は都筑区を遥かに超えており、同区の外、青葉区・旭区・緑区の全域、保土ヶ谷区・港北区・川崎市麻生区の一部とされている。裁決文の中で挙げられている村々の内、現在残っているのは、忍田村が解読の誤りであり、恩田村と勘案されるので、その名称は現横浜市青葉区の恩田と、そして成合として残っている。幕末にも、この恩田村と成合村は存在している。なおこの裁判史料については、後に述べるように不明な点があるので、全文を紹介しておきたい。

　最後に検討する表題は「常陸国多河郡車村と上臼場・下薄葉・磯原三ヶ村、

秣山論、裁許之事」（前掲『裁許留』17～18頁）である（享保5＝1720年2月4日付）。多河郡は解読の誤りで、多珂郡であると思料される（多賀郡とも）。車村を加えた4か村は、幕末で言えば、車村・臼場村・磯原村が存在する。車村と臼場村は天領・旗本領であるのに対し、磯原村は主に常陸国松岡「藩」領（領主中山氏）である。なお町村制（1889＝明治22年4月1日施行）によって、車村・臼場村などは合併されて華川村へ、磯原村などは合併されて北中郷村となり（その後は磯原町と改称）、やがて華川村と磯原町などは全て現在茨城県北茨城市となっている。地域的には最も西の山側に「車」、その南東に「臼場」、その南東で太平洋に面しているのが「磯原」である。以上の三つの入会裁判の裁許の日付がすべて同一であるのは何故であろうか。

　この3件の入会紛争は、関係3県の自治体史では県史には検討が見られず、市史のレベルでは『横浜市史』も同様であった。ただし『北茨城市史　上巻』（北茨城市役所、520～523、540頁以下、1988年）では、北茨城地方の入会紛争が触れられているので参考になる。なお『市原市史』上巻は未刊。以下、関係する村の石高（村高）は「元禄郷帳」（国立公文書館デジタル画像、以下省略）による。

2　上総国市原郡下の入会裁判

（1）大馬屋村の訴え、菊間村の返答、評定所の吟味

　訴訟方の大馬屋村（400石）の百姓たちの訴えの趣旨は、係争地である秣場が古来当村の「地元」であり、菊間村（1374石8斗1升1合）・八幡村（1379石2斗5合）が入会を行っていたが、菊間村が理不尽に「くれ土」（土くれ）を取っている旨を大馬屋村は訴えた。

　他方、相手方の菊間村はこの秣場から用水の普請のための土くれを前以て断らずに取り来っている旨を返答したのである。

　評定所が吟味を遂げたところ、大馬屋村は「原野金」を納め、「内野境」も決まっており、菊間・八幡その他の入会地も大馬屋村の「地元」であるが故に、他村より自由に土くれ等を取らせるというようなことはない旨を申し

立てた。他方、菊間・八幡両村は原野金納の対象となる場所を決めた証拠もなく、菊間村地内の馬立場の地境は決まっているが、大馬屋村野は内野の境がなく、何方までも入会を行ってきた旨を延宝年中（1673～1681年）の「八巻村」（八幡村の誤り）・大馬屋村間の野論扱い證文を証拠として申し立てた。しかし評定所としては採用し難く、双方の申口では決着がつかなかった。因みに当時及び幕末においても市原郡や近郊の郡には八巻村という村は存在しない。

　そこで評定所は、各方面から選んだ代官・野田三郎左衛門（駿河国島田代官カ）と松平九郎左衛門（常陸国下の代官カ）の手代2人（名前は見えず）を派遣して検分させたところ、論所の「向原」は大馬屋村の田畑が取り囲み、また古くからの畑も存在する以上は、大馬屋村の内野というべきであり、その他に内野境の証拠が不分明であるからには、今後、内野と入会野境は大馬屋村畑林先に従って境を相決め、右内野については菊間・八幡の両村は「一切不可差□（糸偏に寄）」とあるが、一切綺うべからず（干渉しない）ということと裁決された。その他、入会の地は地元の大馬屋、並びに菊間・八幡3か村が以前の如く秣草を採取すること、今後は新畑林につき全て新規の儀を固く停止すること、野境は双方が立ち会って証拠の塚を築き置くべきこと、菊間・八幡両村が養水を必要とする際には地元である大馬屋村に断った上で、土くれを取るべきこと、かつ馬立場については「八巻」（八幡）・大馬屋両村が従来の境塚から菊間村の畑先を見通して、菊間村地元にて設置することが命じられた。さらに以前の如く3か村は入会をすべきであると裁決された。なお裁決の和暦が「享和五年」とあるが、すでに指摘したように、司法省秘書課の編纂過程での誤りと思われ、享保5年が正しい。

　評定所は詮議を遂げ、裁許したことを述べ、後々の規範として、絵図面に黒筋を引き、当事者に裏判をさせ、各々の奉行が加判をして、両当事者へ下したので長く遺失しないことを命じた。署名者は、駒　肥後（駒木根肥後守政方・勘定奉行）、大　下野（大久保下野守忠位・勘定奉行）、伊　伊勢（伊勢伊勢守貞敕・勘定奉行）、水　伯耆（水野伯耆守守美・勘定奉行）、大　越前（大岡越前守忠相・町奉行）、中　出雲（中山出雲守時春・町奉行）、土　伊予（土井伊

予守利忠・寺社奉行）、松　対馬（松平対馬守近禎・寺社奉行）、牧　因幡（牧野
因幡守英成・寺社奉行）、酒　修理（酒井修理太夫忠音・寺社奉行）である（カッ
コ内は勘案による）。すなわち当時のすべての勘定奉行、町奉行そして寺社奉
行が月番交代ながら裁判に実質的・形式的に係わっているのである。

　最後に、評定所は増田太兵衛（美濃国坂下代官カ）の手代・成島又右衛門、
及び森山又左衛門（実道、高山代官）の手代・峯岸平次右衛門に吟味をさせ、
なおまた、詮議の上、評定所において絵図面に裏書を付して、裁判を終えた
ことを述べている。

　なお末尾には「初判伯耆」とあり、初判は勘定奉行の水野伯耆守（小左衛
門とも）守美（前職・駿府町奉行、旗本）であることが判明する。この初判の
奉行は、訴訟人から差し出された目安（訴状）に裏書し、裁判として取り上
げる旨を裁可して、相手方に通達する権限を有しているのである（「公事方
御定書」に規定）。なお「目安・返答書継合、裏判消遣ス」は慣用句であり、
本書第2章第1節「伊豆国賀茂郡下の入会裁判」に紹介してある。

（2）解説

　まず論所となった向原の場所は、大馬屋村の田畑に取り囲まれ、かつ古来
からの畑もあり、同村内の野原と認定された結果、同村の「地元」とあるが、
この法的な意味は、論所が大馬屋村の土地所持権(注1)の下にあるということ
である。また大馬屋村の入会権と、菊間村・八幡村（同郡、菊間村の西方）
の秣を採る権利とがいずれも「入会」という言葉で表現されているが、実は
両者の入会の権利の中身が異なっているのである。すなわち大馬屋村の入会
権は共同所持的入会権であり、菊間・八幡両村の入会権は地役的入会権であ
る(注2)。前者の入会権は地盤の所持権に裏付けられ、後者の入会権は他村の
所持地の毛上から刈敷や秣草などを採る権利であり、両者は差等入会なので
ある。この二つの入会権は「近世の土地領有権と土地所持権」が廃止されて、
現行民法物権編の共有入会権と地役入会権に発展するはずのものである。

　この馬立場と菊間・八幡・大馬屋3か村との入会の関係を勘案してみる
と、馬立場の設置場所は八幡・大馬屋両村の境塚から菊間村の畑先を見通し

た菊間村の地元に決まったのであるが、この菊間・八幡の両村が入会で採った大量の秣を運ぶ馬を繋いでおく場所が問題となっていたものと勘案される。この馬立場の設定について、当事者から付随的に訴えていたのであろうと考えられる。

〔史料〕　七　上総国市原郡大馬屋村と菊間村、くれ土取場・秣野論、裁許之事、

　大馬屋村・百姓、訴趣、論所秣場之儀、古来当村地元ニて、菊間・八幡両村、為入会之処、此度、菊間村より理不尽ニ、くれ土切取旨、申之、菊間村は、於右之秣野、用水普請之くれ土、前之不及断、取来由、答之、遂吟味之処、大馬屋村は、原野金、相納、内野境極り、菊間・八幡其外・入会之地も大馬屋地元ニ付、従他村、自由ニ、くれ土等、為取候様、無之旨、申之処、原野金納候場所、相決候證拠無之、菊間村地内・馬立場之地境、極り、大馬屋村野は、内野境無之、何方迄も、入会来之旨、延宝年中、八巻（幡）・大馬屋・野論扱證文、為證拠、雖申之、難取用、双方申口、不相決ニ付、向寄御代官・野田三郎左衛門・松平九郎左衛門手代両人、差遣、令見分処、論所・向原之儀は、大馬屋村田畑取廻シ、古畑も有之上は、可為大馬屋村内野、其外、内野境之證拠、不分明候条、向後、内野と入会野境は、大馬屋村畑林地先ニしたかひ、境相極、右内野、菊間・八幡両村、一切不可差□(ママ)（糸偏に寄）、其外、入会之地は地元大馬屋幷菊間・八幡三ヶ村、如前々、秣可刈之、自今、新畑林、惣て、新規之儀、堅、停止之、野境、双方立会、証拠塚、可築置之、菊間・八幡両村、用水入用之節は、地元大馬屋え相断、くれ土可切取之、且、馬立場之儀、八巻（幡）・大馬屋両村・有来境塚より菊間村畑先え見通シ、菊間村地元ニて、如前々、右三ヶ村可入会之、今般、遂詮議、裁許畢、仍、為後鑑、絵図面引墨筋、令裏書、各印判、双方え申置之間、永、不可違失者也、

　　享和（保）五年庚子二月四日

駒　　肥　　後
大　　下　　野
伊　　伊　　勢
水　　伯　　者
大　　越　　前
中　　出　　雲
土　　伊　　予

松　　対　馬

牧　　因　幡

酒　　修　理

　右出入、増田太兵衛手代・成島又右衛門、森山又左衛門手代・峯岸平次
右衛門ニ為致吟味、猶又、詮議之上、於評定所、絵図裏書を以、裁許畢、
但　目安・返答書継合　裏判消遣ス、初判伯耆、

3　武蔵国都筑郡下の入会裁判

（1）恩田村の訴えの趣旨、成合村の返答、評定所の吟味

　この裁許の文章には、いくつか解釈し難い箇所があり、特に「三給」とか
「六給」に現れた「給」(注3)の意味が判明しないが、以下に勘案してみたい。

　①都筑郡恩田村（忍村は誤り、1092 石 7 斗 6 升 4 合 7 夕 5 才）内の三給百
姓たちの同郡成合村六給に対する訴えの趣旨は、恩田村林野の内、成合村（83
石 4 斗 7 升 8 合）との入会地であった札野及び内野につき、元禄期（1688〜1704
年）に裁許があり、絵図面上で境を確定して入会地を相分けたのであるが、
近年に新畑林ができて、秣場が狭くなり、その結果、成合村が野札（入会の
許可証）を恩田村へ返すこととなれば、地頭の拝領高が減少してしまうので、
「一給切ニ」相改めて、新規の分を消滅させる旨を享保 3 年（1718）春に六
給方と申し合わせて證文を取り交わした（村高は「元禄郷帳」による）。その
後、恩田村三給方が札野へ行ってみると、畑林が 131 か所も伐り取られて荒
れ果てていると申し出たのである。

　②六給方は古畑林が伐り取られて荒れていると申し立てられたことに対し
て、その通り差し置いて返答に及ぶことにつき不念の至りであるという。殊
に六給方の申し立ての趣旨は証拠がないので、札野・内野共に 140 か所の畑
林は今後いよいよ荒廃し、入会の秣場となるべきである。もちろん成合村の
者や地元の六給方が立ち会い、新畑林潰しの申分が成り立たない以上は、前々
の通り、野銭を出して入会すべきである。六給方が内野・札野にて畑林 384
か所を、絵図面によれば 30 年来（元禄 3 ＝ 1690 年以来）、新規に立てたこと

は紛れもないことなので、相手方（三給）と得心の上、十文字の印を付けたことを述べた。しかし恩田村三給は、この畑林の場所へ論地の印を書き付けたことを争った。

　③評定所は、河原清兵衛（正真、駿河国藤沢代官）・江川太郎左衛門（英勝、韮山代官）の手代２名（名前は見えず）を論所に派遣して検分させたところ、論地は一面が残らず古畑林となっており、新規の証跡は残っていない。訴訟人の申し立てた５点の箇条につき、逐一究明を加えたところ、元禄期（前出）の裁許絵図裏書ではこの度の論地に関して新規に決定した理由は見えてこない。18年前（元禄15＝1702年頃カ）の「野潰帳面」と地所とを引き合わせることもできない。享保３年（1718）春に六給方立ち会いによる證文は双方連判の上で取交し置き、同年７月に扱證文も両通共に文言が紛らわしく一決しない。この扱人を召出して詮議を加えたが、口上のみであって、採用するべきものはないというのであった。

　相手方百姓の内から32人を出して訴訟方と対決すべしとの三給方の意見もあったが、32人の内の17人は論地を一切所持せず、残りの15人は「外畑林・新古之訳」をも知ることがない。結局は訴訟に係ることを迷惑に思っており、対決させても結果は歴然である。なおまた、伊奈半左衛門（忠達、関東郡代）の家来と江川太郎左衛門（前出）の手代を差し向けて、論所を再び改めさせたところ、古畑林の内に論地が入交り、年久しくなったが故に、地面は一面立木の有様で新古の訳も知りがたい。その他、この地域では証拠に採用すべき史料は一切ないのである。

　最初に申し立てた新畑林の証跡などは相違していたと、訴訟方は口上書を差し出した。訴訟の初めに提出した立会絵図は100間２寸の歩詰故に詳しく見分けがたいので、分間を引き延ばした地押絵図を仕上げたが、訴訟方は絵図歩詰を持って地押を相願ったけれども、三給方には百姓持高帳のみあって、文禄年中（1592～1596年）の検地の申し伝えがあるばかりで、水帳（検地帳）その他、畑反別帳は存在しない。その上、30年来（前出）の新畑林もその侭に致し、18年前（前出）も相改めたというが、名目だけであり、帳面や地所は不詳である。しかも訴訟人・相手方共に述べる趣旨は「非分之至」である。

今さら秣場が不足するとの言い分は根拠がなく、地押・歩詰をするに及ばない。評定所は、内野・札野共に、384 か所の畑林を現状の儘に立置き、今後は開発や新規の植林は固く停止とする、以上詮議の上で裁断した。

　依って、後々の規範として、絵図面・彩色を確認して裏書せしめ、奉行たちが加判をして、当事者へ下げ渡した。加判の奉行たち 10 名は先の市原郡下の入会裁判の奉行たちと全く同一である。やはり「目安・返答書継合、裏判消ニ遣ス」とある。以上の訴訟につき、森山勘四郎（実輝ヵ）の手代・高橋次郎助、岡田庄太夫（俊陳ヵ）の手代・鈴木利助に吟味を申し付け、評定所が詮議をして絵図裏書を以て裁許を行ったのである。なお「初判」は市原郡下の入会裁判と同様、最後に記されており、同じく勘定奉行の水野伯耆守守美である。

（2）解説

　まず恩田村三給と成合村六給とは共通して入会を行っていると評定所に認められているが、同等の入会権ではない。論所の「札野・内野」はいずれも恩田村にあり、「野札」を発行している三給方の入会権は共同所持的入会権であり、六給方の入会権が地役的入会権であるといってよい。両者の権利は同等ではなく、とりわけ六給方の入会権の内容は主に秣草を採取することだったのではないだろうか。すなわち評定所の裁決からすると、六給方の入会権の内容には植林をする権利が不明確だと判断されているからである。秣草の採取地が減少し、六給方がともかく植林をした背景には、元禄期から裁判当時にいたる木材の需要が格段に高まったという経済発展が背景にあるに違いない。

　この入会裁判においては、論所の検分に 2 人の代官の手代 2 名を派遣し、次に関東郡代と代官の手代 2 名を派遣して再び論所を改めさせ、さらに 2 名の代官の手代 2 名に、この出入の吟味を申し付けているのは、事案が複雑なことに対応した慎重な審議ぶりだと考えてよい。他方、評定所の指示により、近世初頭にまで遡って粘り強い史料探索と判断が行われており、挙証のために「文書主義」が採られていることも評価に値するものといわなければなら

ない。

〔史料〕　八　武蔵国都筑郡忍（恩）田村・六級、秣場論、裁許之事

　忍（恩）田村内・三給・百姓、訴趣、忍（恩）田村秣野之内、成合村入会・札野幷内野、元禄・先裁許・絵（図脱カ）面境、相分候処、近年、新畑林、出来、秣場狭リ、就中、成合村、野札返候ては、地頭拝領高、減候間、一給切ニ相改、新規之分、可潰之旨、去々戌春、六給申合、證文取替、札野え出合、畑林百三拾壱ヶ所、荒候由、申之、遂吟味之処、相手方、古畑林、被伐荒由、雖申之、其通差置、及返答候段、不念之至、殊　（ママ）申立趣、為無證拠之間、札野・内野共、百四拾ヶ所之畑林、向後、弥、荒之、可為入会之秣場、勿論、成合村之者、地元六級立会、新畑林潰之申分、無之上は、前々之通、野銭出之、可入会、内野・札野ニて、畑林三百八拾四ヶ所、相絵図之面、三拾年来、新開立出シ、無紛ニ付、相手方得心之上、十文字印、附候由、訴訟人申之、相手・三級は、古畑林之所、論地之印ニ書附候由、就中争、向寄御代官・河原清兵衛・江川太郎左衛門両人之手代、差遣、場所、令見分之処、論地不残　（ママ）古畑林一面ニて、親規之證跡、曽て無之、訴訟人申立五ヶ条、逐一、加糺明処、元禄年中・裁許絵図裏書、此度之論地、新規ニ決候訳、不相見、十八年前、野潰帳面と地所、可引合様無之、去々戌春、六級立会、證文、双方連判にて、互ニ取替置、同七月、扱證文両通共、文言紛敷不一決、扱人召出、雖加詮議、口上迄ニて、可取用儀、無之、相手方百姓之内、三拾弐人、訴訟方致相対由、雖申之、拾七人は、論地一切不所持、拾五人は、外畑林・新古之訳、不存知、畢竟、出入ニ拘リ候儀、迷惑ニ存、致相対之条、歴然也、猶又、伊奈半左衛門家来・江川太郎佐衛門手代、差遣、再往、論所相改之処、古畑林内、論地入交　（ママ）年久敷故、地面立木之様子ニて、新古之訳、難決、其外、於場所、證拠ニ可用儀、一切無之、最初申立候新畑林之證跡等、相違之旨、訴訟方、口上書差出シ候、出入ニ初発、立会絵図、百間弐寸之歩詰故、数百ヶ所之論地、委、難見分ニ付、分間を延、地押絵図仕置候処、訴訟方より、絵図歩詰を以、地押之儀、雖相願、相手三給ニ、百姓持高帳斗有之、文禄年中検地之由、申伝迄ニて、水帳其外・畑反別帳面、無之、其上、三拾年来之新畑林、其通ニ致置、拾八年前も相改候と申・名目迄ニて、帳面地所不慥、旁以、訴訟人共申趣、非分之至也、今更、秣場、令不足之由、申段、難相立条　（ママ）不及地押歩詰、内野・札野共、三百八拾四

ヶ所之畑林、有来通、立置之、向後、開発立出シ、堅、停止之、今般、詮
議之上、裁断之畢、仍、為後鑑、絵図面・彩色、相改、令裏書、各加印判、
双方え下置之間、不可遣失者也、

　享保五年庚子二月四日　　　（先の上総国市原郡下と同一につき、署名奉
行名割愛）

　右出入、森山勘四郎手代・高橋次郎助、岡田庄太夫手代・鈴木利助ニ吟
味申付、詮議之上、絵図裏書ヲ以、裁許畢、但、目安・返答書継合、裏判
消ニ遣ス、初判伯耆、

4　常陸国多珂郡下の入会裁判

（1）車村の訴えの趣旨、上臼場・下薄葉・磯原3か村の返答、評定所の吟味

　この入会裁判について、橘松寿氏は、幕府の評定所による入会裁判との指
摘がなく、紹介された裁許状に担当裁判官の8名の名が割愛されているが、
以下のように検討している。「山論のおこりは、車村の領内山野に上臼場・
下葉薄（下薄葉）・磯原村三ヶ村の者が、車領の昔より秣場として入会うこ
とができる慣例を主張し、山野を利用した。これに対し車村側では、それら
の山野は年貢地なので、当然車村の者だけが利用できる山野であるという事
より争いがおこり、決裁を仰いだ。（段落）結果は前記三ヶ村とも秣・刈敷
場が少ないため、山争いがおきた山野は従来通り利用し、車村においては、
秣場等に新しく木を植える事のないようにという事になった」（注4）という。
「年貢地に対する他村からの入会権（地役的入会権）」という問題が提起され
ている。この入会紛争が「秣場山論」とされ、また入会権が「慣例」とされ、
村による所持を「車村領」との把握には問題を残している。

　ただし年貢地における自村百姓たちの共同所持的入会権と他村百姓たちの
地役的入会権との共存は通常のことである。入会権は慣習一般ではなく、慣
習法なのであり、なお「車村領」という表現は領主に固有の表現である「領
有」との誤解を招くきらいがあり、単に例えば「車村内」といった表現でよ
いのではないだろうか。

①多珂郡（「元禄郷帳」では多賀郡）車村（420石6斗8升4合）の訴えの趣旨は、相手方3か村（同郡上臼場・下薄葉・磯原）の入会地が、下駒木という場所を除いて、全て年貢地であるが、鷹俣作・長久保・下之内作の3か所までも3か村から入会地と申し掛けられて、狼狽しているとのことであった。当時の領有関係では、車村及び臼場村は幕府と秋山氏など4旗本領、磯原村は水戸領である。「元禄郷帳」によれば、臼場村（元は上薄場村）の村高は363石9斗5升4合、薄葉村は410石9升1合、磯原村は519石7斗2合である。なお前掲『北茨城市史　上巻』（410頁）によれば、古く臼庭村といった薄葉村は元禄8年（1622）には上・下臼場村に分村し、上薄葉は後に薄葉と改められ、さらに臼場と変えた。下薄葉は宝暦11年（1781）に古名の臼庭へ改名し、天保13年（1842）検地の際に磯原村に編入されたという。

②相手方3か村が返答することには、往古これらの4か村は共通の領主の下にあった頃から車村の山野へ入会ってきたが、車村が段々新しく植林を進め、鷹俣作・長久保・下之内作までも年貢地と紛らわしく申している。さらに下駒木といって、砂利山の草木の存在しない1か所を入会地だと申し掠めているという。

③評定所が吟味したところ、昨年（享保4＝1719年）6月に上臼場・下薄葉・磯原の3か村一同が駒木山で秣草を刈取ったことから（車村と）紛争が起こった。両当事者の言うところが不分明なので、各方面から選んだ代官・松平九郎左衛門（前出）の手代と、八木源太左衛門（注5）と坂川彦右衛門（丹後国久美浜代官）検見所の手代を論所へ派遣して検分させた。

この検分によれば、車村は山銭（入会利用料）を3か村の惣百姓の持高に応じて割掛けにし、上記の3か所の論地を全て年貢地と述べ、またこの3か所の場所も年貢地の内へ差し挟まれていると述べているが、車村が3か村の入会地といって指示した下駒木山もその入会地に含まれるのであり、車村の言うことは立ち行かないのである。

同じく検分によれば、車村が下之内作において上臼場村の儀右衛門へ引き渡した場所があると述べているが、地元の役人へ差し出した口上書の文言が不埒にて、さらにこの場所の境界も存在しない。また検分によれば、この場

所の辺りは立木がまばらで、外部の百姓の抱山といった風には見えない。論外の林は峰切りに茂っており、紛れることはない。さらに両当事者が評定所へ差し出した数通の口上書には採用するべき証拠はない。殊に車村の申分は次第に紛らわしく、前後相違を申した旨について、誤り証文を提出していた。

　評定所は、以下のように裁決した。相手方3か村の秣草採取の場が減少したからには、下駒木山はもちろん、件の3か所共に、秣草採取のための入会地とする。今後は、論地において、この3か村は無論のこと、車村が新たに植林をすることは固く停止とする。ここでも「為後鑑、絵図、令裏書、各加印判、双方え下置之間、不可違犯者也」とされた。この裁判を行った奉行たちは、先の上総国市原郡下の入会裁判を行った10名の奉行たちと全く同一である。なお、この裁決の日付は享保5年2月4日であった。

　最後に、この出入につき、代官・森山勘四郎（前出）の手代・高橋治部助(マ、)と、代官・柘植兵太夫（その後は越後国寒河江代官）の手代・中川九蔵の計2名の者に吟味をさせ、さらに評定所で詮議を行い、絵図裏書を以て裁許した旨を述べている。なお「初判」は「肥後」とあり、勘定奉行の駒木根肥後守政方（前職・目付、旗本）であった。初判の記載は、享保13年（1728）の裁判以降には一番始めに書かれるようになる。

（2）解説

　まず入会権の種類につき、車村と3か村（上臼場・下薄葉・磯原）の場合を勘案すれば、訴訟の論地がすべて車村の「山野」であることは明白であり、従って車村の入会権は共同所持的入会権であり、他の3か村の入会権は地役的入会権である。

　車村が、下之内作（入会地）の内である場所を上臼場村の儀右衛門へ引き渡した（売買・贈与？）ということには重大な問題がある。近世の土地所持権者がその所持地（他村の地役的入会地）内である箇所を売買あるいは贈与しても、この地役的入会権は奪われない。すなわち「入会権は土地の売買によって消滅しない」のである。儀右衛門が仮に「引き渡された」土地で植林を行うことは無効である。

　車村が新たに年貢地だと主張する契機となったのは「山銭」増収にあった
ことが推測されるが、領主方から植林を奨励され、そうなると山年貢の増徴
に繋がる可能性を有していたのである。水戸藩は近世初期の頃から零細農民
の経営安定を図るために１町以下の土地を与え、領主が伐採を命じることが
でき、また売却額の半分を出納させたといわれており⁽注6⁾、こうしたことも
この入会紛争の背景にあることを考慮しなくてはならないと考えられる。

　評定所の裁決は、訴訟方の車村がかつての入会地の中で植林を行い、その
結果相手側３か村の入会地における秣草採取の範囲が減少したことを追認し
つつ、この３か村による件の３か所（鷹俣作、長久保、下之内作）の入会権（地
役的入会権）を認め、車村の共同所持的入会権を確認し、新たな植林を禁じ
るものであった。裁決は、車村を始め、この４か村が共通の領主の支配の下
にあった時代に、この３か村が車村の山野に入会っていたことを確認した形
となったのである。

5　3つの入会裁判の特徴

　今回評定所の三つの裁決を扱ったが、利用した『裁許留』に解読の誤りが
あった。すなわち上総国市原郡下の事例では年号の誤りがあり、武蔵国都筑
郡下の事例では村名の誤りがあり、常陸国郡下の事例では郡名に誤りがあっ
たことを後学のためにも率直に指摘しておきたい。本書の解読については、
注意を喚起しておきたい。

　以上の三つの入会紛争地は上総・武蔵・常陸と全て関東地域であり、いず
れも論所である入会地に主に地元の共同所持的入会権者から植林が行われ、
秣草を採取できる面積が些少化しているということが指摘できる。こうした
背景に、関東地方における木材の需要が伸びていることが推測されるが、一
定の経済発展の反映でもあろう。

　近世の入会権の概念については、評定所はもちろんであるが、当事者たち
も共同所持的入会権と地役的入会権との言葉の区別がないのである。ただ入
会地につき「地元」村と、秣草だけを採取できる村と一応の区別だけを行っ

ているだけである。このことは従来の入会研究者や歴史家に「入会」を毛上の単なる「利用」ないし「利用権」と理解させた一因であると考えられる。

　裁決については、論地の状況をまず把握し、共同所持的入会権者が自らの入会権の範囲を逸脱した場合（植林などで）でも、一概に「原状復帰」を命じるのではなく、秣草を採取する地役的入会権者の権利をなるべく保障してやるという意図を伺うことができる。すなわち、このことが百姓たちの米作りを保障することであり、年貢収取を支え、究極的には幕藩体制を維持していくものと、評定所の奉行たちに観念されていたのではないかと考えられる。

　裁決のための検分や審理を通じて重要なことは、評定所は現地の論所へ「地方功者」の代官（旗本）の手代を派遣して、裁判の論拠となる「証拠」を把握させ、そうして裁許を行っていることである。これは現代の入会裁判に生かされているのであろうか、はなはだ疑わしいことではないか（注7）。

　論所の検討のために、原則として手代 2 名を派遣し、場合によってはさらに 2 名の手代を派遣して論所を詳しく検討させ、最後には別の 2 名の手代に「出入」の審議の吟味をさせた上で、評定所において裁許されている。2 名の手代がそれぞれ異なる代官の手代であることは、手代間のなれ合いを防ぐ意味があったに違いない。評定所の裁決が署名している 10 名の奉行たちによって実質的に行われたのではなく、実際には「月番」によって勘定奉行 1 人、町奉行 1 人と寺社奉行 2 人（？）で実質的な審議を行い、その審議結果を勘定奉行・町奉行・寺社奉行の 10 人全員で確認した上で、裁許したものと思料される。従って、評定所では、「裁判官全員による合議制」が一応採用されていたことが確認されるのである。

注
（1）　近世土地所有の身分制的構造については、後藤正人『土地所有と身分—近世の法と裁判—』（法律文化社、1995 年）第 1 部「近世土地所有法の研究」を参照。
（2）　本書第 1 章「歴史のなかの入会史」を参照されたい。なお信州における入会の歴史書（平沢清人『近世入会慣行の成立と展開』御茶の水書房、1967 年）に示された種々の土地所持概念（地元村、入会村、入方村に関して）を近世の入会権の類型に照らして考えてみた小論が、本書第 1 章付説 1「近世の入会概念と信州の歴史研究—入会顕

彰碑をてがかりに―」である。

（3）　後に「一給切ニ」との表現もあるが、あるいは秣草を採取できる期間を指す言葉なのであろうか。「六給」及び「三給」も地名そのものではなく、入会集団を示す言葉と考えられる。いずれにしても後考を待つ。

（4）　橘松寿「北茨城地方の近世入会権の確立について」（北茨城市史編さん委員会編『北茨城史壇』創刊号、北茨城市役所、1981 年）82 頁。橘氏は地域の 3 件の山論裁判（実は入会裁判）を本稿の中で扱っている。最初の裁判「花園山と花園村並びに近郷村々との山争い」については幕府の評定所まで争われたという指摘はないが、貴重な元禄 14 年（1701）7 月 6 日の入会裁判、第 2 の裁判「車村と上臼場他二ヶ村秣場山論」、第 3 の裁判「山小屋村村内における山論」を検討し、以下のように述べている。「近世以前における林野利用は、領主の管理のもとにあるいは旧来の慣行に基づいて農民達は入会地（共同山）を利用してきた。ところが、近世初頭より近世村落の確立と共に、独立小農民達や村の利害が顕われ、入会地の所有権をめぐり新たな問題が起こってきた。ここに近世における入会権の確立が見られる。……当地方における近世入会権の確立する時期として、元禄・享保期頃といえるのではないだろうか」（83 頁）。ここでの「共同山」や「所有権」の指摘には疑問が残るが、こうした見通しが近畿地方に当てはまるのかどうか、今後明らかにされるに違いない。

（5）　戦国末期、八王子城将・北条氏照の家臣に八木源太左衛門という人物がいたことは知られており、この後裔か。

（6）　『茨城県史　近世編』（通史編、茨城県庁、1985 年）255 頁以下。近世北茨城地方の「林業」については、前掲『北茨城市史　上巻』540 頁以下を参照。同じく同書（543頁）では北茨城地方の入会紛争が多いこと、元禄期（1688〜1703 年）前後に集中することも指摘する。また「山銭」といわれている負担は、後の「野銭」へ系譜するものと考えられる。また『北茨城市史　上巻』（540 頁以下）によれば、「野銭は地方によって異なるが、北茨城地方では、上山六〇文、中山五五文、下山三五文となっている」という。なお同書（520 頁以下）では、個人所有（所持）の山を分附山と言い、入会地は散野、野場などとも呼ばれ、目的によって肥料採集地を刈敷山、牛馬飼料の採集地を秣場、薪などの燃料を採る山は元山と呼ばれたという。

（7）　大審院以降の入会権をめぐる裁判については、中尾英俊『入会権―その本質と現代的課題―』（勁草書房、2009 年）、同『平成日本歩き録―入会と環境保全―』（海鳥社、2012 年）も挙げておく。

第3節　下総国香取郡、同海上郡下の
二つの入会裁判
─二つの「取替證文」を中心に─

1　はじめに

　司法省秘書課編集の『裁許留』に所収されている享保13年（1728）の裁判のうち、以下の二つの入会裁判は、一方は下総国香取郡の2か村間の紛争であり、他方は海上郡の4か村と1か村との間の紛争であり、しかも同じく内済による「取替證文」が残されているので、併せて紹介・検討してみたい。

　第1に検討するテーマの表題は「下総国香取郡小松村と同国松崎村、入会野場出入」（同書25〜27頁）として、享保13年2月13日付の「取替證文之事」が載せられている。当事者である小松村と松崎村は異なる旗本領に属し、現在でいえば、両村は共に千葉県香取郡神崎町に所属するものと考えられる。残された史料によれば、この享保13年の判決以来、頭書に「初判」を行った奉行の肩書が一般に書かれるようになる。この裁判史料の冒頭に小さく「大和守掛り」とあるが、すでに本書第2章第2節の「上総国市原郡下の入会裁判」で述べた「初判」に当たるものと考えられる。この「大和守」とは、当時勘定奉行の久松大和守（豊前守）定持（前職は長崎奉行、旗本）のことである。

　第2に検討するテーマの表題は「下総国長塚村外四（三）ヶ村と同国柴崎村、入会野割合出入」（同書34〜37頁）で、同13年6月13日付の「取替證文之事」である。「初判」は、同じく久松大和守定持である。訴訟方の長塚村・本城村・松岸村・垣根村の4か村と相手方・柴崎村とは後に述べるように領主関係は複雑であり、当時は全て海上郡に属し、現在でいえば、この5か村は千葉県銚子市内に比定できる。

　以下に表記される村高は「元禄郷帳」（国立公文書館デジタル画像）による。二つの入会裁判は内済に終わったので、吟味・内済に携わった奉行たちの名

前は出ないのである。

2　下総国香取郡下の入会裁判

（1）「取替證文」に現れた小松村の訴えの趣旨、松崎村の返答、評定所の
　　　吟味

　①訴訟方である香取郡の小松村（762石5斗8升）の訴えの趣旨は以下の通りである。古来小松村の入会野場の内へ、相手方の松崎村（1213石1斗3升5合)が新田として取り込んで次第に掠め取るので、40年以前(元禄元＝1688年頃カ)に小松・松崎・新宿（251石1斗7升）の同郡内3か村の間で入会争論となり、評定所の裁許によって絵図面に線引きをして、「三方」(三か村)それぞれの「入会」地が決まった。また小松村の内で干上がった野地は、小松村と松崎村から120文ずつの「草銭」（入会負担金）を出して、両村の入会地に仰せられた。かつ新川端に小松村の百姓・善兵衛なる者が数年前から住み付き、すでに12年以前（享保元＝1716年頃カ）の裁許の節にも松崎村から一切干渉すべからずと仰せられた。この入会野場の堤防が決壊して秣場が不足したところ、松崎村より昨春（享保12＝1727年春）新たに開発したので、小松村は差し止めた。並びに吉川と新川の間に先の善兵衛所持の畑9畝歩の所までを、松崎村は入会にするべき旨を小松村へ申し掛け、小松村は甚だ迷惑している。この畑のことは22年以前（宝永3＝1706年頃カ）に代官へ確認を乞い、1町8反歩の内のこととして年貢を上納してきたことは紛れもないことである。最後に善兵衛の居所が次第に堤防決壊して、地面が狭くなった場合には、その後にはその不足分を補ってやり、囲い地を広げたいと申し上げた。

　②相手方の松崎村の返答は次の通りである。小松村と松崎村の両村入会の秣場の内で、小松村が古川までの所を小松村所持のように理由なく申し掠めている。この場所は古川と新川の間にあり、40年以前（前出）の評定所の裁許の際の「墨引」（線引）から除外されて、両村の入会地に仰せられた。またこの場所には22年以前（前出）に小松村が開発した9畝歩の畑があった。

小松村が代官に確認を乞い、1 町 8 反歩の内と申し掠めたが、この場所は新
川向・小松持野銭場の内にある。さらに昨春（享保 12 年春）右の地所へ松崎
村が開発したと小松村から述べたが、このことは偽りである。善兵衛の囲い
地外の入会の野場へ新畑を松崎村が開いたように見えるが、小松村は差し止
めたことを逆にこのように申し為したまでのことである。さて両村入会の地
は往古より松崎村の地内であり、草銭 120 文ずつ差し出してきたが、40 年
以前（前出）の訴訟の際に「北浦新洌」（ママ）草場は両村の入会地とするべき旨を
評定所から仰せられ、線引外の地は一面の「入会」野地である。しかし 22
年以前（前出）に又々訴訟となり、例の善兵衛を数年に亘り入会地に差し置
いていることを松崎村が気付かず、善兵衛の囲い地に対して松崎村から干渉
すべからずと評定所から仰せつけられた。このことは善兵衛の居住地限りの
ことであり、囲いの外は全て入会地である（囲い地を広げることは出来ない）
と松崎村は申し上げた。

　③評定所の吟味によれば、以下の通りである。この訴訟につき、両当事者
の主張を吟味した上で、元禄元年（1688）の裁許の絵図にこの度の立会の絵
図面を引き合わせたところ、論所の場所は先の裁許の線引の外にあり、入会
地と仰せつけた地続きであり、入会地に紛れなく、小松村の申し分は全く成
り立たない。

　その上、20 年以前（宝永 5 ＝ 1708 年頃カ）、及び享保年中の訴訟の裁許にも
入会野場と決定したところ、先に松崎村が気付かず、小松村の善兵衛を住居
させたことによって、善兵衛の囲い地内へ松崎村から干渉してはならない旨
を仰せ付けられたことにつき、小松村は囲い地の外までも自村の土地とする
ように巧み、草銭の場所までも申し紛れた。よって評定所が申し渡すことは、
右の野場は両度の裁許（元禄度、宝永度）以来、両当事者の入会の地と決し
たので新規に命ずることはなく、前々の通りとする。また善兵衛住居並びに
囲い地の反歩については、文書の証拠がないので、今回双方が立ち会って間
数（面積）を確認し、境界には杭を打ち、境の木を植えおくようにするべし。
自今堤防決壊によって囲い地の反歩が減少したとしても、囲い地の外へ善兵
衛の地所を一切広げてはならない。もっとも今後右の入会地へ新規の開発は

固くしない旨を仰せ付ける。双方は畏み奉って了承した。

　さて小松村の者達が先に裁許や線引きも存在しながら、申し紛らして訴訟を行ったことにつき、不届きと思召すが、この度はまず御宥免を以てその分差置かれる旨を小松村は有難く存じ奉った。そしてもしもこの裁許の趣旨に違背した場合は如何なる科にも仰せつけられたい、と記された。後證として、以下の当事者代表として「連判一札」を評定所へ差し上げた（享保13＝1728年2月13日付）。城織部知行・小松村名主の与兵衛・与右衛門、野田三郎左衛門代官所・松崎村名主の茂兵衛・市左衛門、同村組頭の市右衛門が署名して文書を確認して取り交わして、評定所へ差し上げた。

（2）解説

　両村は利根川に近い肥沃の土地で、訴訟の頃は新田開発が盛んになる時期にも当たっていた。新規に田畑が増したので、勢い刈敷や秣の必要が増したことが窺える。かつて元禄期に主に小松・松崎・新宿の3か村の入会訴訟が評定所で開かれ、3か村のそれぞれ3か所の入会地も決まった。この入会地に地続きの野場は小松・松崎両村の入会地と定められた。この両村の入会地に、小松村の善兵衛が住み付き、松崎村はこのことに気付かなかったとするが、これは松崎村の落度となった。この両村入会地が往古より松崎村の地内と主張するが、評定所が重視する文書の証拠は見られない。善兵衛の囲い地をめぐる問題は、松崎村の主張通り、堤防の決壊によっても、囲い地の拡張は評定所によって禁じられた。なおここに現れた各村の入会権は全て同等の権利であると考えられる。

　評定所の吟味を検討すれば、元禄期、宝永期や享保期の裁許状や絵図面、そして線引に基づいて裁定しており、新規の課題（善兵衛居住地の面積と場所）については、両当事者の立会いによる境界画定のための杭打ちと植樹（境木）を命じていたのである。一方の小松村の知行主は旗本、他方の松崎村の知行主は幕府代官であった。旗本領と天領の各百姓たちの訴訟は、「文書による証拠主義」を原則としている評定所では一概に天領百姓に有利と裁決されたとは言えない。この訴訟においては代官・手代を検分のために派遣すること

はなかった。

　なお小松村と松崎村の元禄末頃の村高はすでに紹介したが、幕末の頃には小松村が 974 石余、松崎村が 1211 石（さらに松崎新田が 288 石余）となっており、田畑の一定の増加を指摘できる（『旧高旧領取調帳　関東編』近藤出版社、1969 年）。

3　下総国海上郡下の入会裁判

（1）「取替證文」に現れた訴訟方の訴えの趣旨、相手方の返答、評定所の吟味

　訴訟方の利根川に近い 4 か村の内、長塚村（572 石 6 斗 7 升 9 合 7 夕）・本城村（153 石 1 斗 9 合 8 夕 5 才）・垣根村（73 石 9 斗 6 合 3 夕）の 3 か村は全て高崎藩主・松平右京太夫輝貞の知行地であり、松岸村（184 石 7 斗 9 升 6 合 4 夕）は朝倉新十郎（旗本カ）の知行地である。

　①この 4 か村による訴えの趣旨を紹介したい。この 4 か村から野銭（入会負担金）を出している秣場は伊豆原という一面の野場（入会地）であり、本城・松岸・垣根の 3 か村が村高に応じて野永（入会負担金）を長塚村へ出している。先年より村々が勝手に入会地を「支配」して来たが、40 年以前の貞享年中（1684 ～ 1688 年）に相手方の柴崎村（360 石 9 斗 6 升）と争論に及び、評定所の裁許となった。立会によって作られた絵図に墨引を以て、5 か村入会に仰せ付けられた。

　その後 19 年以前（宝永 6 ＝ 1709 年頃カ）右の入会野場を 5 か村の契約で五つの分割入会地とし、高割に応じて持ち来ったが、去年（享保 12 ＝ 1727 年）夏に水論が生じ、この分水は高割となっており、村々の高を改めると、右の野場の分割を行った際の柴崎村の元来の本高よりも多くなっていたが故に、このことを柴崎村に尋ねたところ、柴崎村が新開畑の 3 貫文を村高へ加えたので、柴崎村の野場の元の割合より多くなったという。評定所は、この 3 貫文の分を除いて、野地坪数から割り直すことを仰せ付けられた。並びに先年裁許による絵図の線引の土地につき、当事者である村々が立ち会って土手を

築いたところ、柴崎村が勝手に松木を植えて、この土手を一村で支配する有様なので、今後は双方で立ち会った上で支配していくように、柴崎村がわがままをしないことの願いの趣旨を申し上げた。

　②相手方の旗本・揖斐孫次郎知行所の柴崎村の返答は以下の通りである。右の野場について40年以前（前出）に4か村と柴崎村とが訴訟となり、評定所の裁許で絵図面・線引や印形が双方へ下されて所持しており、今回それを差し上げてお目に掛けた。右の入会地は19年以前（前出）に5か村による分割となり、村々の高割で支配してきたところ、去年中に水論の分水割につき、村高によって確認した。だが右の野場を分割した際の割合での柴崎村の村高と同村のこの当時の村高とは相違するので、村高を増すようにと訴訟方の4か村が申した。これは、柴崎村の村高416石余に新開畑3貫文を30石の高に積算して村高に入れて野場の割合としたので、その際に双方は相談の上で新開畑の3貫文を高に積み入れて割合としたのであるから、相違はないのである。右の外、先例の通り守って来たのであり、我儘のことは行っていないと答弁した。

　③評定所の吟味は次の通りである。評定所は、19年以前（前出）に入会野場を5か村の高割によってそれぞれに分割して支配させた際に、柴崎村の新開畑3貫文を村高に積み入れて割合としたことにつき、柴崎村が受け取った入会野場は町歩が多くとも、その節は双方が相談を以て割合を決めた故に、相違のない旨を柴崎村は申したが、この割合を決める際に申し合わせた證文や書付もなく、証拠はない。長塚村では「海高」（海産物の生産高）や「野高」を村高へ組み入れたが故に、柴崎村も新開畑3貫文を村高に入れたことを申しているが、この度の吟味の結果、長塚村の海高・野高は「公儀」（幕府）によって村高に結ぶことを特に認められ、「高役」（夫役）も務めているが故に格別のことである。柴崎村の新開畑3貫文につき、村方一村の料簡を以て村高に結び入れたことは成り立ち難いことを仰せ聞かされ、柴崎村は心得違いの由につき、口書を差し上げて申し上げた。

　よって評定所が仰せ渡されたことは以下の通りである。評定所は、評議の上で、右の入会野場を村々で分割した際の基準となる割合につき、双方が立

ち会って屹度割直しを行い、今後異論のないように決め置くべきことを命じ
た。かつ入会地は先年に評定所の裁許及び絵図墨引の通り、村々が相守り、
右の土手のことについては柴崎村だけで支配するべきことではないが故に、
我儘に1村のための「自由之儀」を致してはならず、5か村が立ち会って乱
脈とならないようにするべきである。また柴崎村が線引の土手通に松木を植
え、あるいは新道を付けたことに関して、訴訟方の4か村から咎めているが、
40年来のことで年久しく打ち捨て置いたことにつき、今更4か村の申し出
は一向に成り立ち難いことであり、この度は沙汰に及ばずとした。もっとも
今後この土手通へ新規に植樹をしてはならない旨を申し付けた。

　この上はいよいよ先の裁許・絵図面の線引通り、堅く相守るべき旨を仰せ
渡され、双方は一々畏み奉り、この儀につき、重ねて訴訟めいたことを申し
上げないこと、もしもこの旨に背いたならば、如何なる咎めをも受けること
を誓った。後日のために取替證文を作成して互いに取り交わし、宛名を評定
所とした。この日付は享保13年（1728）6月13日である。なお初判はやは
り「大和守懸」であった。史料の解読文では、訴訟方と相手方の記載の位置
にミスがあり、訴訟方は松平右京太夫知行所長塚村の名主・治右衛門、同本
城村の名主・清左衛門、同垣根村の名主・三郎右衛門、及び朝倉新十郎知行
所松岸村の名主・清右衛門、相手方には揖斐孫次郎知行所柴崎村の名主・勘
兵衛、組頭・弥右衛門と四郎兵衛、惣百姓代・三郎左衛門と多次兵衛の署名
がある。

（2）解説

　かつての入会地は、貞享年中（前出）に訴訟方の4か村と柴崎村が争論と
なり、評定所で立会いによる作成絵図に墨引を以て5か村入会地となった。
その後、宝永6年以前（前出）にこの入会地を五つに分割し、5か村の高割
に応じてそれぞれ入会を行ってきた。享保12年（前出）夏に水論が起こっ
た際、柴崎村が従来の村高よりも多く算定していたので、改めたところ、新
開の畑永3貫文を村高に加えていた。これによると野場における柴崎村の割
合が多くなり、訴訟方4か村は評定所に対して柴崎村へ割直しすること、及

び従来の墨引による土手を築いた所へ柴崎村が勝手に植林を行い、土手を1村で支配している状態の差し止めを訴えた。

　相手方の柴崎村は、訴訟方から柴崎村の村高増加の指摘に対して、村高416石余に新開畑の分として30石を加えて、野場の割合を双方相談の上で申し上げたのであり、我儘なることは一切ないと主張した。

　評定所の審議によれば、柴崎村が村高増加による野場の割合増加となるに際して申し合わせた證文や書付もないこと、長塚村の海高・野高は公儀によって村高増加と認められ、夫役も勤めていることを指摘しつつ、柴崎村の新開畑分は一村の料簡によるものと無効を宣言した。また柴崎村の植林を40年来（元禄元＝1688年以来）の慣行として認めていることは重要である。4か村が打ち捨ててきたことを指摘して不問に付し、今後の植林を禁じた。

　従来は訴訟方の4か村の内、長塚村の所持地であったらしい野場を他の3か村が入会負担金を出して入会地としていたというのであれば、この3か村は地役的入会権を獲得していたように思われる。この野場に柴崎村が介入して争論となり、貞享年中（前出）の評定所における裁判となり、立会いの上で絵地図が作成され、墨引が行われて5か村入会が確定し、その後宝永6年以前（前出）にこの入会地を5か村の契約によって分割入会地としたのである。これによって5か村の各権利は共同所持入会権となったのであろうか（近世の入会概念については、本書第1章を参照）。因みに同じ海上郡野尻村の書上帳には「海高」の記載と共に、「椎芝野銭」永1貫570文などと出ている（『千葉県史料　近世篇　下総国上』海上郡野尻村享保18＝1733年3月付。千葉県庁、1958年）。この享保13年（1728）の裁判は、双方の入会地の範囲につき評定所が立ち会って作成した絵地図上の墨引、及び5か村の確定した入会地区分を順守することを命じる内容である。また各村高による入会地の分割については、公儀ないし領主による村高増加の確認を基礎とするものであった。この裁判においては代官・手代を検分のために派遣することはなかった。

　柴崎村の村高は「元禄郷帳」では360石9斗6升であったが、この「取替證文」作成時の享保13年（1728）6月には416石余となって2割近く増えて

おり、この間に田畑の増加があったことを推定できる。柴崎村の攻勢の背景に、より多くの秣場の必要性が存在したことが考えられる。また上記の土手に植林をしたことはやはり市場に木材需要があることと関係があったのではなかろうか。

4　2つの入会裁判の特徴

　入会地の境界や内容については、直近の双方の立会いによる絵地図の線引や注記によることとし、入会地の負担金についてもこうした絵地図に基づいた割合を順守することを命じるものであった。ただし、この入会負担金は村高に応じた割合により、この割合は入会地全体に対する「利用」の割合に照応するものであった。村高増加の問題は、幕藩領主の新たな認定を必要とし、勝手な割合の変更は許されないことが判明する。

　入会争論の当事者が天領や旗本領の百姓であったからと言って有利に裁決されることはないことも窺われる。評定所の裁判は、第1に文書ないし絵図面が重視され、入会地や入会の権利について変更を主張する場合にも、それを確認する文書の存否を探し出し、立会いの上で手代を派遣して、検証されているのである。

第4節　安房国長狭郡下の入会裁判
―大幡村・北風原村の「取替證文」を中心に―

1　はじめに

　司法省秘書課編集の『裁許留』に享保14年（1729）4月13日付の裁判史料「房州大幡村久右衛門・外五人、相手同国北風原村新右衛門・外拾人、秣山入会出入」が紹介されている（同書62〜66頁）。「初判」は「大和守」とあり、同じく勘定奉行の久松大和守定持である。この裁判は評定所の吟味・「裁許」を通じて内済が行われ、この結果「取替證文」を両当事者が取り交わして、評定所へこの證文を差し上げているのである。当事者は表題では訴訟方では長狭郡大幡村6名だけが挙がっているが、後に明らかにするように、最後の署名者には同郡寺門村も加わっている。相手方も同郡北風原村の他に、同郡横尾村も挙がっていた。すなわち訴訟の審理の過程で、この寺門村と横尾村が加わったのである。以上の4か村は全て安房国長狭郡である。

　以上の4か村の村高を「元禄郷帳」（国立公文書館デジタル画像）で確認すると、訴訟方では間宮三郎左衛門（旗本）知行の大幡村の村高は555石3斗7升4合、酒井日向守（日向守忠能は旗本として宝永2年〔1705〕に死去、養子は忠佳という）知行の寺門村は74石7升5合3合、相手方では同酒井知行及び向坂清左衛門（旗本）知行の北風原村は420石8斗8升4合、同向坂知行の横尾村は365石8斗6升4夕である。因みに、この北風原村の内訳を幕末の史料（『旧高旧領取調帳　関東編』近藤出版社、1969年）で見ると、酒井安房守335石2斗1升1合4夕5才、向坂藤十郎83石9斗2升5合5夕9才、他に安国寺領1石7斗4升4合と長慶寺除地1石8斗3合からなっている[注1]。以上の4か村は現千葉県鴨川市加茂川上流の長狭街道の山間部にあり、大幡は「おおはた」、寺門は「てらかど」、北風原は「ならいはら」と称するという。

2　安房国長狭郡下の入会訴訟

（1）訴訟方・大幡村の訴えの内容

　訴訟方の大幡村6名による評定所への訴えは以下の通りである。大幡村は「往古より」北風原村所持の北山で柴や萩を刈取してきたが、北風原村の者たちが大幡・北風原両村の山境へ堀を切り開き、土手を築いて、北山へ往来ができないようにした。大幡村は村高に応じることができないほどに山が狭く、薪を取る山がないので、曽根喜内様（旗本カ）の知行所の上総国小糸山へ札金（入会利用料）を差し出して、薪を取り来っているほどである。こうした状態であるにも拘らず、北山や小糸山への道筋に堀を切り開いて通路を止められては、難儀となってしまう。

　この北山へ以前から入り来った証拠は、元禄年中（1688〜1704年）に池田新兵衛様・平岡三郎右衛門様（両名は旗本カ）、その他の御代官が替わった度毎に、村差出帳には北風原村の北山へ「入会」って柴や萩を刈り来った趣旨を書き上げ、さらに手元にも差し置いてあり、その節の御代官へ差し上げた村差出帳を御吟味遊ばされると、明白に知ることができるので、以前の通り北山へ「入会」い、かつ北風原村が右の小糸山への道を止めないようにお願いしたいと訴えた。

　ところで、大幡村から入会利用料を支払って、入会を認められた上総国小糸山のことは不詳であるが、相当な距離の山道であることが勘案される。村として薪などを生み出す「入会山」が不足していたことは明らかである。因みに小糸山は現君津市に属するものと考えられる。

（2）相手方・北風原村の返答の内容

　北風原村11名よりの返答は以下の通りである。北風原村所持の北山へ大幡村が往古より入会い、柴や萩を刈り取ってきたという趣旨を申し上げるが、前々から大幡村は入会っていない。北風原村と横尾村の両村以外は入会ではない。大幡村から入会の証拠として申し上げていることに関連していえば、

旗本の万年長十郎様^(注2)・近山六左衛門様が御代官の時代に北風原・横尾両村連判の入会の證文がある。また大幡村は御代官の入替りの度毎に村差出帳へ入会の趣旨を書き上げている旨を申し上げているが、村差出帳について、大幡村の一存で書き上げたという連判證文は、その節には自村（北風原村）が係わった「取替證文」であるべきであるから、北風原村もこの證文を所持すべきであるが、そのようなことはない。大幡村の言うことは偽りだ。

　また大幡村が、上総国の小糸山への道について、北風原村が数か所に亘って堀切を行って差し止めたとの趣旨を申し上げているが、「去々未」（享保12＝1727年）から大幡村の者共が北風原村の山へ猥に入り込んでいるので、北風原村はその「作場道」（作業場への道）を差し止めたのであって、小糸山への山道を塞いだのではない。北風原村は、堤・川除御普請の際の御入用、峯岡山野馬囲の土手が破損の節には、この北風原村山（北山）から竹木を切り出し、さらに横尾・北風原の両村が北山から秣・薪を取っているので、山が足りないこととなり、大幡村同様に小糸山へ永銭（入会利用料）を払って入会を行っている状態であるから、他所の村の者が北山へ入会うようでは、北風原・横尾の両村は立ち行かなくなる、よって大幡村が入会しないようにしたい。かつ北風原村が開拓した畑（北山の内）につき、大幡村が干渉しないように願う旨を申し上げた。

　なお峯岡山とは現鴨川市に属する嶺岡山で、嶺岡山系として注目される。また「野馬囲」とあるが、これは幕府直轄の「嶺岡牧」の一つであった。

（3）評定所の吟味と、「取替證文」の内容

　評定所の吟味、及び双方で取替した内容は以下の通りである。大幡村が以前より入会を行ってきた証拠につき、評定所から訊ねられたところ、元禄年中（前出）に御代官様へ差し上げた村差出帳に入会のことが書いてある趣旨を申し上げたので、評定所が御吟味した処、大幡村が申し上げた通り、確かに入会の記載があった。かつ北風原村は横尾・北風原の両村だけが先規より入会ってきたと申し上げたが、大幡村からは寺門村も入会ってきた由を証拠として申し上げたので、評定所は寺門村を召し出されてお訊ねになったとこ

ろ、寺門村は北風原村の北山へ以前より入会っており、地頭（領主）へ差し
出している村差出帳に入会の理由が書かれている趣旨を申し上げた。これに
ついても評定所が御吟味をなされた処、寺門村が入会を行っている趣旨が書
かれていた。寺門村は北風原村と同じ地頭の知行所であるが故に、村差出帳
に記され、村に書き置いている以上、大幡・寺門両村の入会は確かなことで
あるが故に、大幡・寺門両村の申すところは相違なく、北風原村の申し越し
は相立たないこととなった。

　従って評定所から仰せ渡されたことは、寺門村はもちろん、大幡村は以前
の通り、これからも北山へ入会い、秣を刈り取ることができる。ただし薪に
なりそうな柴木を大幡・寺門両村は伐採してはならない。もっとも北風原村
は地元のことであるから、今後は北山において開拓して畑と致すことがあっ
ても、大幡・寺門両村からこの畑につき一切干渉してはならない。北風原村
の者共が大幡・寺門両村より秣山（北山）、または小糸山への通り道を差し
止めたことは不埒のことである。今までの通りに修復して、道筋に堀切をし
た所を取り払うべき趣旨を仰せ渡された。訴訟方・相手方の双方は全て畏み
奉った。もしもこれらの趣旨に違背して訴訟ヶ間敷儀を申し出た場合には、
お咎めを仰せ付けられるべきである。後日のために、両当事者が連判して取
替證文を差し上げ申すところは、よって以上の通りである。

　評定所へ差し出した「取替證文」の署名者は以下の通りである。訴訟方は、
間宮三郎左衛門知行・安房国長狭郡大幡村名主・久右衛門、組頭吉兵衛・安
兵衛、百姓代喜兵衛・市郎右衛門、酒井日向守知行・同郡寺門村名主・武右
衛門である。相手方は、酒井日向守知行・同郡北風原村名主・新右衛門、向
坂清左衛門知行・同郡同村名主清兵衛、組頭忠右衛門・次兵衛・武兵衛、百
姓代四郎左衛門・七郎兵衛、同郡横尾村名主代・組頭利助、組頭市郎兵衛・
三郎兵衛・伊右衛門である。なお北風原村が相給村であることはすでに述べ
た。

　この「取替證文」を評定所へ差し出した日付は、享保 14 年（1729）4 月 13
日とあるが、「右出入、再応、吟味之上、取替證文ヲ以、裁判畢」とあるよ
うに、最初に「取替證文」を評定所へ差し出した際に、内容につき吟味を受

けて、一部修正の上で提出した日付であると考えられる。

3　解説

　①訴訟方の大幡村6名は、「往古より」北風原村所持の北山へ入会い、柴・秣を採集してきたこと、この入会の証拠として、代々の代官へこの趣旨を記した村差出帳を提出し、控えを持っていることを挙げ、かつ上総国の代官知行地の小糸山へも入会利用料を納めて、薪を採集してきたことを述べた。ところが、北風原村は大幡・北風原両村の山境へ堀切を行い、土手を築いて北山へ大幡村が往来できないようにしたこと、及び大幡村から小糸山への道筋を堀切して通路を止めたことに対して、妨害の排除を訴えたのである。

　②相手方の北風原村の返答によれば、北山への入会は北風原・横尾両村より外には入会がない。とりわけ大幡村が入会の証拠として挙げた「村差出帳」について、入会の趣旨が述べてあるという。そうであるならば、北風原村も加わった「取替證文」であるべきはずであり、北風原村も所持して当然のはずであるが、存在しない。従って大幡村の入会権は偽りであるというのである。「村差出帳」は個別の村が領主へ単独で差し出す書付であり、嘘・偽りを書かないことが命じられている。ただし領主側は「村差出帳」を鵜呑みにするのではなく、検討することが要請されることはいうまでもない。

　さらに大幡村から小糸山への道を北風原村が数か所に亘り堀切を行い、差し止めたと述べるが、北風原村は大幡村が北山へ猥に入っているので、「作場道」を差し止めたのであって、山道を塞いだのではないというが、この仕打ちは大幡の北山への入会に対する対抗措置であって、大幡村の北山への入会の批判にはならないのである。北風原村は北山で幕府の堤・川除の御用材や峯岡山野馬囲の土手破損に際しての竹木伐採の「貢献」を敢えて挙げ、さらに横尾・北風原両村による秣刈り取りについて、結局は「山不足」を述べ、かつ北山へ他村の者が入会することはこの両村が立ち行かなくなると述べているように、他村の入会権を否定する背景には「入会山」不足が経済的要因であることが判明する。しかし自村の経済的理由から他村の権利を全く否定

することは、認められることではないのである。

　③評定所の吟味、及び裁決を勘案すれば、まず評定所は村差出帳を検討して大幡村の入会権を確認し、次に北風原村が横尾村だけと共に入会を行っていたという主張に対して、評定所は、大幡村が寺門村も入会を行っていたと主張したのに対して、寺門村を召し出して吟味し、寺門村からは地頭方へ提出した村差出帳に入会の趣旨が明記されていると主張したので、地頭方からこの村差出帳を提出させて吟味を加えたところ、確かに大幡・寺門両村の入会権が判明したのである。

　評定所の吟味の仕方を見ると、入会権の存否を書面の物証で確認し、さらに証人として北山に入会権を有する他の村々を呼び出して吟味した上で、大幡村の北山への入会権を再確認した。すなわち関係村からも申し立てや物証を要求していることが判明する。評定所は大幡・寺門両村の北山における秣刈り取りの入会権を認め、成木の伐採を禁じているが、小枝や枯枝の採集を認めたものと思料される。評定所の裁決の内容については以上に留めておきたい。

　④最後に、大幡村、寺門村、北風原村、及び横尾村の北山への入会権の種類と内容について一言しておきたい。一方の大幡村・寺門村・横尾村の北山に対する入会権の種類は、北風原村が所持（百姓的土地所持権）する北山に対する入会権であるが故に、地役的入会権であり、上記したように秣、小枝や枯枝を採取する権利であり、民法上の地役入会権の原型をなすのである。この地役的入会権は一般には成木を伐採したり植林を行うことや畑を開墾することもできない。他方の北風原村は自村が所持する山に入会っているのであるから、共同所持的入会権といってよい。この共同所持的入会権は樹木を伐採し、あるいは植林することもできるのである。この権利は民法上の共有入会権の原型をなす。しかし北山に対する共同所持的入会権は、地役的入会権が存在しているので、樹木を伐採できるが、この権利を排除するような障害物を設けたりすることは違法な処置として否定されるのである(注3)。

　評定所の裁決、及びこの内容を盛り込んだ「取替證文」では、入会権に関する詳しい法的検討には至らなかったが、法的解決としては正しいものと結

論付けることができるのである。なお、この裁判は、以前の入会裁判が村と村との争論であったのに対し、両村の限られた入会権者たちの間の紛争であった。この入会権者たちは、両村の少数の特権的階層を成していたことが推測されるのである。

注
（1）　酒井安房守家は安房勝山藩主であるが、幕末の領主は大和守忠美である。また曹洞宗・安国寺は鴨川市北風原に現存、かつて北風原村にあったと考えられる曹洞宗・長慶寺は明治初期に廃寺となったという。
（2）　宝永元年（1704）10月に完成した大和川付け替え工事につき、上方代官として尽力したといわれている万年長十郎は同一人物か。なお近山六左衛門も旗本と考えられる。
（3）　近世期（豊臣政権〜廃藩置県）における「入会権」の新しい概念につき、本書第1章「歴史のなかの入会史」、及び同章付説1「近世の入会概念と信州の歴史研究」を参照されたい。

第5節　駿河国駿東郡下の入会裁判
―北方・南方への裁許状を中心に―

1　はじめに

　幕府評定所の民事判決録である『裁許留』（司法省秘書課編集・刊行）の入会裁判として、富士山の東方に位置する駿河国駿東郡御厨領下の入会紛争を検討してみたい（同書96～98頁）。評定所におけるこの享保14年（1729）8月25日付の裁許状をもって、本書では享保期の入会裁判としては最後となる。

　まず御厨領であるが、中世には御厨は皇室や大寺社の賄いのための所領であり、この駿東郡に伊勢神宮領がかつて存在したことで、近世まで名称として残る場合があるといわれている。

　史料には、訴訟方として「北方・一色下・小林・用沢・古沢・上古城・塚原・六日市場・下古城・清後九か村」と、別に訴えを起こした「大期田村・山尾田村」の2か村とが挙がっている。この「大期田村」は、「元禄郷帳」（国立公文書館デジタル画像）には見えず、同史料や幕末の『旧高旧領取調帳中部編』（近藤出版社、1977年）にみえる大胡田村（現駿東郡小山町大胡田）の間違いと思われる。以下「大胡田村」と称する。なお山尾田村は現御殿場市山尾田である。9か村に2か村を加えた11か村の内、「元禄郷帳」には9か村が見えており、その他の「一色下村」も「元禄郷帳」に見える「一色村」に、また「小林村」も同じく「上小林村」と「下小林村」に比定できるので、これらの11か村はすべて独立村であると勘案できるのである。

　相手方は、「南方・印野・神場・板妻・中畑・永塚・程沢・杉名沢・西田中・菜□（草冠に更）沢（莱萸沢）・川島田・竃新田・新橋・二枚橋・御殿場・東田中・北久原・仁杉深沢・萩原」の19か村である。この内、「程沢」は「元禄郷帳」に見える「保土沢新田」と勘案され、また「仁杉深沢」は、「元禄郷帳」によれば、仁杉村と深沢村とは別個に見えるので、「仁杉・深沢」の

誤りである。従ってこれらの19か村は、17か村の独立村と、竃新田と保土沢新田との二つの「村」から成っているということができる。この『裁許留』を利用する際には、誤読に注意しなければならない。上記の印野村は現御殿場市印野であるが、「御殿場市の富士山東山麓一帯」が「農民の入会地」であり、「農業経営に欠くことのできない肥料や薪材などの供給源でもあった」(注1)。

　訴訟方の北方と、相手方の南方はいずれも村名ではなく、「元禄郷帳」や幕末の状況を示している『旧高旧領取調帳　中部編』(近藤出版社、1977年)にも存在しない。すなわち判決文の中で訴訟方「北方九ヶ村」、相手方「南方十九ヶ村」と述べてもいるように、北方側と南方側という意味なのである。なお現在でも以上の地名はそのほとんどが残っており、その多くは現静岡県御殿場市に属し、一部が静岡県駿東郡小山町に属している。なお本文の最後に、この関係史料を全文紹介したい。

2　駿河国駿東郡御厨領下の入会裁判

（1）裁許状に現れた北方の訴えの趣旨、南方の返答、評定所の吟味

　①　訴訟方である北方側の訴えの趣旨は以下の通りである。印野村の野山、神場・板妻両村の野（現御殿場市印野・神場・板妻）については、「古来より」南方側と同様に北方側は入会を行って、種々の物を採集してきた。北方側は18年以前（正徳元＝1711年頃カ）にも南方側と争論に及び、関東郡代・伊奈半左衛門忠順様が裁許を行って、先規の通り入会を申し付けられた。しかし萱及び薪取りが差し止められたので（刈敷・秣が可能）、難儀に及んでいると北方側から評定所へ申し伝えた。「元禄郷帳」によれば、印野村は村高が9石8斗8合、神場村は2石6斗5升6合、板妻村は5石9斗4合であるが、宝永4年(1707)11月に起った富士山の大噴火による火山灰の影響によって、大量の焼砂が降り注ぎ、田畑が全て些少の村となったと思料される(注2)。

　さらにまた「大胡田村・山尾田村」もこの訴えとは別に銘々で訴えを起こしており、上記の二つの土地（印野村の野山、神場・板妻両村の野）は元来入

会地であるが、南方側から障害となっていると苦情が出ていると両村は申し上げた。

②　相手方である南方側の返答によれば、北方側は他村（南方側）の外山へ入会っており、論争の場所である論所では「秣・刈敷」のみ採集するはずであり、大胡田村は古来より「不入会候」と述べ、さらに山尾田村が「草場迄之入会ニテ、木山えは不入段」を申した。「木山」とは成木が生え揃っている山のことである。

③　評定所の吟味によれば、まず以上の論地へ代官の日野小左衛門(注3)を差し遣わして、「見分」に及んだところ、北方側の野山に砂が降った以後は木や草が生えず、難儀の様子は歴然であった。その上、この論地については、先年（正徳元年頃カ）の「野論」の際、北方側は「入用銭之割合」を南方側へ渡しており、北方側はこの請取手形を所持していたのである。

評定所の裁許は以下の通りである。先の関東郡代・伊奈半左衛門が吟味の上で17（ママ）年前に北方側は南方側同然に入会すべき旨を申し渡した證文が存在する以上は、「北野」（北方側）に草が生えようとも南方側と同様に北方側が入会い、村用の「木萱薄等、秣苅敷可取之」と、ただし「地頭用木幷木地挽之木品は、山附八ヶ村之外、入会之村々、不可差綺（カ）」とした。また、「大胡田村」については入会の明証がないが、富士山の噴火によって深く砂が張っているが故に、秣場が全くないので、これも「北野」に草が生えるまでは秣や刈敷の両品を刈り取って宜しいが、その他の品をとってはならない。さらに「山尾田村」については、17年以前に南方側と「和談」を行い、その際の「取替證文」の趣旨によれば、「草場限ニ可入会、木山え入候儀は停止之」とある。草場で秣や刈敷を採取することは認められるが、山へ入って木を伐採することは停止となった。

（2）解説

この裁許状の初めに「播磨守懸」とあり、「初判」を行ったのは勘定奉行の筧播磨守正舖（前職・目付、旗本）である(注4)。

①訴訟方である北方側の訴えの要点は、北方側が「印野村野山」と「神場・

板妻両村」の野場へ古来より南方側と同様に入会って種々の物を採集してきたにも拘らず、18年以前（前出）に南方側と争論となり、関東郡代の伊奈半左衛門忠順の裁断によって[注5]、先の法慣行のように入会は認められたが、萱と薪の採集が差し止められて難渋しており、従来の入会慣行通り、萱や薪の採集も認めて欲しいという言外の願いであった。また大胡田村・山尾田村も銘々別に訴えを起こしており、その主張によれば、元来この両地に入会ってきたのであるが、南方側から支障があると申し入れられて弱っているという。なぜ関東郡代の伊奈半左衛門がこの地域の入会紛争に係わったのかと考えた場合に、この地域が伊奈半左衛門の管轄地であったからと考えることができよう。

　②南方側の返答によれば、北方側は他村の外山（南方側の所持山）へ入会っているのであり、論争の対象となっている土地へは「秣刈敷」のみ採集するべきはずである。大胡田村は古来より入会を行ってこなかった。また山尾田村は草場までの入会であり、木山までは入らなかったと申し上げた。

　③評定所の吟味を検討すれば、まず論地へ関東郡代の伊奈半左衛門忠順が派遣されて、検分を行ったことを確認して、これによれば、北方側の野山に砂が降った以後では木・草が生えず、難儀の様子は明白であると把握した。さらに、この論地につき、先年（前出）の野地入会争論の節に北方側が入会の入用銭の割合を記した書付を南方側へ渡し、この請取手形を北方側が所持していることも確認した。

　これによって、評定所の裁許は以下のように決定された。関東郡代・伊奈半左衛門が吟味の上で17年以前（前出）に北方側が南方側と同様に入会を行うことができる旨を申し渡した證文を北方側が有している以上、北野（前出）に草が生えようとも、南方側と同様に、北方側は入会って村用の木・萱・薄（すすき）など、秣・刈敷を採集しても宜しい。ただし地頭のための用木や木挽するような木材は、「山附」8か村（南方側の山際の8か村カ）を除いて、北方側の「入会之村々」は介入してはならない。また大胡田村には入会の明確な証拠はないが、土地には砂が深く張っており、秣場は一切ないので、北野に草が生えるまでは秣・刈敷の2品は刈り取って宜しいが、その他の品はこれ

を禁じる。さらに山尾田村は17年以前（前出）に南方側と内済を行い、取替證文の趣旨によれば、草場に限定して入会すべく、木山（前出）へ入ることは停止とする。

　よって、後證のために係わった役職の者たちが印判を加え、両当事者へ書き下して、これを授けるので、長く「遺失」するべからずとした。この日付は享保14年（1729）8月25日となっている。「御用方」（この裁判に係わった人物）として、「無加印」ながら、略称は以下のように挙がっているので、実際の名前、及び役職を明らかにしておく。

　稲　下野（稲生下野守正武・勘定奉行）、久　大和（久松大和守定持・勘定奉行）、筧　播磨（筧播磨守正舗<ruby>正舗<rt>まさはる</rt></ruby>・勘定奉行）、駒　肥後（駒木根肥後守政方・勘定奉行）、諏　美濃（諏訪美濃守頼篤<ruby>頼篤<rt>よりあつ</rt></ruby>・町奉行）、大　越前（大岡越前守忠相・町奉行）、小　信濃（小出信濃守英貞・寺社奉行）、土　丹後（土岐丹後守頼稔<ruby>頼稔<rt>よりとし</rt></ruby>・寺社奉行）、井　河内（井上河内守正之・寺社奉行）、黒　豊前（黒田豊前守直邦・寺社奉行）である。すなわち勘定奉行4名、寺社奉行4名、町奉行2名、計10名であった。なお、この訴訟につき、「再応吟味」があり、同じように書き下して、裁許を終わった。「目安・返答書継合、裏判消遣」も慣用句である^{（注6）}。

3　むすび

　この駿東郡下の入会紛争では、評定所が注目すべき重要な判断を下している。訴訟方が二組あり、それぞれの訴えを行っているが、相手方が共通であるが故に、併せて審理・裁許が行われた。また訴訟方と相手方との入会権の種類が異なっており、これについても言及しなくてはならない。

　さて訴訟方の北方側は、相手方にある二つの論所に古来から相手側と同じような内容を持つ入会権を有すると主張し、18年以前にも相手方と入会争論となり、関東郡代・伊奈半左衛門の裁断によって入会権は認められたが、萱・薪の採集が差し止められて難渋している。この採集の権利を回復して頂きたいと願っていた。また、大胡田村・山尾田村もこの二つの論地に元来入会を行ってきたが、相手方より支障があるといわれており、やはり従来の入

会権の保持を願っていた。

　相手方の返答によれば、北方側は他村（相手方）にある外山へ入会っているのであり、秣（馬草）や刈敷（肥料）のみ採集するはずである。また大胡田村は古来から入会がなかった。山尾田村は草場までの入会で、木山（前出）までは入ってはこなかったと述べた。要するに秣や刈敷の採集であると主張しているのである。

　これらの主張を勘案すれば、二つの論地はいずれも南方側が所持する山であり、南方側の入会権は「共同所持的入会権」であり、北方側の入会権は「地役的入会権」である。二つの入会権はいわゆる「差等入会権」であり、平等ではないが、果たして南方側は北方側や大胡田村・山尾田村の地役的な入会権に対して、従来の入会権の内容を制限したり、否認することは法的にできるのであろうか。

　評定所では、まず代官を論地へ派遣して検分させ、北方側の野地は砂が降って以降、草が生えず、難儀していること、さらに北方側が入会の使用料を南方側に支払い、この「請取手形」を北方側が所持していることを把握した。裁許では、北方側に残されていた、かつて関東郡代・伊奈半左衛門の申渡證文を一応踏襲して、北方側の野地に草が生えようとも、南方側同様に入会い、村に必要な木材・萱・薄や秣・刈敷を採集しても宜しい。ただし地頭（領主）が必要とする木材や木挽きするほどの木材には、山付の８か村（前出）だけが利用できるのであり、北方側は介入してはならない。これで見ると、北方側の認められた入会権の内容には、斧で処理できる立ち木や薪の採集も認められており、「伊那裁断」以上に、入会権の内容がより豊かとなっていることが判明するのである。

　大胡田村には入会の確固とした証拠がないとしながらも、野地には砂が深く張っており、秣場が一切ないが故に、「北野」（北方側の野地カ）に草が生えるようになるまでは、秣・刈敷のみを採集しても宜しい。さらに山尾田村は、前述の南方側との内済による「取替證文」の趣旨によれば、草場に限って入会すべしとあり、木山（前出）に立ち入ることは停止となった。

　この裁決で注目されるのは、大胡田村には入会の証拠がないとしながらも、

秣場が一切ないとの理由で、「北野」に草が生え揃うまでは、秣・刈敷の採集を認めたのは何故か。実は先に述べた宝永の富士山の大噴火による火山灰の影響があって、かなりの範囲で砂が堆積して、草すらも生えないような状態であったことが推察できる。耕作馬のための秣や、田畠の肥料としての刈敷も百姓たちには是非必要だったのであり、これらのことがある程度充足されなければ、年貢収取の実現にも影響することなのである。また山尾田村はかつての「取替證文」の趣旨によって草場への入会だけが認められ、「木山」への立入が停止となったことも、やはり木挽きしなければならないような立木の伐採はできないという「地役的入会権」の性格を反映したものである。「元禄郷帳」によれば、大胡田村の村高は496石7斗1升2合、山尾田村が43石7斗3升というのであるから、山尾田村のような小さな村が相対的に独立して訴訟方として江戸の評定所の裁判に係わるという点には、小百姓たちの法意識の高さに注目せざるを得ないのである^(注7)。

　従って近世の入会権の考察には、農業のための刈敷、馬などのための秣、燃料のための薪、暮らしのための一定の食料などを保障する権利は何であるかといった視角から多面的な検討が必要であることを教えられるのである。

　　　　　播磨守懸
〔史料〕　四五　駿河国駿東郡御厨領北方・一色下・小林・用沢・古沢・上
　　　　古城・塚原・六日市場・下古城・清後九ヶ村幷大期田村・山尾田村
　　　　と同国同郡同領・南方・印野・神場・板妻・中畑・永塚・程沢・杉
　　　　名沢・西田中・菜□〈草冠に更〉沢・川島田・竃新田・新橋・二枚
　　　　橋・御殿場・東田中・北久原・仁杉（・）深沢・萩原・拾九ヶ村、
　　　　野山論、裁許之事、
　　　北方九ヶ村、訴趣、印野村野山幷神場・板妻両村野之儀、古来より、南
　　　方同前ニ入会、諸色取来候、拾八年以前も、南方と及争論、伊奈半左衛門、
　　　令裁断、先規之通、入会申付候処、萱薪、被差留、及難儀由、申之、大期
　　　田村・山尾田村も、銘々致別訴、右之地、元来、雖入会、南方より相障旨、
　　　申之、南方拾九ヵ村、答候は、北方九ヶ村は、外山え入会候て、論所は、
　　　秣刈敷斗取申筈ニ候、大期田村ハ、古来より、不入会候、山尾田村は、草

場迄之入会ニて、木山えは不入段、申之、右論地、御代官・日野小左衛門
差遣、及見分処、北方九ヶ村・野山、砂降以後、木草不生、難儀之躰、歴
然ニ候、其上、右地所、先年野論之節、入用銭之割合、南方え相渡、請取
手形致所持、第一、先御代官・伊奈半左衛門、吟味之上、拾七年以前、北
方九ヶ村、南方同前ニ可入会旨、申渡之證文、有之条、旁以、北野ニ草生
候と（ママ）共、南方同前、九ヶ村入会、村用之木萱薄等、秣苅敷可取之、
但、地頭用木幷木地挽之木品は、山附八ヶ村之外、入会之村々、不可差□
〈糸偏に寄〉（綺カ）候、大期田村ハ、入会之明證、雖無之、深砂故、秣場
一切無之ニ付、是亦、北野ニ草生候迄、秣刈敷、両品は可刈取、其余は禁
之、山尾田村は、拾七年以前、南方村々と致和談、取替候證文之趣、草場
限ニ可入会、木山え入候儀は停止之、仍、為後證、各、加印形、双方え書
下、授之条、永、不可遺失者也、

　　　享保十四年巳酉八月廿五日　　　　　　　　　　稲　　下　　野
　　　　　　　　　　　　　　　　　　　　　　御用方無加印
　　　　　　　　　　　　　　　　　　　　　　　久　　大　　和
　　　　　　　　　　　　　　　　　　　　　　　笈　　播　　磨
　　　　　　　　　　　　　　　　　　　　　　御用方無加印
　　　　　　　　　　　　　　　　　　　　　　　駒　　肥　　後
　　　　　　　　　　　　　　　　　　　　　　　諏　　美　　濃
　　　　　　　　　　　　　　　　　　　　　　　大　　越　　前
　　　　　　　　　　　　　　　　　　　　　　　小　　信　　濃
　　　　　　　　　　　　　　　　　　　　　　　土　　丹　　後
　　　　　　　　　　　　　　　　　　　　　　　井　　河　　内
　　　　　　　　　　　　　　　　　　　　　　　黒　　豊　　前

　　　右出入、再往、吟味之上、書下を以、裁許畢、但、目安・返答書継合、
裏判消遣、

注
（１）　中尾英俊『村からの便り―入会・家族・生業―変わる村々の記録』（海鳥社、1999
　　　年）29頁。同書「第8話　富士山は平和日本の象徴　静岡県御殿場市印野　昭和三
　　　七年一〇月」30頁以下の叙述に興味深い内容があるので、かいつまんで紹介したい。
　　　　この入会地は明治45年（1912）に「旧日本陸軍の演習場として接収されたため自
　　　由な立入りが制限され」、その後この「入会地は一応地元住民に返還されることになっ
　　　た。しかし一九四七年、アメリカ軍が進駐して演習地として接収したので、再び使用

できなくなった」。昭和 32 年（1957）7 月に演習地での入会権を守るために約 3000
人が集まって「東富士入会組合」が結成された。アメリカ軍の撤退の後で、国有地だ
からという理由からか、自衛隊が入って来た。入会組合は、入会権を守るために、当
時の「防衛庁を相手として自衛隊の立入禁止を求めて裁判を起こしたが、結局和解に
持ち込まれた」。印野本村（旧印野村の中心）で聞いた話を中尾氏は紹介している。「そ
の結果は、自衛隊の駐屯、演習は認める。危険防止につとめ、住民の損害については
補償する。国は新たに水田一〇〇〇ヘクタールをつくるほか、入会組合の立入りを認
める、というものでした。ところでこの和解条項では、入会組合員である地元住民の
慣習による入会利用を認める、というのですが、入会権を認めたものではない、と国
は言うのです」。現在、東富士入会組合は、一般社団法人として、御殿場市駒門 1 丁
目 158 に事務所を置いている。

（2）　前掲『旧高旧領取調帳　関東編』によれば、幕末には印野村は大久保加賀守領分 139
　　　石 3 斗 6 升 4 合と光真寺除地 5 斗 2 升、神場村は 27 石 1 斗 9 升 4 合、板妻村は 42 石
　　　4 斗 6 升 6 合と、村高は多少回復している。

（3）　日野小左衛門正晴は当時藤沢宿の代官（8 年間）で新田開発に努め、後職は韮山代
　　　官となることが知られている。

（4）　初判については、本書第 2 章第 2 節の「上総国市原郡下の入会裁判」を参照された
　　　い。

（5）　関東郡代の裁判管轄については、平松義郎『近世刑事訴訟の研究』（創文社、1960
　　　年）特に 473 頁以下を参照。なお代官の手限吟味権についても同書 469 頁以下に叙述
　　　がある。

（6）　この文言の意味については、本書第 2 章第 1 節を参照。

（7）　前掲『旧高旧領取調帳　関東編』によると、幕末には、大胡田村は大久保加賀守領
　　　分 258 石 2 斗 9 升 1 合、大河内彦四郎知行 240 石 2 斗 8 升 4 合、西光寺除地 1 石 5 斗
　　　5 升、山尾田村は大久保加賀守領分 53 石 1 斗 9 升と、村高は大胡田村が大幅に増加
　　　したが、山尾田村は微増である。

付節1　下野国那須郡下の「村境論」裁判
—向田・落合両村への裁許状を中心に—

1　はじめに

　司法省秘書課が編集した『裁許留』には、入会ないし入会地を直接扱っていないが、入会が係わった裁判が幾つか載せられている。まず享保5年(1720) 2月4日付で裁許された「野州那須郡向田村と落合村・川瀬違村、境論裁許之事」(『裁許留』15〜17頁)を検討してみたい。なお「・川瀬違村、境論」とあるのは「・川瀬違、村境論」の誤りで、向田村と落合村の両村が「川瀬の位置につき、両村の見解が異なる旨の村境論」のことであり、注意を要する。

　「元禄郷帳」(国立公文書館デジタル画像)によれば、向田村の石高は372石1斗6升5合、落合村は397石6斗2升であり、大した違いはなかった。幕末の『旧高旧領取調帳　関東編』(近藤出版社、1969年)によれば、向田村は1158石7斗2升8合9才(黒羽藩)、落合村は409石2斗2升3合(烏山藩)とあり、幕末には大きな開きが出てくる。その要因は、「八溝材」と呼ばれた杉・桧の産出量の違いによるのであろうか。なお向田村は「むかだむら」といわれてきたようである。現在では向田地区と落合地区とは「荒川」を挟んで対峙した所にあり、現栃木県那須烏山市に属している。なお本文末に、この裁判の裁許状の全文を紹介する。なお「初判」の記載はない。

2　訴訟方の訴えと、相手方の返答、及び評定所の吟味・裁許

　①訴訟方である向田村の訴えは、以下の通りである。向田村は落合村と村境をなし、「古川」を挟んで畑の開発を行ってきた。ところが去年(享保4＝1719年) 6月に仕付けた「栗」(粟カ)と稗が落合村によって抜き捨てられ、

落合村からは「新川」が村境だと申し掛けられて、向田村の水帳にこの数十年間も記載された畑作まで荒らしてやる旨を落合村から申し掛けられていることについて訴えた。

　②相手方である落合村の返答は次のようである。両村の村境は先年より「流川」を境にして、川筋半分ずつから支配しており、「新川」によって諸作物を仕付けてきたが、昨年（享保4年）4月に向田村が「切返往還道」を潰して、同年6月には畑までも抜き捨て、紙漉場への往来までも差し止めたので、迷惑をしていると申し上げた。

　③評定所の吟味によれば、まず論所へ代官・堀半七郎(注1)の手代と、同じく八木源太左衛門(注2)の手代と、坂川彦右衛門(注3)の手代との3名（カ）を差し向けて検分させた処、向田村が「古川」と申し立てた場所は川跡の形がなく、また両村の開いた畑や芝間までも、元来は「河原」と見受けられたという。当時流れていた川筋には新古の区別は見分けがたい。そこで手代たちは近辺9か村の者を召し出して尋ねてみたが、証拠の跡は不確かであった。なおまた糾明の上で、両当事者が差し出した数通の口上書や申し立ての趣旨も不分明であった。向田村が願うことに、元禄年中（1688年9月〜1704年3月）に同那須郡の小倉・藤田村の両村境につき、「古川」跡境として裁許があった旨を申し上げた。そこで評定所はその際の絵図面及び裏書を検討したが、この裁許は「用水堰論」であって、今回の証拠には引用し難いとした。そこで評定所の判断は、向田村の水帳にある「畑二反弐畝拾歩之地面」がこれまで存在してきた通り、向田村がいよいよ進退（所持）することを命じ、落合村の開畑も、その由来は差し置き、これも支配（所持）するべきである。両当事者の畑の間にある芝地は両村の入会地として秣場と定めた。なお「大がけ下附寄之地」も以上に準じることとし、もちろん今後は両村による新規の開発を停止とした。当時流れていた川筋を向田・落合両村の村境としてそれぞれ支配し、自今互いに融和して、これまで架けてきた橋は以前の如く心得て、通路を妨げることはしてはならない。今般、評定所はこのようにして詮議・裁断を終えた。依って後証のために、絵図面に裏書を行い、各員が加判を行って、両当事者へ授けるので、遺失のないようにせよ、というのであっ

た。

　これには裁判官たちの略名が記載されており、勘案すれば、以下の人物である。すなわち勘定奉行の駒木根肥後守政方・大久保下野守忠位・伊勢伊勢守貞迪敕・水野伯耆守守美、町奉行の大岡越前守忠相・中山和泉守時春、寺社奉行の土井伊予守利意・松平対馬守近禎・牧野因幡守英成・酒井修理大夫忠音である。一応当時の全ての勘定奉行・町奉行・寺社奉行が名を連ねていたのである。

　なお最後に、この訴訟につき、森山勘四郎（注4）の手代・高橋治部助（マ）、岡田庄太夫（注5）の手代・鈴木理助に吟味をさせたこと、なおまた詮議の上で評定所が裁許を終えたことが判明し、最後は「目安・返答書継合、裏判消ニ遣ス」（注6）とあった。

3　解説

　評定所の吟味は、初めは3人の代官のそれぞれ3名の手代を論所へ派遣し、その後に2人の代官のそれぞれ2名の手代を論所へ派遣して、向田村が村境と申し立てた「古川」や、両当事者が開いたというそれぞれの「畑芝間」を検分させて、それぞれ川跡の形がなく、また元来は河原であったことを確認している。さらに新古の川筋も見分け難く、近辺の9か村の者たちを召し出して糾明に努めていた。そこで評定所は、向田村の検地帳に同村が畑2反2畝10歩を所持することを確認し、さらに落合村の開畑も保証し、双方の畑の間の芝地を両村の入会地などと定め、この当時に流れている川筋を以て村境としたのである。すなわち両当事者の申し立てや昔の裁許状がいずれも根拠がないことを調査・論証して、根本の証跡である検地帳による畑と、現実に存在する開畑を認め、村境については裁許の当時に流れている川筋を以てした。評定所は、検地帳という確実な物証と、開畑や、現存する川筋による村境の現実的な判断を行っていたのである。

〔史料〕　九　野州那須郡向田村と落合村・川瀬違村、（川瀬違、村）境論
　　　　　裁許之事

　向田村、訴趣、落合村と村境、古川中央境ニ守来、互、畑致開発候、然
処、去年六月、仕付置栗□（米偏に卑）、従落合村、抜捨、新川を村境之
由、申掛、数十年、村水帳ニ載候畑作迄、荒之候旨、申之、落合村、答候
は、村境、従先年、流川を限り、川筋半分宛、致支配、新川諸作物仕付候
処、去年四月、従向田村、切返往還道ヲ潰し、又候、六月、畑迄、抜捨、
紙漉場往来迄、被差留、致迷惑之由、申之、加吟味之上、向寄御代官・堀
半七郎手代幷八木源太左衛門・坂川彦右衛門検見所手代、差遣し、遂見分
処、向田村、古川と申立場所、川跡之形無之、両村之開畑芝間共、元来、
河原ニ相見、当時、流候川筋、新古之指別、難見分、近辺九ヶ村召出、雖
相尋、證拠跡不慥、猶亦、糾明之上、双方、数通差出候口上書、申立趣、
不分明、向田村相願、元禄年中、同郡小倉・藤田両村境、古川跡之ニ裁許
之段、申立ニ付、右絵図裏書、雖令黙検、用水堰論之訳にて、今般之證拠
ニ雖引用、然上は、向田村水帳ニ載候畑二反弐畝拾歩之地面、有来候通、
向田村、弥、致進退、落合村開畑も、其訳差置、是又、落合村、可致支配、
双方畑間之芝地は、両村入会、秣場定之候、大がけ下附寄之地、可准し、
勿論、向後、新発停止之、当時流候川筋、為両村支配之、自今、互、和融
之上、掛来候橋、如前々、相心得、通路不可差滞、今般、詮議裁断之畢、
仍、為後鑑、絵図令裏書、各加印形、双方え下授之間、不可遺失者也、

　　享保五年庚子二月四日

<table>
<tr><td>駒</td><td>肥</td><td>後</td></tr>
<tr><td>大</td><td>下</td><td>野</td></tr>
<tr><td>伊</td><td>伊</td><td>勢</td></tr>
<tr><td>水</td><td>伯</td><td>耆</td></tr>
<tr><td>大</td><td>越</td><td>前</td></tr>
<tr><td>中</td><td>出</td><td>雲</td></tr>
<tr><td>土</td><td>伊</td><td>予</td></tr>
<tr><td>松</td><td>対</td><td>馬</td></tr>
<tr><td>牧</td><td>因</td><td>幡</td></tr>
<tr><td>酒</td><td>修</td><td>理</td></tr>
</table>

　右出入、森山勘四郎手代・高橋治部助、岡田庄太夫手代・鈴木理助ニ為
致吟味、猶又、詮議之上、於評定所、裁許畢、但、目安・返答書継合、裏
判消ニ遣ス、

注

（1）　当時の代官・堀江半七郎成芳か。

（2）　代官・八木源太左衛門長信のことか。

（3）　当時、坂川彦右衛門は丹後国久美浜代官か。

（4）　著名な代官といわれる森山勘四郎実輝は、当時は陸奥国川俣陣屋勤務か。

（5）　岡田庄太夫は後に日田代官となる。

（6）　この意味については、本書第 2 章第 1 節を参照。

付節 2　下総国葛飾郡下の「地論」裁判
—西夏見村・中夏見の「差上申一札」を中心に—

1　はじめに

　司法省秘書課編集の『裁許留』（52〜54 頁）には、入会に係わる地境論が評定所による内済として、「差上申一札之事」が収録されている。すなわち享保 13 年（1728）12 月 21 日付の「下総国西夏見村と同国中夏目村、地論、裁許、」である。

　「元禄郷帳」（国立公文書館デジタル画像）によれば、西夏見村 179 石 6 斗 1 合だけが認められ、中夏目村は見えていない（東夏見村は 196 石 7 斗 5 升）。勘案するに、中夏見村は西夏見村の字であったものと思われる。幕末の『旧高旧領取調帳　関東編』（近藤出版社、1969 年）によれば、西夏見村 144 石 6 斗 1 合（朝比奈儔之丞）、及び 84 石（遠山安之丞）、東夏見村 107 石 7 斗 5 升と、35 石（朝比奈伝之丞）、及び 5 石（長福寺領）となっており、中夏見村は見えない。ただし、この「差上申一札之事」の相手方である中夏見「村」領主の「遠山源八郎」の子孫が「遠山安之丞」であるとすると、中夏見「村」は西夏見村の一地区であると推測できるのである。この西夏見村と中夏見「村」とは全て現千葉県船橋市に属している。

2　訴訟方・西夏見村百姓新兵衛の訴え

　新兵衛の訴えは、代々所持して来た□（土偏に行）上の林畑 1 畝 6 歩の地所が昨享保 12 年（1727）9 月 2 日の大風雨によって崩れ落ち、中夏見「村」五兵衛の家を押し潰したので、新兵衛たちはその所へ出向いて人馬などを引き出した。ところが、この林畑の竹木を五兵衛方が伐り採ったので、五兵衛方の地所へ落ちて支障になる分は伐採しても止むを得ないが、□（前出）上にある竹木を断りも無く、五兵衛方が伐採したので相咎めたところ、五兵衛

が申すには我ら支配の場所であるが為に伐り取ったのであるから、構い申すまじき旨と我儘なる挨拶を致したという。新兵衛は、この論地が西夏見村の地頭（領主）知行高の内に含まれ、水帳にも記載があり、自分所持の地に紛れがないこと、その上で元禄年間（1688～1704）に中夏見「村」と西夏見村との訴訟による裁許状の裏書絵図にも明白に見えており、この絵図面を以て評定所の吟味を願う旨を申し上げた。38年以前（元禄3＝1690年頃カ）に西夏見村の加兵衛と中夏見「村」の庄左衛門との間に訴訟があり、その際の御裁許絵図にこの論地を色分けして、明白になったので、この絵図を基に御吟味を願いたい旨を申し上げた。

3　相手方・中夏見「村」五兵衛他2名の返答

　五兵衛など3名の返答によれば、自分らの居屋敷の後ろに高い□（前出）があり、昨享保12年（1727）9月2日の洪水によって、□（前出）・竹木ともに崩れ落ち、五兵衛居宅を押し潰したので、中夏見「村」の者共が駆け付けて、崩れかけている竹木を伐採し、土を取り除いて人と馬を助けた。ところで崩落した地所は、西夏見村の新兵衛の所持畑と申し上げているが、偽りである。この場所は新兵衛居屋敷の内にあると述べ、この度崩れた論所は天正年中（1573～1592年）に朝比奈清右衛門様・遠藤源八郎様の相給となり、この御分地の際に内蔵助という百姓の所持の内となり、その後は五兵衛、伝次郎、　勘右衛門のそれぞれ3人の居屋敷となった（3人が共同所持人）という。もっとも新兵衛と五兵衛屋敷の間は□（前出）上に境を立て、往来の道がある。先年より内蔵助の跡地は中夏見「村」の現当主・孫九郎の「支配地」であり、その上この論所には先の勘右衛門の「持分」である井戸があり、この水を西夏見村の新兵衛たちにも汲ませており、私共の「支配地」に紛れることはない。38年以前（前出）に西夏見村の加兵衛と中夏見「村」の庄左衛門との間に訴訟があり、その際の裁許絵図にこの論地を色分けしており、明白なので、この絵図を以って吟味を願う旨を申し上げた。

4　評定所の吟味と、内済の内容

　評定所は双方の主張を吟味した上で、この元禄年中の裁許裏書絵図と西夏見村検地帳とを吟味した。検地帳には字（小字）付けもなく、また裁許絵図面には双方の村方の彩色もなく、「白ク」（無色）致していたので、いずれの地とも判明せず、両当事者とも証拠がなく、さらに採用するべき「書物」（書付）もなく、この論地を以前から所持人のない「空地」と思料されると、評定所は判断した。

　依って評定所が言い渡したことは、この論地がいずれの「持ち分」（所持地）かは判明しないが故に、両村が入会するようにと、仰せ付けられた。今後は、□（前出）岸が中夏見「村」地内へ崩れ落ちた際や、竹木伐採の必要がある場合には、両村が立会いの上で、伐採するべき旨を仰せ渡された。この趣旨を両当事者は畏まって奉じることとした。もしもこの趣旨に背いたならば、処罰を受けることも仰せられた。こうして両当事者たちは後日のために「連判一札」を評定所へ差し上げたのである。

5　解説

　双方の主張を吟味した上で、評定所は以前の元禄年中の裁許裏書絵図と西夏目村の検地帳を吟味した結果、検地帳には小字付けがなく、及び裁許絵図には村方の色付けもなく、論地の位置は不明確である。関連する証拠や書付もなく、この論地は所持人のいない「空地」と判断した。従って、評定所はいずれの「村」の所持地ではないと認め、この論地を両「村」民による共同所持的入会地として、今後は竹木などが中夏見「村」地内へ崩れ落ちた場合や、竹木伐採の必要がある場合には両「村」が立会いの上で伐採するべき旨を仰せ渡したのである。この評定所の処置は論地に関する証拠などが存在しない状況において、極めて現実的な判断であり、提案でもあった。なお初判は勘定奉行・久松大和守定持が受け持った。

　その評定所の証拠に関する判断と、今後の処置に対して両当事者が納得して「連判一札」を差し上げたことは十分に理解できることである。なお、この裁判の発端は西夏見村の新兵衛と中夏見「村」五兵衛などの３名との間の紛争であったが、紛争の中身は両「村」の「地論」という境界争いとなったので、表題には百姓たちの名前は出なかったものと勘案されるのである。

付節3　美濃国土岐郡下の「山論」裁判
―細野村と曾木・妻木両村への裁許状を中心に―

1　はじめに

　司法省秘書課編集の『裁許留』(59～60頁) には、美濃国土岐郡細野村と同郡曾木村・妻木村との「山論裁許之事」が収められている。裁許状では「山論」となっているが、この3か村に係わる入会「権」がこの山論の一方の主張の基礎となっているので、ここで紹介・検討してみたい。初判は「信濃守」の担当、すなわち寺社奉行・小出信濃守英貞 (丹波国園部藩主) のことである。裁許状の日付は、享保14年 (1729) 4月4日付となっている。

　この三つの村の内では、妻木村は元禄14年 (1701) の石高 (村高) が1302石2斗4升3合と大村であり(注1)、他の細野村と曾木村は幕末でもそれぞれ362石4斗8升、364石8斗1升である(注2)。裁許当時における細野村の知行主は岩村藩 (松平〔石川〕氏2万石)、曾木・妻木の両村は旗本領である。妻木村、細野村、曾木村の3か村は、現在はすべて岐阜県土岐市に含まれている。なお幕末の妻木村の知行主は、妻木主計知行830石5斗8升9合3夕、妻木伝兵衛社 (知) 行506石5斗4升、さらに八幡社領99石8斗6升、臨済宗・崇禅寺領99石3升9合9夕である(注3)。崇禅寺や八幡社 (現八幡神社) は現存する。

　なお本「山論」裁判は各種地名が多出して複雑なので、裁判史料を本文末に掲げておきたい。

2　細野村の訴えの趣旨、曾木・妻木両村の返答、評定所の吟味と裁許

　①まず訴訟方である細野村の訴えの趣旨は、曾木村と細野村との山境は「から竹ヶ峠より東は、桜ヶ峠ぐみの木中立、長洞とこさふあけひ沢釜場之塚迄

見通シ」、「西は、大道塚外之東南、筏沢と申所迄」が細野村の内山であるが、曾木村の者共が筏沢山へ入れ込んで草刈りを行っているので訴訟に及んでいる内に、妻木村の者も筏沢へ相越して理不尽に草刈り取りを行っている旨を申し上げた。

　②相手方の曾木村の返答によれば、細野村と曾木村との山境は「南は、大峰峠わるもち、西北は、てうしが口あけび沢と申所」であり、古来より山境が（曾木村の）内山である。ところが、細野村はあけび沢山を「内山筏沢」と申し掠めていると申した。同じく妻木村の返答では、細野村と曾木・妻木両村とは7年以前（享保7＝1722年頃カ）に山論となり、取り扱いが相済んだ結果、（あけび沢山が）曾木村と妻木村の共同の入会山となった。しかし去年（享保13＝1728年）以来草刈りを行う度に細野村から妨害をうけてきたと申し出た。

　③評定所の吟味によれば、この論地につき、代官・林兵右衛門を派遣して見分けを遂げたところ、両当事者の申し立てた山境は峰通りでもなく、一切の証拠もないのであった。ただし細野村は筏沢を内山と称し、曾木・妻木両村があけび沢と申して争う所を吟味させたところ、7年以前（前出）にこの3か村の山論を扱った證文によれば、「塚外大道より、東南・筏沢ハ、細野村内山と有之、見分之上、場所、塚之東南ニ当り、扱證文と令符合、細野内山ニ相決候処」、30年以前（元禄12＝1699年頃カ）に曾木村と妻木村との訴訟による扱い證文を以て、細野村の内山である筏沢を引き当ててあけび沢と申し紛らしたのであり、曾木・妻木両村の申し立ては相立ち難いとされた。次に細野村から、入会場（入会地）の内で孫十郎林と称する所へ曾木村が新しく植林したと申し立てるが、木立を見ると近年植林したとは見えず、殊に妻木村との入会場へ植林したようでもない。従ってこれについては、細野村の申し立ては立ち行かないのである。その他の幾つかの場所について、両当事者から申した名称の場所は全て相違しており、相互に証拠はないので援用することはできない。

　従って評定所は、この場で相定めることとして、論所である山境は、双方から申し立てた内容とは別にして、「から竹ヶ峠より、山奥、釜場之塚迄見

通シ、両村（細野と曾木）山境」とする。今後は異論に及んではならない。また孫十郎林の近くが曾木・妻木両村の入会山だとする件は、30 年以前（前出）の扱證文によって既に定まったことであるが故に、事新しく述べることはない。依って後證のために絵図面へ先の両村の山境に線引きをし、加印・裏書を行い、双方へ下げ渡した。加印したのは「稲　下野」（勘定奉行・稲生下野守正武）と「久　大和」（勘定奉行・久松大和守定持）である。なお「御用方無加印」（略称）には、勘定奉行の筧播磨守正舗・駒木根肥後守政方、町奉行の諏訪美濃守頼篤・大岡越前守忠相、寺社奉行の小出信濃守英貞・土岐丹後守頼稔・井上河内守正之・黒田豊前守直邦が挙がっていた。

3　解説

　評定所の吟味によれば、この細野村と曾木村の山境論争につき、代官を派遣して取り調べさせたところ、両当事者が申し立てた山境は峰通りではなく、一切の証拠もないのであった。そこで細野村が「筏沢」を「内山」と称し、曾木・妻木両村が「あけび沢」と称している所を取り調べさせて、7 年以前（前出）に上記 3 か村に係わる山論を扱った證文によって「筏沢」を細野村の内山と決したところ、曾木・妻木の両村が細野村の内山である「筏沢」を、30 年以前（前出）の曾木村と妻木村との訴訟による扱い證文を利用して、「あけび沢」と申し紛らしたことを明らかにして、曾木・妻木両村の申し立てを否認したのである。次に、細野村から「入会場」の内に曾木村が植林したことを申し立てたが、評定所はこれも検分させて、近年の植林ではないこと、また（細野村と？）妻木村との入会地に植林したものではないことを明らかにして、細野村の申し立てを否認した。その他、いくつかの場所について、両当事者から申し立てた場所が全て異なっていることも明らかにし、その援用ができないことを判定したのである。

　従って評定所は論所である山境を「から竹ヶ峠より、山奥、釜場之塚迄見通シ、両村（細野村と曾木村との）山境」と命じたのである。これで見ると、両当事者の幾つかの申し立てにつき、手代ではなく代官をして一つ一つ検分

をさせ、かつ両当事者が援用した全ての裁許状や「取替證文」などを究明・吟味したことが判明した。また、こうした吟味に基づいて山境につき創設的役割を果たしたことも評価に値するものと考えられる。

　　　　　　　　信濃守懸
〔史料〕　二六　美濃国土岐郡細野村と同国同郡曾木村・妻木村、山論、
　　　　　　　裁許之事、
　　細野村、訴趣、曾木村と当村山境は、から竹ヶ峠より東は、桜ヶ峠ぐみの木中立、長洞とこさふあけひ沢釜場之塚迄見通シ、西は、大道塚外之東南、筏沢と申所まで、当村内山ニ候処、曾木村者とも、筏沢山え入込、草刈候付、及出入候内、又、妻木村者も、筏沢え相越、理不尽ニ、草苅取段、申之、曾木村、答候ハ、細野村と山境、南は、大峰峠わるもち、西北は、てうしが口あけ沢と申所、古来より山境内山ニ候処、あけび沢山を、細野村、内山筏沢と掠ル由、申之、妻木村、答候ハ、細野村并下右村・当村、七年以前、及山論、取扱相済候故、曾木村と入会之山ニて、去年、草苅候得は、細野相妨ル旨、申之、右論地、御代官・林兵右衛門、差遣、遂見分処、双方申タル山境、峯通りニても無之、一切無證拠候、但、細野村よりハ、筏沢内山と指、曾木・妻木よりは、あけび沢と申争所、地面、令吟味候得ハ、七年以前、三ヶ村山論扱之證文ニ、塚外大道より、東南・筏沢ハ、細野村内山と有之、見分之上、場所、塚之東南ニ当り、扱證文と令符合、細野内山ニ相決候処ニ、三拾年以前、曾木村と妻木村出入之扱證文を以、細野内山・筏沢え場所引当、あけび沢と申紛シ、曾木村・妻木村申分、難相立候、次ニ、入会場之内、孫十郎林と申所ニ曾木村・新立出シ致由、細野、雖申、木立、近年之立出シとハ不相見　殊、妻木との入会場ニ立出シ可為致様、無之、此儀、細野村申所、不相立候、其外之場所共、双方より申・名所、悉、相違いたし、相互ニ無證拠ニテ、不足取用候、依之、今般、相定趣、論所山境は、双方より申タル論外、から竹ヶ峠より、山奥、釜場之塚迄見通シ、両村山境と致之、向後、不可及異論、孫十郎林之近所、曾木村・妻木村入会山之儀ハ三拾年以前、扱證文にて相済場所故、不及沙汰候、仍、為後鑑、絵図面、両村山境、引墨筋、各加印判、令裏書、双方え下置条、永、不可遺失者也、
　　享保十四年酉四月四日　　　　　　　　　　　稲　　下　　野
　　　　　　　　　　　　　　　　　　　　　　　久　　大　　和

御用方無加印

　　筧　　播　　磨

御用方無加印

　　駒　　肥　　後

　　諏　　美　　濃

　　大　　越　　前

　　小　　信　　濃

　　土　　丹　　後

　　井　　河　　内

　　黒　　豊　　前

注

（1）　日東泉之進・蘆田透編『岐阜県土岐郡妻木村史』（土岐郡妻木村役場、1922 年）10
　　　頁。梶田太郎「中・近世における小城下町の地域的展開―美濃国土岐郡妻木を事例に
　　　―」（歴史地理学会『歴史地理学』44 巻 2 号、2002 年）には、妻木村の村高の変遷の
　　　記述はない。ちなみに熊谷開作『拾遺集』（小松あかね編・発行、1992 年）には、妻
　　　木村について触れた「故郷を想う」が本文の最後に収められている。

（2）　『旧高旧領取調帳　中部編』（近藤出版社、1977 年）による。

（3）　同上による。

付節4　伊豆国田方郡下の「秣場通路」裁判
―吉田村・三福村の「差上申一札」を中心に―

1　はじめに

　司法省秘書課編集の『裁許留』に表題「豆州田方郡吉田村と同国同郡三福村、秣場通路出入、裁許」（同書110～113頁）が紹介され、この裁判には入会権が係わっている。この裁許は両当事者による「差上申一札之事」（享保14＝1729年9月25日付）として内済が行われたので、以下に検討してみたい。表題の前に「河内守懸」とあるのは、寺社奉行の井上河内守正之（常陸国笠間藩主）であり、初判を勤めたのである。「差上申一札之事」を検討すれば、訴訟方の訴え、相手方の返答、評定所の吟味の結果、そして両当事者がこの結果を納得して「連判一札」を評定所へ差し出したことが判明するのである。

　訴訟方の吉田村、及び相手方の三福村は狩野川の支流を挟んで相対する位置関係にある。「元禄郷帳」（国立公文書館デジタル画像）によれば、吉田村の村高が451石6升4合で、三福村は642石2斗4升8合4夕である(注1)。両村はいずれも相給村で、吉田村の知行主は7名、三福村は6名で、すべて旗本と思料される。両村は、現在では静岡県伊豆の国市に属している。

2　吉田村の訴えの趣旨、三福村の返答の内容

　①訴訟方である吉田村の訴えの趣旨は、吉田村の村続きである鍋沢山は古来より相手方の三福村と共に入会を行って、秣や刈敷を採集してきたが、17年以前（正徳2＝1712年頃カ）に三福村と訴訟となり、この鍋沢山は三福村だけが秣などを採集できるとの御裁許があったので、吉田村はこの鍋沢山の奥の大野村(注2)の内で秣場を買い求めて入会を行ってきた。ところが、去る（享保13＝1728年）6月中に三福村の者共は吉田村がこの入会のために行く通路の山道を掘り崩して、人馬の往来を差し止めてしまった。よって吉田村

は三福村へいかなる理由で道を掘り崩したのかと問い質したところ、三福村は誤りを入れて、元のように道筋を埋め戻した。しかし三福村はこの道筋に番人を差し置いて、人馬を差し止めたので、吉田村は三福村がこの道筋に干渉しないようにお願いしたいという趣旨を評定所へ申し上げた。

　②相手方である三福村の返答によれば、吉田村は秣場である大野村への通路を三福村が差し止め、かつ道筋を掘り崩して番人を付け置いたと申し上げているが、これは間違っているという。大野村への道筋は往還道（一般街道）であり、この度は吉田村から新規に先年（前出の正徳2年頃カ）の御裁許によって決着が付いた鍋沢山境の内を破って盗み刈りを企み、大勢で取り組み理不尽に罷り通っているので、三福村は遠見番を差し置いたものである。もっともこの道筋を掘り崩したのではなく、かつての御裁許による墨付き（線引）境の内へ吉田村の者共が忍んで入り込んでいるので、以前から境目を堀切した所が洪水の際に埋まってしまった故に、掘浚いしたものである。今後は吉田村から大野村への通路は、古来より往還道であり、相通れるようにしたいと申し上げた。

3　評定所の吟味と裁許、そして「連判一札」

　「差上申一札之事」を検討すれば、評定所が吟味を開始したところ、吉田村が三福村の持山である鍋沢山の内にある大野村秣山へ通る際に、秣や薪など盗み狩りするようだと三福村から疑われ、以前からある堀を浚渫し、その上で番人を付け置いたと三福村は申し述べるが、先年の秣場裁判の際に鍋沢山の秣を刈り取ってはならないという趣旨につき、絵図面の御裏書を以て御裁許があった以上、吉田村からは秣や薪などを刈り取ることはない。もしも刈り取るようなことがあれば、その節に訴えるべきである。三福村の持山であるが、今後は吉田村が便宜のよい道を選んで勝手次第に通ったとしても他に何か支障があるのかどうかにつき、評定所が三福村へ尋ねたが、三福村からは支障はないとの返答があった。

　従って、評定所が言い渡したこととは、今後は吉田村が大野村の秣山への

通路として、鍋沢山の内を通る際に、もしも秣（薪なども）を盗み刈りするようであれば、訴えるべき旨を仰せられた。もっとも吉田村の者共も鍋沢山の通路を利用した際に、この山の秣などへ一切介入してはならない旨も仰せられた。両当事者は以上の趣旨を大事に受け入れた。そしてもしもこの趣旨について、訴えを申し上げることがあれば、お咎めを仰せられるのであると。以上のことにつき、「連判一札」を評定所へ以下の当事者たちの名で差し上げたのである。

　訴訟方では、藤方久五郎知行・豆州田方郡吉田村名主・瀬兵衛、金田小太郎知行・同断名主・庄兵衛、松前八兵衛知行・同断名主・甚左衛門、西尾藤四郎知行・同断名主・三郎左衛門、大沢式部知行・同断名主・彦右衛門、戸田市郎兵衛知行・同断名主・善兵衛、宮崎又三郎知行・同断名主・清兵衛である。相手方は、能勢吉三郎知行・同国同郡三福村名主・次郎兵衛、高田忠右衛門知行・同断名主・源左衛門、年番名主・菅右衛門、三宅平蔵知行・同断名主・勘右衛門、久能（野カ）伊兵衛知行・同断名主・九右衛門、年番名主・與惣兵衛、能勢清兵衛知行・同断名主・四郎兵衛、竹（武カ）島数馬知行・同断名主・源八である。以上が署名者として名前が出ている。

　最後に、「右出入、再往、吟味之上、證文を以、裁許畢、但、目安・返答書継合、裏判消ニ遣ス」とあった[注3]。

4　解説

　かつての鍋沢山は吉田村と三福村との入会山であったが、17年以前（前出）の裁許によって三福村の入会山と決定された。そこで吉田村はこの鍋沢山の奥の大野村の内に「秣場」（入会地）を買い求めたのである。ただし所持権を買ったのではなく、いわゆる地役的入会権を買ったということと思料される。三福村の者共が吉田村の者たちがこの秣場へ行く通路の山道を掘り崩し、（秣を運ぶ）人馬の往来を差し止めたことにつき、吉田村は三福村へ抗議をして元のようになったが、三福村は番人を置いて、また人馬を差し止めたので、このような処置の撤回を申し立てたのである。

　三福村は、吉田村が鍋沢山の奥の入会地へ行く道を往還道と認め、現状を回復したが、吉田村から鍋沢山の内を破って盗み苅りを企んで大勢で押しかけ理不尽に罷り通ったので、「遠見番」を付けたということなのである。

　評定所の裁許によれば、鍋沢山が三福村の共同所持的入会地となったのであるから、吉田村から鍋沢山の秣を刈り取った場合は訴えればよいことであると判示して、吉田村から鍋沢山の麓を通って大野村の入会地へ出かけることを三福村に保障させ、吉田村が大野村の入会地へ出向く際に鍋沢山で秣を採集することを改めて禁じたのである。

　評定所は、この裁許を為すに当たって、代官や手代を派遣することなく、両当事者の申し立てに基づいて判断したように思料されるが、かつての裁判の結果を両当事者が認め、かつ論所をめぐる両当事者の認識に齟齬がなかったことがこうした判断を容易にした要因であったと思われるのである。ちなみに17年以前（前出）の裁許では、なぜ鍋沢山が一元的に三福村の入会地となったのか疑問に思われる。吉田村も鍋沢山に入会していたように考えられるので、例えば、吉田村に鍋沢山の「地役的入会権」を差等入会として認めてやれば、如何なる入会史が待っているのであろうか。興味のある問題である。

注
（１）　幕末の状況を示す『旧高旧領取調帳　中部編』（近藤出版社、1977年）によれば、吉田村の領主７名はこの「差上申一札之事」に記載された家々と同一であり、ただ「常雲寺除地」５斗７升３合が加えられているだけである。また三福村の領主６名も久野が久能、武島が竹島といった違いがあるが、やはり「差上申一札之事」に記載された家々と同一であると言ってよいであろう。すなわち両村は相給村ではあるが、少なくとも享保末頃から同一の領主たちによる支配体系が続いたものと考えられる。
（２）　田方郡大野村の村高は、前掲「元禄郷帳」によれば、180石６斗６升１合、さらに「大野江入牧之郷」383石９斗６升２合、及び「大野江入瓜生敷田（カ）」46石２升７合とある。幕末の大野村は、前掲『旧高旧領取調帳　中部編』によれば、610石６斗５升２夕５才と生産力が増していた。同村の知行主は松下嘉兵衛という。ちなみに「大野江入牧之郷」は「牧之郷村」として452石５斗９升５合５夕が挙がっている。大野村は現伊豆市に属する。
（３）　この意味については、第２章第１節「伊豆国賀茂郡下の入会裁判」を参照。

付　説　評定所の享保期入会裁判の特徴

1　はじめに

　享保期における評定所の入会裁判について8件、入会が係わった裁判について4件を検討してきた^(注1)。入会裁判について全体的なことを述べると、両当事者による論所については関東が6件、中部が2件である（伊豆、駿河）。裁判の終結の仕方を見ると、裁許が4件、内済が4件である。また入会が係わった4件（村境論、地境論、山論、秣場通路論）についてみると、論所は関東が2件、中部が2件である（美濃、伊豆）。裁判の結果は裁許が2件、内済が2件である。

　このようなことに関して検討をしてみると、入会裁判でいえば、出訴者たちは8件中の6件を関東が占めており、その中でも下総・上総（現千葉県）が最も多く、後の2件はこれにやや近い伊豆と駿河である。このことは出訴のための費用を考えると、理解できることである。裁判の結果についていえば、入会問題はややこしくて奉行たちには多少困難な面があり、内済が多いのではと予想されたにも拘らず、意外なことに内済は8件中の4件に過ぎない。要するに内済と裁許が五分五分なのである。評定所の奉行たちの吟味の仕方と、彼らの法知識の内容まで検討しなくてはという新しい課題が生まれそうである。

　また、入会が係わった裁判についてみると、論所は関東2件、中部2件であるが、中部の2件とは美濃の場合が「山論」で、伊豆の場合は「秣場通路論」であり、いずれも秣などの採取が生業に絶対に必要であったからに他ならなかったと思料されるのである。ちなみに裁判結果についても内済と裁許は2件ずつという、入会裁判の場合と同じ比率であり、単なる偶然ではなく、入会裁判と同様の課題が内在するものと考えられる。

　裁許の場合は奉行たちの名前が出ている。この場合は、老中の名前は一切なく、勘定奉行・（江戸）町奉行・寺社奉行の全ての名前が出るのである。

ただし月番に当たった奉行たちは誰であったのかは、裁許状からは判明しない。例えば、評定所の勘定奉行及びその下僚である勘定吟味役、また町奉行及びその下僚である与力が具体的に入会及び裁判についてどのような法知識を学んだのかということには興味深いものがある。他方、内済に終わった場合は奉行たちの名前は出ないで、入会訴訟では多くは村と村との紛争となるために、一般には村役人たちの名前が知行主の名前を「肩書」にして記されるのである。この結果、ここに署名した者たちには一定の責任が生じることとなる。

　入会集団間の入会裁判にも拘らず、村と村との裁判として現象するのは何故かという問題がある。享保期においても一般に入会権者たちは村の上層部を形成しており、従って村の指導層を形成し、多数派となる。他方で村の自小作層は地主・自作層が有する入会権や水利権の恩恵に与かっているという意識が村内に存在しているが故に、こうした状況によって、当事者たちを始め、評定所の奉行たちにとって入会集団が村の指導集団と意識させたものと勘案されるのである。ただし村におけるこうした意識が近世後期まで続いたとは考えられない。

　ところで『裁許留』では享保期の次に裁判史料が出てくるのは、天明元年（1781）と同2年である。いずれも内容の検討には至っていないが、天明元年では入会裁判は5件である（越後・秣場出入、信州・秣刈山出入、美濃・入会山出入、下総・下草刈採出入、備中・秣場出入）。他に下総・訴訟取下げ（「済口」）が1件あった。入会が関係する裁判の4件は、相模・松木伐採出入、三河・山論出入、美濃・山境出入、三河・山論出入である。入会裁判の5件に関していえば、内済が4件、済口が1件である。入会が関係する裁判では、内済2件、裁許2件である。この併せて9件の論所についていえば、中部地方が6件、関東地方が2件、中国・四国地方が1件であり、入会裁判の5件では中部地方3件（越後、信州、美濃）、関東1件（下総）、中国・四国1件（備中）である。こうした広がりをどのように考えるかという課題が生じる。入会関係裁判の4件は、中部地方3件、関東地方1件である。なお別件で下総から「猟場出入」（浦・漁場出入）として漁場入会裁判があった。

　次の天明２年（1782）では、入会裁判は２件である（三河・入会山出入、信州・入会山出入）。入会関係裁判は２件である（美濃・地所出入、越後・地所出入）。４件の裁判結果は、全て内済である。４件の論所は、全て中部地方であった。なお別件で下総から「猟場出入」（狩猟）、及び上総から「漁場出入」があり、いずれも関東地方であった。

　従って裁判の両当事者は主に関東から中部へと代わり、裁判結果も全て内済へと移行したこと、また「猟場入会」や「漁場入会」の裁判も出てきたことが窺われる。ただし、この傾向は幕末に向かう裁判の傾向を示していると推測することは早計に過ぎるものと勘案される。

2　評定所の裁判について

　以下に多少詳しく検討するために、まず享保期の８件の入会裁判につき、順序、及び略称を付しておきたい。①伊豆賀茂郡裁判、②上総市原郡裁判、③武蔵都筑郡裁判、④常陸多珂郡裁判、⑤下総香取郡裁判、⑥下総海上郡裁判、⑦安房長狭郡裁判、⑧駿河駿東郡裁判、なお入会が係わった裁判についても、⑨下野那須郡裁判、⑩下総葛飾郡裁判、⑪美濃土岐郡裁判、⑫伊豆田方郡裁判、とする。

　1）入会裁判では、論所に「地方巧者」といわれる代官ないし多くはその下僚である手代が派遣されたのかどうかについてみると、８件のうち、代官が派遣された事例は１件（⑧駿河駿東郡）、手代が派遣された事例は５件（うち別人による２度派遣が２件）である。派遣がなかったのは３件であるが、この内の④常陸多珂郡の裁判では最後の審議の段階で手代２名に吟味を命じている。派遣の人数は代官の場合では１名である。ただし手代の場合は異なる代官の手代２名となっているが、所謂なれ合いを防ぐことを目的としたものと思料される。内済・裁許と代官派遣などとの関係を見ると、内済４件のうち、派遣がなかったのは３件で、派遣があったのは１件だけである。裁許４件のうち、全て代官（ただし１件のみ）ないし手代を派遣していた。裁許の場合には、訴訟方と相手方との間に種々の見解の相違があるので、論所へ手

代などを派遣して、関係文書などの有無や、周囲の村の者にまで入会地の有様を聞き出す必要があるからである。

　また入会が係わった裁判の場合では、内済の２件では手代などの派遣がなく、裁許の２件では代官派遣が１件、手代派遣が１件である。ちなみに地方役人を派遣して論所に係わる問題を見分けさせる場合に、いかなる場合に代官派遣となるのか、あるいは手代派遣となるのかは、この二つの類型の裁判からは残念ながら判明しなかった。

　ただし以上の結果から、内済の場合は代官ないし手代の派遣がなく、裁許の場合はこうした派遣があると結論を下すことは早計にすぎる。問題は証拠物や両当事者の申し立てと返答に係わる吟味次第によって、代官ないし手代の派遣が決まるのではないか、今後の検討が重要になってくるのである。

　２）入会裁判（全８件）において当事者の提出した証拠についてみると、物証としては、大名主による取り決めの連判状、野論扱い證文、裁許状３、村差出帳、裁許による請取手形の計７点であり、証拠物のない場合が１件である。ただし裁許状は論所について内容的に係わりがあるのか、また絵図面では判明するかどうかが吟味の対象となる。とりわけ②上総市原郡の裁判では野論扱い證文が採用されなかった。さらに証拠物がなかったという④常陸多珂郡の裁判では、両当事者の入会に関する申し立てについて吟味を加えて、入会権につき歴史的に古くからの行使を認めている。

　また入会が係わった裁判については、内済の２件では⑩の下総葛飾郡下の裁判では論地に関する裁許状が出されたが、証拠とはならなかった。⑫の伊豆田方郡下の裁判では裁許状が有効とされ、裁許状に基づいて内済へと進んでいる。裁許の２件のうち、⑨の下野那須郡下の裁判で両当事者の申し立てがいずれも不明確とされて、水帳（検地帳）に記載のある畑や現実にある畑が確認されている。もう一つの③の美濃土岐郡下の裁判では論地に関する扱い證文などに現れた地名や、両当事者が申し立てた地名はすべて食い違いがあり、評定所は裁許の中で申し付けるとした。

　一方の裁許の場合には、裁判を行った奉行たちの苗字と肩書とが、例えば「大　越前」と略称で出てくるので、勘定奉行か、寺社奉行か、あるいは町

奉行であるか、検討しなくてはならず、また名前も出てこないので、同様に調べる必要がある。他方、内済の場合には、一般に訴訟方と相手方の村々の名主（関東の場合）たちが名を連ねるが、一定の責任を負担することになるので、やはり村の代表者が名を連ねることとなるものと勘案される。

　3）評定所の吟味、及び裁許や内済に現れた入会概念についてみると、自村の所持山に対する共同所持的入会権と、領主や他村の山野に対する地役的入会権とを意味する二つの概念を全て入会と表現している。ただし秣などの採取を始め成木を伐採できる入会と、毛上の刈敷や秣などの採取だけができる入会とを明白に区別していることは重要である。すなわち本文中で検討したように、共同所持的入会権と地役的入会権（それぞれ民法上の共有入会権と地役入会権の原型）の区別は明確に行っているのである。こうした評定所の入会に関する二つの概念の使い分けは、入会裁判のみならず、入会が係わった裁判についても当てはまるのである。

　4）裁判が終結する結果は裁許ないし内済のいずれかとなるが、いかなる場合に裁許となり、どのような場合に内済となるのであろうか、このことについて検討してみたい。入会裁判の場合、裁許となったのは②上総市原郡下の裁判、③武蔵都筑郡下の裁判、④常陸那珂郡下の裁判、そして⑧駿河駿東郡下の裁判である。②の裁判では證文が採用されず、評定所が判断を下した事例、③の裁判では、以前の裁許状などが採用されず、評定所が現状から判断を下した事例、④の裁判では、証拠物がなく、評定所が新しく入会地を指定した事例、⑧の裁判では、以前の裁許による請取手形の内容を遵守すべきことを命じると共に、以前の宝永の富士山大噴火によって、従来の入会地が火山灰によって砂が堆積して入会地としての役割がほとんどなくなったという状況の下で、評定所は入会の証拠がない村に入会権を認めるという一種の創設的機能を果たしている。この場合は田畑の耕作に入会地がかならず必要であり、同時に年貢収取の必要性も究極的な要因となったことと思料される。

　以上の四つの事例を勘案すれば、証拠物があってもなくても、また種々の申し立てがあったとしても、証拠能力を欠く場合には、評定所は何らかの決断を下さざるを得なくなり、検地帳に現れた畑地や、現実に存在する畑地、

村高を基礎づける田畑のために入会地の設定まで行っていたのである。入会裁判が如何なる場合に裁許となるかは、ごく一般的に言えば、証拠と称するものや種々の申し立てが全て基本的に証拠能力なしとされた場合に、評定所は裁許を行うものと勘案されるのである。この場合は裁許に創設的役割が認められる。

　他方、入会裁判の内で内済となったのは①伊豆賀茂郡下の裁判、⑤下総香取郡下の裁判、⑥下総海上郡下の裁判、⑦安房長狭郡下の裁判である。①の裁判では、従来の大名主による連判状などによる入会権をめぐる原則や慣行について、両当事者にとって明白であり、こうした規範に違反したことから紛争が起こったことを反省し、こうした規範を遵守することを誓ったところに、内済としての「取替證文」が作成されたのである。⑤の裁判では、元禄度・宝永度の裁許による両当事者の入会地を確認し、また相手方の入会地に訴訟方の者の囲い地があり、評定所はこの存在を認めたが、この囲い地の外へ地所を一切広げてはならないと仰せ付けた。主な論点である両当事者の入会地のことは確認事項であり、この囲い地の問題は付随的なことであり、内済が妥当とされたことと思料される。⑥の裁判では、論点は両当事者の入会地の広狭をめぐる問題であったが、評定所は宝永期の裁許状で入会地の広さを村高で決定してきた原則が相手方によって歪められたことを指摘して、この原則を遵守するように仰せ付けただけであった。この原則につき両当事者が確認すればよいことであり、こうした事情が内済をもたらしたと勘案できるのである。⑦の裁判では、主に訴訟方は相手方が所持する山へ入会してきた証拠として「村差出帳」を示して、相手方の妨害排除を訴えたのであるが、相手方の申し分が否定され、両当事者の入会権の内容を確認すれば事足りたのである。従って内済という形で決着が付いたことは妥当なことであった。

　以上の検討によれば、内済に帰着する場合とは、一般的に以前の裁許状などで、入会の原則が明白であり、両当事者がこれを認めさえすれば、内済となるのが自然の成り行きといえるのである。ちなみに、その後の評定所の裁判が、内済か裁許か、いずれの様式が歴史的傾向を帯びるのかについて判断することは早計にすぎると思料される。

　また入会が係わった裁判を同じく検討してみると、裁許となった⑨下野那須郡下の「村境論」の裁判では、村境の決め手となる従来の川筋が変更されて不明確であった。水帳にある畑地と、現実にある畑地とを確認して、この二つの畑地の間の芝地を両村の入会地とするという創説的役割を果たす必要性が裁許という形をとったのである。同じく⑪美濃土岐郡下の「山論」では、論地に関する物証や申し立てが証拠とならず、評定所は従来の扱い證文に見える論地を現実に確定して、「山論」を収めるという創設的役割を必要としたが故に、裁許となったと勘案される。次に内済となった⑩下総葛飾郡下の「地境論」では、論地に関する裁許状が証拠とならず、この論地を両村の入会地となす内済案を提示し、これに基づいて内済に至ったものと思料される。同じく⑫伊豆田方郡下の「秣場通路論」では、以前の裁許状が証拠となり、従来からの入会権行使が確認され、これに基づいて評定所が内済案を提示して、内済になったものと考えられる。このように、入会が係わった裁判でも、裁許ないし内済となる要因は、入会裁判と共通性を有するといってよいのである。

　ところで、入会裁判が内済に終わる場合、享保5年(1720)、同13年(1728)、同14年 (1729) の計4件では全て内済の内容を称して「取替證文之事」と記されており、他方、天明元年の入会裁判 (5件) による内済、及び同2年の入会裁判 (2件) による内済では「差上申一札之事」と記されている。天明元年・同2年では、入会裁判以外でも内済の場合には「差上申一札之事」と表現されている。必ずしも明快な判断とはいえないが、「取替證文之事」の場合は、評定所による具体的な勧告があるとはいえ、両当事者間の一応「主体的な合意」が前面に出ているように勘案される。しかし「差上申一札之事」は両当事者の合意の内容につき、評定所が確認することが強調された形となっている。

　5) 享保期における幕府評定所の裁判の特質といえば、百姓共同体が有する入会地・入会権 (内容・慣行) を確認し、⑧の駿東郡の入会裁判のように確認ができがたい場合には、石盛がされている村で入会地が存在しない場合には入会地・入会権を創設してやっているのである。すなわち、このことが

百姓たちの米作りを保障することに繋がり、年貢収取を支え、究極的には幕藩体制の財政的基盤を維持していくものと、評定所の奉行たちには観念されていたのではないかと考えられる。また②の上総市原郡下、③の武蔵都筑郡下、及び④常陸多珂郡下の入会裁判の検討結果によれば、裁決については、論地の状況をまず把握して、共同所持的入会権者が地役的入会権の存在する入会地に自らの入会権の範囲を逸脱した場合（やや大規模な植林など）でも一概に「原状回復」を命じるのではなく、他方では秣を採取する地役的入会権者の権利を成るべく保障してやるという評定所の意図を窺うことができるのである。

　さて訴訟方が相手方の違反や妨害を訴えた場合に、両者にとって双方の入会権の原則や範囲が明確であれば、内済が要請されることとなるのである。下総の⑤の香取郡下、⑥の海上郡下の入会裁判によれば、入会地の境界や内容については、双方の立会いによる直近の絵地図の線引や注記によることとし、入会地の負担金についても絵地図（の裏書）に基づいた割合の遵守を命じるものであった。ただし、この入会負担金は村高に応じた割合によって、この割合は入会地全体に対する利用の割合に照応するものであった。村高増加については、幕藩領主の新たな認定を必要とし、勝手な割合の変更は許されないのである。なお入会争論の当事者が天領や旗本領の百姓たちであったからといって、私領の百姓たちに対して有利に裁決されることはないことも窺われる。評定所の裁決は、第1に論所に関係する裁許や内済の文書や絵図面が重視され、入会地や入会の権利について変更を主張する場合にも、それを確認する文書の存否を探し出し、立会いの上で手代を派遣して検証するのである。

　とりわけ評定所や両当事者の主張には共同所持的入会権や地役的入会権といった名称を有していなかったが、実際にはこの二つの内容を使い分けしていたのである。すなわち毛上の刈敷や秣の採集はもちろんのこと、成木の伐採ができる入会と、毛上の採集だけができる入会とを区別しているのである。とりわけ両当事者にとって、入会の対象となる論所が自村の所持山か否かということは入会の権限を規定することとなるからである。以上のことは、評

定所の奉行たちにとって、幕藩権力が農業生産に財政的基盤を有していたことからいえば、必然的なことであると勘案できるのである。

　評定所における享保期の8件の入会裁判は、何をめぐって争っていたのかについて、以下にまとめておきたい。①伊豆国賀茂郡下の場合では被告側（地役的入会権者）による入会権差止問題、②上総国市原郡下の場合では被告側の一方的「くれ土」（土くれ）採取問題、③武蔵国都筑郡下の場合では被告側（地役的入会権者）の入会地に対する育林問題、④常陸国多珂郡下の場合では被告3か村（地役的入会権者）による入会地の要求問題、⑤下総国香取郡下の場合では主に被告側（共同所持的入会権者）の入会地拡張問題、⑥下総国海上郡下の事例では村高に応じた入会地（共同所持的入会権が対象）の区分につき、被告側が一方的に村高を増した問題、⑦安房国長狭郡下の事例では、被告側（共同所持的入会権）が違法に入会地への通路に障害物を設けた問題、⑧駿河国駿東郡下の事例では被告側（共同所持的入会権者）による地役的入会権者への制限問題、であった。

　なお入会裁判について「初判」の記載は、享保5年（1720）2月付の裁判から文末に見られるが、同13年（1728）から14年に掛けては、初めは勘定奉行（旗本）が、後には寺社奉行（藩主）が任じられている。今後の研究では注目される点である。

　この『裁許留』のこれまでの検討によれば、「裁許之事」と、「取替證文之事」との二つの様式がある。「裁許之事」には、裁許を行った「裁判官」として寺社奉行・勘定奉行・町奉行の各苗字・官名の略称が署名されている。従って誰が裁判をやったのかを確認できるのである。他方「取替證文之事」の構成を見ると、訴えた側の主張や相手方の答弁、そして評定所裁許の内容や両当事者の代表である、例えば村の知行主や名主などの名前が載せられているので有意義である。ただし内済を奨励した奉行たちの名前は出てこないのである。

　こうした転換は何を目的にして行われたのか史料的には未だ判明していないが、担当裁判官の名を秘して、「取替證文」を交わした両当事者たちの責任を重視したことは間違いのないことであろうと考えらえる。こうした変化

は、今後の評定所裁判の検討において、注目していかなくてはならない重要な課題である。

　因みに地方自治体史に現れた入会裁判などの入会史を見ると、入会権を利用権として捉え、共同所持的入会権と地役的入会権との権限上の違いの指摘がない。前者の問題では管理権的な把握や、後者の問題では、共同所持的入会権の木材伐採権など、地役的入会権が毛上の刈敷、秣、茸などの採集に限られることの指摘がないのである。

　最後に、評定所による裁許のための検分や審理など、吟味を通じて重要なことは、評定所は現地の論所へ「地方巧者」に準じる手代を一般的に派遣して、裁判の論拠となる「証拠」を探索させて、裁許を行っていることである。現代の裁判では入会裁判に限らず、主に書面審査を行うだけであり、裁判官は論地である入会地へ足を運ばないのである。評定所が紛争のある場所へ一般的には手代（希に代官）を派遣して検分させた「論所見分」が生かされていないことは現代における問題を抱えているように考えられる。なお今後の課題としては、吉宗の「享保の司法改革」、とりわけ寛保 2 年（1742）に成立した公事方御定書との係わりでも検討される必要がある。

注
（1）　この他に常陸国真壁郡小川村と同郡大谷村との「秣山出入」（内済）があるが、表題や、文中に脱落部分があり、複雑であるが故に、残念ながら検討を割愛した。

〔付記〕　第 2 章に係わって、2021 年 4 月の憲法・政治学研究会の例会（京都市）にて「幕府評定所の享保期入会裁判について」のテーマで報告し、会員諸氏の御示教に与った。

第3章 | 近畿地方の入会史

　入会史という概念はかなり広範囲の内容を有する。入会史には、入会紛争や入会裁判を含むことが通例である。入会集団の慣習は構成員には周知のことであり、他の入会集団との入会をめぐる紛争や訴訟を通じて、関係史料が残されることが多いのである。すなわち入会紛争をめぐって裁許や内済による文書や絵地図が残され、後世に入会の歴史が示されるのである。当該の入会に関する史料が紛争や裁判を通じて作成され、大事なことは当該の入会集団がこれらの入会史料や入会裁判の関係史料を後世に残してきたことによるのである。同時に入会の権利意識が発揮されてきたことを伴って現代に至ったことはいうまでもないことである。ここでは入会をめぐる主に法社会史研究を念頭において進めてみたい。近畿地方の府県のすべてではないが、この間多少検討してきた京都府、兵庫県、滋賀県、和歌山県を対象として、各二つの事例を扱うこととしたい。

　なお現代における近畿地方（滋賀・京都・大阪・奈良・和歌山・兵庫）の入会集団についての調査結果が全体としてまとめられているので、以下に一応示しておきたい。近畿地方の入会集団の数は368で、全国合計の4分の1を占めている。特に京都府は171で全国1位、兵庫県が99で2位を占める。この同府県の入会集団は府県内のほぼ全地域に広がっているという。また和歌山県も集団数が50で全国6位であり、ほぼ県全域にわたっている。滋賀県でも県内全域にわたっている。しかし大阪府や奈良県では調査集団数があまり多くなく、大阪府では急速な都市化の故に、入会集団が解体して集団数も少なくなったと勘案されている。ちなみに奈良県では調査が全域にわたっていないという。入会林野の面積（実測または見込み）では、500ha以上のものが京都1、滋賀・和歌山各2、兵庫3で計8、最大は和歌山県西牟婁郡白浜町の入会集団である。「入会林野の利用」では、森林利用が圧倒的に多

く、人工林と天然林の利用はほぼ同程度だという。京都府の山城、丹波南部、
滋賀県南部、和歌山県南西部ではほとんど人工林の利用であり、京都府丹後、
兵庫県山陽筋・淡路島は天然林のみの利用も少なくないという。森林利用以
外では、和歌山県の農業利用はミカン栽培で、京都府の場合はいずれも墓地
であり、興味深い。なお「地所所有名義」、「入会権の得失」及び「管理機関」
などについては割愛する。

　以上の結果につき、次のように述べられている。「入会集団が入会の本質
をとどめながら存続するかぎりにおいては、古典的といわれる入会の形態を
多少なりとも残していることが看取される。例えば離村失権、帰村復権とい
うようなことがいわれるかぎりにおいて、それは古典的村落共同体とそこで
形成された入会慣習のすがたを示すものということができる。しかし、いう
までもなく、村落は今はげしい変貌を余儀なくされている。例えば右の離村
失権、帰村復権がながく行なわれてきたとしても、それが今後どこまで実効
性のあるものとして持続しうるのか、きわめて疑問の多いところである。……
古い時代には当然と考えられていたそれらの慣習が今もなお明確に行なわれ
ているとする村はきわめて少（な）くなってきているのである。……近畿地方
の表（統計表―引用者）も、入会慣習の過去を語るとともに将来への推移を
物語っているものと思われるのである」と[注1]。

　これについて思うことは、遠隔の入会地、とりわけかつて刈敷（肥料）や
秣（耕作牛馬の飼料）採集のための地役的入会権は近代以降次第に解体の傾
向を辿ることが予測されるように思われる。

　1）京都府の入会史研究には、乙訓郡鴨背山内の鴫谷山をめぐる同郡小塩
村と井ノ内・今里・鶏冠井・上植野の4か村との入会訴訟を扱った後藤正人
「入会権と法意識―近世と近代を通じた訴訟―」（『中日本入会林野研究会　会
報』16号、1996年。後継誌『入会林野研究』）、安岡隆司「都市近郊における森
林の保全『薪甘南備山保存会』」（『中日本入会林野研究会　会報』19号、1999
年。なお甘南備山は京田辺市に属する）、乙訓郡の柳谷山をめぐる浄土谷村と
神足村の入会争論を検討した井ヶ田良治監修『古文書から見た江戸時代の浄
土谷村』（長岡京市教育委員会、2008年。柳谷山と浄土谷・神足両村は全て現長

岡京市）、長谷川綉二「五山の送り火の大文字山と保存会活動について」（『中日本入会林野研究会　会報』30号、2010年、大文字山は京都市左京区）、後藤「山城国乙訓郡金ヶ原村の入会権運動―近世・近代を通じて―」（『入会林野研究』37号、2017年）などがある。本書では、以上の二つの拙稿を改稿・補訂して掲載したい。

2）　兵庫県の入会史研究には、中一里山をめぐる入会争論・訴訟を扱った牧田勲「都市近郊の入会史―神戸市域の里山と紛争―」（『中日本入会林野研究会　会報』25号、2005年）、後藤正人「入会権・入会集団の変遷について―兵庫県丹波市の『入会顕彰碑』をてがかりに―」（『入会林野研究』32号、2012年）、同じく後藤「兵庫県宍粟市の東河内入会集団の歴史によせて―焼山久吉頌徳碑をてがかりに―」（『入会林野研究』34号、2014年）などがある。入会史に若干触れたものとして、古川裕康「伊和生産森林組合経営の10年間の軌跡と一宮町の生産森林組合の課題」（『中日本入会林野研究会　会報』11号、1991年。一宮町は現宍粟市に合併）や、東河内生産森林組合を検討した福田耕二「次代に引き継ぐ林業経営」（前掲『入会林野研究』32号。東河内は現宍粟市）などがある[注2]。本書には、上記の二つの拙稿を補訂して収める。

3）　滋賀県の入会史研究には、水沢弘夫「綿向生産森林組合の30年」（『中日本入会林野研究会　会報』14号、1994年。綿向は現滋賀県蒲生郡日野町に属する）、黒木三郎「綿向生産森林組合の沿革と現状」（国民森林会議『国民と森林』73号、2000年）、三上山をめぐる三上村と北桜村の入会争論を検討した牧田勲「近世山論と村の紛争戦略」（『中日本入会林野研究会　会報』23号、2003年、関連論文なども紹介。三上山と三上・北桜両村は現野洲市に属する）、後藤正人「滋賀県の金勝生産森林組合の入会史をめぐって」（『入会林野研究』35号、2015年）、同じく後藤「滋賀県栗東市の金勝入会顕彰碑について」（同誌36号、2016年）などがあり、入会史に若干触れたものとして、宮城定右衛門「栗東市内における3生産森林組合の合併について」（同誌34号、2014年）、西村聡「企業とのパートナー協定による森林整備」（同上号。上記の綿向生産森林組合について）などがある[注3]。本書には、以上の二つの拙稿を補訂して掲載する。

4）　和歌山県の入会史研究には、楠本慎平「富田郷入会山をめぐる紛争の

問題（1）」（『田辺文化財』7 号、1963 年）、熊谷開作「入会訴訟と土地集積—
和歌山県十九淵山の場合—」（同『日本土地私有制の展開』ミネルヴァ書房、1976
年。後に同『日本の近代化と土地法』日本評論社、1988 年、に所収）。この二つ
の対象となっている山は西牟婁郡白浜町に属する。同「紀泉国境入会争論に
ついて」（『中日本入会林野研究会　会報』6 号、1985 年。紀泉国境の入会山は現
和歌山市）、後藤正人「入会権解体過程における一基本問題—和歌山県下の
一事例—」（『中日本入会林野研究会　会報』9 号、1988 年。現伊都郡かつらぎ町
の七浦山の事例）、辻井靖子「近現代の紀泉国境入会争論」（後藤編『法史学の
広場』中本和男君追悼号＝通巻 4 号、和歌山大学法史学研究会、1989 年）、後藤
正人『社会科教育と法社会史』（昭和堂、1992 年）第 4 章「入会訴訟と住民
の自治」（前掲の七浦山をめぐる入会史）、後藤「南方熊楠の森林環境思想—神
社合祀令の廃滅を通じて—」（『中日本入会林野研究会　会報』21 号、2001 年）、
同「田辺湾神島と史蹟名勝天然紀念物保存法—南方熊楠の指定運動をめぐっ
て—」（『中日本入会林野研究会　会報』27 号、2007 年）などがある。

　実は熊楠が主に保存しようとした神社林や、貴重な植生を有する神島もい
ずれも氏子たちの家々の入会地であると勘案できるので、熊楠が係わった二
つの拙稿を多少補訂して掲載することとした。なお日高郡南部町の東本庄入
会林野整備組合（後に東本庄生産森林組合、1994 年度の組合員 195 人）が 1988
年 3 月付で寛政年間（1789〜1801 年）からの組合の「入会林共有の歴史、約
定等の大要」を抜粋した「東本庄　入会林野慣行の内容」が残されている。
因みに 1994 年度の和歌山県農林水産部林政課『森林組合統計』によれば、
和歌山県の生産森林組合は 58（那賀郡 1、有田郡 6、日高郡 33、御坊市 3、西牟
婁郡 5、東牟婁郡 10）、組合員数は 4131 名であった。

　なお奈良県の入会史に触れた研究として、平田善文「奈良県における入会
林野の実態と 1・2 の経営形態について」（『中日本入会林野研究会　会報』11
号、1991 年）、富澤誠文「十津川村滝川生産森林組合の現状と課題」（同上 11
号）などがある。

　以上の近畿地方の自治体史には入会に関する叙述が多少あるが、ほとんど
割愛した。こうした地方自治体史の記述から、入会史の研究課題を発見する

ともできるであろう。

注

（1）　以上は、熊谷開作「近畿地方」（黒木三郎・熊谷開作・中尾英俊編『昭和49年　全国山林原野入会慣行調査』青甲社、1975年、24〜27頁）。なお関連して、青嶋敏「現代における入会集団の実態把握」（『入会林野研究』32号、2012年）を挙げておく。

（2）　「新しい入会」という観点から、天野雅夫「里山における市民環境活動の展開―神戸市北区の事例を通じて―」（前掲『中日本入会林野研究会　会報』25号、2005年）がある。

（3）　滋賀県栗東市の金勝山に関する入会について、若干触れたものとして、井上一郎「森林空間の利活用による森林の保全活動」、川村誠「入会研究のルネッサンス」（前掲『中日本入会林野研究会　会報』25号）がある。

第1節　京都府関係の入会史

第1　乙訓郡金ヶ原・下海印寺両村と小倉社との入会裁判

—入会権意識を中心に—

1　はじめに

　京都府長岡京市域の旧金ヶ原村については、史料の残存が比較的少なく、従って紹介されることもまた少なかったといえる（『長岡京市史　資料編三』長岡京市役所、1993年。『長岡京市史　本文編二』1997年）。同市域の内、現在金ヶ原の名を冠する公の地名は平井、勝坂、御所ノ内、北裏、乙張、寿先、金原寺、土山など19か所がある。旧金ヶ原村では、不動産会社の宅地造成による高台（2〜4丁目、1丁目は旧奥海印寺村）、及び高台西や、また紀南から守護の畠山に随ってこの地方にやってきたという言い伝えの残る特定の苗字も目立っている。長岡京市域は、江戸の初期から明治初年まで15か村の村々が続いていた。

　「正保郷帳」（1644〜48年）には、金ヶ原村の石高（村高）は60石6斗8升、金ヶ原村と「入会権」運動を共同で行う下海印寺村は214石8斗2升5合であった。金ヶ原村より少ない村高の村は山村である浄土谷村の50石5斗5升があるばかりである。浄土谷村の石高が「元禄郷帳」（1688〜1704年）では58石8斗5升9合と上昇するのに比して（史料では浄谷村）、金ヶ原村と下海印寺村には変化がなかった。幕末の『旧高旧領取調帳　近畿篇』（近藤出版社、1975年）を見ても金ヶ原と下海印寺両村の村高に変化はない。こうしてみると金ヶ原村や下海印寺村は経済的に停滞しているように見えるが、実情はどのようなものだったのであろうか。なお、金ヶ原村と下海印寺村は、両村とも全て伏見宮領であるが、実は長岡京市域における他の諸村は公家領主の多い相給村である。幕末の伏見宮家（廃藩置県の頃は伏見宮邦家、14王子・

15 王女を儲ける）は、この金ヶ原・下海印寺両村の外、他に10か村の相給村を有し、その所領高は1022石2斗5升3合余である。

　明治以後の町村合併では、市域の15か村の内、1876年（明治9）に神足村へ古市村が合併し、欽定憲法発布を睨んだ地方制度の改変によって、1889年（明治22）には14か村が新神足村、海印寺村、乙訓村の3か村となる。金ヶ原村は、奥海印寺村・下海印寺村・浄土谷村と共に、海印寺村となった。ここ長岡京市でも金ヶ原、下海印寺や奥海印寺の各地区でも財産区（共同墓地が目立つ）の存在は珍しくないが、社寺林、財産区名義のもの、及び地方自治法による慣行使用地も実体的には全て入会地の本質を有しているのである。

　以下では、明治前期における金ヶ原村と下海印寺村の主な状況と、主に農業などに係わる入会権運動を近世・近代に亘って検討し、村々の種々の関係も多少明らかにしてみたい。なお史料は前掲書「資料編三」所収のものを主に利用した。

2　幕末維新期における金ヶ原村と下海印寺村の状況

　（1）寛延2年（1749）12月の金ヶ原村宛の伏見宮家免定によれば、村高は60石6斗8升で、定免が5割5分なので33石3斗7升4合、及び「口米」（付加米）1石1合2夕2才を併せた34石3斗7升5合2夕2才から、「庄屋給米」6斗6合と「井料」米5斗を引いた33石2斗6升9合2夕2才を宮家が収取するのであった。従って村高から宮家取り分、及び庄屋給米と井料を引くと、残されたのは26石3斗4合7夕8才となる。以下の史料を勘案すれば、金ヶ原村は総戸数23（庄屋を除き、寺1戸を加える）があるばかりで、1戸当たりではおそらく1石9升6合位となり、これだけでは大人2人がぎりぎりの食糧状態と考えられる。

　京都府が1877年（明治11）頃に地誌編纂のために作成した「乙訓郡村誌」（京都府地誌・町村沿革調1・2号）から金ヶ原村の状況を記載順に従って紹

介・検討してみたい。ただし前掲の「資料編三」では「里程」と「字地」が
省略されている。金ヶ原村は古くから乙訓郡に属し、「離合改称等ナシ」と
する。「領域」は、東が下海印寺村、西が浄土谷村で「丘山ヲ以テ境シ」、南
が円明寺村（現乙訓郡大山崎町）、北が「奥海印寺村ト山林及ヒ耕地ヲ隔テ界
ス」という。「幅員」は、東西 4 町 30 間（1 町を 109m、1 間を 1m82 とすれば、
490m6）、南北 4 町 20 間（同じく 472m4）、形は四角に近く、ただし面積の記
載はない。

　「管轄沿革」では、慶長（1596～1615 年）以前より伏見宮領とあるが、慶
長以前とは慶長の初め頃の意味か。伏見宮家は山城国で 1022 石を領有し、4
親王家では最も栄えたという。明治 3 年（1870）から京都府所管となるとい
うが、「管轄」という概念によって、近世の領有と近代の所管を説明するこ
とには無理がある。本村は実に少なくとも江戸の初めから下海印寺村と共に
村全体が伏見宮領であり（幕末の領有・村高状況については前掲『旧高旧領取
調帳　近畿編』）、他の 14 か村（古市村を含む）では 1 村に複数の公家領主な
どがいたことと比べて特徴をなす。「里程」は、「京都府庁ヨリ西南方、山崎
街道ヲ経テ本村中央ヲ踊ル三里三十五町、四隣東下海印寺村ヘ六町、西浄土
谷村ヘ十八町、南円明寺村ヘ十三町、北奥海印寺村ヘ八町」という。「地勢」
は、北方には平野が連なり、東西南の三境が皆山林を阻つという。運輸不利
ではあるが、薪炭には乏しくない（後述）。「地味」は赤色で地皮が殊に薄く、
「稍稲梁（粟）ニ可ナリ」という。その他の植物は概ね適せずとされる。ま
た用水に乏しく、常に「旱に苦シム」と強調されている。

　「税地」は、田が 6 町 5 反 8 畝 29 歩、畑が 5 反 7 畝 5 歩、大縄畑（大体の
測量）が 1 町 9 反 22 歩で、総計は 9 町 6 畝 26 歩である。この耕地面積は上
記の 14 か村中では浄土谷村に次いで少ない。

　「字地」は注目されるが、御所ノ内（村ノ西南ニアリ、東西一丁半、南北一
丁）、乙張（村ノ東南ニアリ、東西一丁、南北一町半トス）、寿先（中央ノ地ヲ称
ス、東西一町、南西二町）、平井（村東ニアリ、東西一町二十間、南北一町十五間）、
塚穴ノ前（村ノ東北方、東西二町、南北一町）、芝本（村北ノ方ニアリ、東西三
町、南北一町）、勝地（同□東西三町、南北一町）、北裏（村ノ中央ヨリ東ニ連ナ

ル、東西一町、南北一町半）、金原寺（西北阪ニ循フ、東西二町半、南北一町）、
上ノ谷（西部ニアリ、東西一町、南北五町ニ至ル）とある。この記録は貴重で
ある。現在残っているのはこの内、御所ノ内、乙張、寿先、平井、塚穴ノ前、
北裏、金原寺、上ノ谷であるが、芝本は芝、勝地は勝坂と替えたものと考え
られる。

「貢租」は、地租204円11銭6厘、口米金6円12銭2厘、野税28銭7厘、
国税1円44銭、府税6円、総計217円96銭5厘である。この数字は15か
村中で浄土谷村に次いで低い。

「戸数」は、本籍23戸・平民、寺1戸（浄土宗、後述）、総計24戸である。
従って15か村中では、1戸当たりの税地では約3反9畝で10位であるが、
1戸当たりの貢租は浄土谷村に次いで低くなっている。「人数」は、「男五十
九口」平民、「女五十七口」平民、総計「百十六口」である。従って1戸平
均家族は約5人となり、15か村平均は約5.2人なので大した違いはない（寺
を除外）。5人に満たない村は勝竜寺、友岡、井ノ内の各村である。ちなみに
「口」とはまるで古代専制国家の表現ではないか、すなわち皇族、華族、士
族、平民の序列が意識されていたのである。「牛馬」は、牡牛7頭であり、3
分の1以下の農家が保有しているにすぎないが、他村と比べて特に低い数字
ではない。

「山」は、高山が挙っているだけであるが、詳しい説明がある。すなわち
高さは50丈（1丈を約3メートルとすれば、標高約150m）、周囲30町、村の
西に在り、峰上から分割し、東は金ヶ原村、及び下海印寺村に属し、西は浄
土谷村に属し、山脈の南方は円明寺村山、及び天王山に連なるという。だが、
禿山で樹木は疎らに生えているばかり、登山道は2本あり、一つは村西方の
字横尾を経て上り、登り3町半、今一つは村西南方の字正路ヶ谷（現金ヶ原
正路ヶ谷）を経て上り、登り2町50間。「両路共ニ嶮」とある。

「湖沼」は、御所ノ内池、鎮守の池、谷田の池が挙っている(注1)。全て村
西山下にあり、御所ノ内池は周囲2町、鎮守の池は周囲1町半、谷田の池は
周囲1町半、併せて田6町5反歩の養水に供されていた。御所ノ内池は現在
の芦原池に、谷田の池は現在の高台西の奥にある金原寺池に比定される。鎮

守の池は、現在の地蔵院の奥にある養魚池があり、この池と考えられる。なお、この池のやや近くに蓮池という小さな池が現存する。「道路」は、里道として 4 隣各村へ通行する「細径」だけである。これには課題を残していた。

「陵墓」は、土御門天皇陵で、西北隅の字石塚にある(注2)。封土は高さ 6 尺、墓所の区域は東西 18 間 5 分、南北 15 間 5 分、面積 287 坪、陵の上方には杉や雑木があるという。「寺」は、地蔵院（現存）が挙っている。村の中央にあり、除地境内東西 9 間 5 分、南北 15 間、面積 142 坪半という。粟生村（現長岡京市粟生）の光明寺（浄土宗西山派別格本山）の末寺である。なお光明寺は法然による「浄土門根元地」とされ、開山は弟子の蓮生（熊谷直実）であるという。地蔵院は最澄が開基であるといい、弘仁 11 年（820）の建立で、初めは天台宗であったという。村の中央とあるが、現在ではバス道路から多少外れているが、周囲には旧家が多い。

「物産」は、米麦などが割愛されているが、竹の子 5600 貫目、薪 1080 貫目が挙っており、多くは京都及び近村へ運ばれていた。竹の子の生産は、15 か村の内、多い順でいえば下海印寺村（7920 貫）、井ノ内村（6000 貫）に次いでいる。また薪関係の生産は他では奥海印寺村の薪柴 8000 貫、粟生村の木柴 2000 束が目立っていた。15 か村全体の中では竹材、茶、菜種、豆類、大根、葭簀、芋、松茸などが多少目立っている程度である。

「民業」は、男が全て農業 23 戸、女は「夫業ニ従フ」（下海印寺村についても同様）とある。竹の子掘りなどを念頭に置いたのであろうか、田畑労働の実態を知らず、女性に対する差別的表現が見られた。なお「学校」に関する記述はなかった。

（2）下海印寺村について大要を紹介すると、以下の通りである。近世以前から金ヶ原村と同様に伏見宮領であり、明治初年の当時は戸数 35（すべて農業、他に社 1、寺 2）、人数 200 人（男 95 人・女 105 人）、他に寄留 5 人（男 3 人、女 2 人）である。職業は 35 戸全てが農業で、牡牛 9 頭を飼い、小型の荷車 2 両を有した。「物産」として製茶 250 斤、竹の子 7920 貫（「味良」という）、竹 230 束が挙がり、「以上多クハ京坂間ニ輸売ス」という。「地味」で

は、「其色ハ赤クシテ砂礫ヲ混シ地質薄悪」く、「南方稲麦ヲ種ウルニ宜シ、三方ハ収穫薄シ、水利乏シク常ニ旱損ニ苦シム」という。灌漑用と思われる東条池、西山田池や西明寺池があり、里道が村を貫き、西は金ヶ原村へ通じていた。

「税地」は田10町6反6畝4歩、畑10町6畝18歩、大縄畑6町6反4畝5歩、計27町3反6畝27歩。「貢租」は地租568円91銭2厘、口米金17円9銭1厘、山税41銭8厘、野税1円20銭7厘、国税1円、府税15円61銭、計604円23銭8厘であった。「川」では、浄土谷村の山中を水源とする柳谷川があり、柳谷橋が架かっていた。因みに同名の橋が現在存在するが、これは小泉川に架けられた橋である（奥海印寺地区）。「社」は天満宮、「寺」は阿弥陀寺（前掲光明寺末、現存）、慈光院（真言宗・大覚寺末、現存）。なお「学校」に関する記述は、近世の長岡京市域には割と寺子屋があったことが知られているが、金ヶ原村と同様になかった。従って下海印寺村の方が、農業生産など多くの点において、金ヶ原村を凌いでいたことが判明する。

下海印寺村の年貢と百姓たちの取り分を、上記の金ヶ原村の事例を参考として計算すると、下海印寺の村高214石8斗2升5合に定免5割5分を掛けると、118石1斗5升3合7夕5才となる。これに口米の3%を掛けると3石5斗4升4合6夕1才となり、併せて121石6斗9升8合3夕6才となる。これから庄屋給米が村高の1%として2石1斗4升8合2夕5才と、井料として一応5斗を引くと、領主の取り分は119石5斗3夕6才となる。百姓分として残されるのは、村高から、宮家取り分と、及び庄屋給米と井料を除くと、93石1斗2升6合6夕4才となる。下海印寺村の戸数37（庄屋を引き、社1、寺2を加える）で割ると、1戸当たり2石5斗1升6合9夕となり、従ってこれによれば、下海印寺村は百姓取り分について金ヶ原村より若干多いが、1戸当たり大人3人が何とか凌いでいける数字に他ならない。

金ヶ原村と下海印寺村の名前の由来は述べられていないが、金ヶ原村は土御門天皇陵を守ったという金原寺に由来し、下海印寺村は空海の弟子・道雄によって弘仁10年（819）に建てられた海印寺に由来するものと考えられる。海印寺の境内はその塔頭跡に建つ寂照院（現長岡京市奥海印寺）を含む広大

なものであったようである。

3　近世における金ヶ原・下海印寺両村の「入会権」運動

（1）入会権をめぐって

　この時代は、まだ金肥が一般的ではなく、中世以来の入会山からの刈敷などが主であった。近世の土地所有構造では、領主の土地領有権と庶民の土地所持権が対立しており、前者が収取的権利で後者が経営的権利である。前者は駆逐され、私的性格の強い後者が私的土地所有権を経て、近代的土地所有権となる。明治民法以来、地盤を有する共有入会権と、他の所有に係る山の利用管理権を有する地役入会権が保障されていくが、この原型となる「権利」が当時も機能する社会であった。すなわち近世の入会権には、共同所持的入会権と地役的入会権を措定することができよう（本書第1章を参照）。

　入会権は旧戸などの地縁的な百姓共同体が有し、世帯単位の平等な権利であり、入会地の処分などの重要な事柄については全会一致の原則が生きているのである。この原則は総会で生かされるが、決して厳格なものではなく、欠席者の黙認も含んでいる。この入会権は、刈敷や秣のみならず、用材、薪、茸・木の実など生産・生活を支える不可欠の存在であったので、勢い他村の入会集団などとの紛争が生じている。入会権には、村中入会、数村入会や、入会権の内容によって差等入会もある。なお乙訓地域における入会権訴訟では京都始審裁判所の下で、1886年（明治19）5月に和解した鳴谷山をめぐる入会訴訟が知られている^(注3)。

（2）元禄期における金ヶ原・下海印寺両村の入会権運動

　元禄11年（1698）3月付の「乍恐口上書之覚」（金ヶ原・湯川正治家文書）は、以上の両村「共有」入会地に係る重要な史料にも拘らず、検討されてこなかった。と同時に入会山をめぐる多数の村々の諸関係をも示している貴重な史料である。この史料は下海印寺・金ヶ原の両村庄屋が公儀（京都町奉行

カ）へ宛てた文書と考えられる。史料は9項目の長文であるが、この間の入会争論の歴史を見せてくれるので、その内容をやや詳しく明らかにしておきたい（注4）。史料では金原村とあるが、本稿では金ヶ原村で通した。

　　①　「小倉大明神様御神山」（円明寺村・小倉社の所持山、現小倉神社・京都府乙訓郡大山崎町）の内に、古来より両村（下海印寺村と金ヶ原村）が請作として権利（共同所持的入会）を維持してきた。請作とは中世的用語であるが、一般に年貢を払って土地を経営する権利義務関係を意味する。この場合は、竹木伐採や竹の子栽培が主であろう。正保年中（1644〜48年）以来、小倉明神神主と金ヶ原村庄屋六左衛門との間で「山相論」が起こった経緯とは、金ヶ原村庄屋六左衛門が両村の請所山を金ヶ原村の山であると主張したことにある。この争論は、明神神主には朱印状が元来存在しなかったために、中々埒が明かなかった。

　　②　明神山の争論は金ヶ原・下海印寺両村の請所ではあったが、下海印寺村は争論の相手にはならなかった。然るに同神主が公儀へ「御願」したがために、その結果、金ヶ原村庄屋とこれに同調する5人の百姓を除いて、下海印寺村庄屋・百姓と、金ヶ原村の百姓とが全て召し呼ばれて、公儀から「山之子細」を尋ねられた。両村の者たちは古来より「山年貢」米1石8斗の内、7斗2升が赦免されて、1石8升ずつを小倉大明神方へ毎年上納して来たことを残らず申し上げた。種々の詮議の後、尤もの儀と思召され、下された「差上ヶ之一礼」の案文通りに両村が加判して、正保4年（1647）9月20日付で手形を差し上げた。この際の案文写しは手許にある。

　　③　明神山につき争論の節、小倉明神方は金ヶ原村の庄屋六左衛門・新兵衛・嘉兵衛・市兵衛・喜兵衛たちの山を取り上げると申され、その上で伏見宮の領地まで刈り加えて、明神方の所領であると度々訴訟を申し上げたので、また争論が起こった。そこで伏見宮の家老中の御前に出頭して詮議することとなり、下海印寺村の庄屋・百姓を残らず召し寄せ、段々尋問した結果、下海印寺村方から田地の分は伏見宮の領地であり、山争論の儀は先年申し上げた通り少しも相違ないと申し上げたことによって、金ヶ原村庄屋と百姓5人へも両村一緒に仰付けなされ、正保4年（1647）9月20日に手形を差し上げ、

済状の通り年貢米 1 石 8 斗のうち、7 斗 2 升は赦免されて、残り 1 石 8 升ずつと確認されて従来通り手形を差し上げ、慶安 3 年（1650）8 月 5 日に諸事を済せた旨の案文写しは手許にある。

④　伏見宮家の家老中が同年何月何日に金ヶ原村へ来られ、領地を残らず見分・吟味されて、絵図面まで作成されたことは実正である。

⑤　明神方境内を神主が「郷内中」として支配した山の分は一の鳥居から社の奥までの約 7、8 丁もあり、南隣は円明寺・山寺村（不詳）の山境、北隣は伏見宮領並びに「明神領」山を友岡村の請所山・久貝村の請所山境まで、神主が郷内中の支配山で、ただし年貢米はないが、諸事気ままに済ませているという。

⑥　神主の郷内中支配山の境北にある友岡村の請所山、及び久貝村の請所山を共に昔金ヶ原村の弥助・藤右衛門という者へ村中加判の上、永代に売渡したことは実正である。今でも弥助・藤右衛門の子孫は毎年年貢を神主方へ上納している。

⑦　神領の山を友岡村・久貝村の両村から金ヶ原村弥助・藤右衛門が買い入れた山の境より北は、奥海印寺村境までは下海印寺村・金ヶ原村両村の請所山であり、往古より（上記の通り）米 1 石 8 升ずつを上納している。

⑧　下海印寺・金ヶ原両村の年貢米も、金ヶ原村弥助・藤右衛門たちの年貢米も残らず神主及び同 8 か村の年寄中が 1 年に 2 度ずつ会合し、これらの年貢を余さず食料としている（この 8 か村とは、上記の下海印寺、金ヶ原、友岡、久貝、奥海印寺、円明寺、山寺の計 7 か村と、あとはどの村なのであろうか）。それらの年貢米につき、欠米（不足米）などということは全くないが、明神様が次第に繁盛され、毎年毎に伽藍建立の願主も出現して、唯今は結構に修復されている。

⑨　20 年以前（延宝 6 ＝ 1678 年頃カ）、石川主殿頭（憲之、淀藩主）が一体の山を検地する際に明神神主を召して、明神境内を確認した時に神主方に朱印状も確かなる証拠もないが故に、すでに検地の予定も決まり、新しい領主が入部するとの意を示したので、神主は難儀に思われ、両村（下海印寺・金ヶ原）は往古より請作の「山本」であり、確かなる證文があるので、急ぎ淀

奉行所へ持参して参れと申された。これを承った下海印寺・金ヶ原両村の者は驚き、早速上記の慶安3年（1650）8月5日に公儀へ差し上げた済状の案文写しをお目に懸け、披見されたところ、納得されて、奉行所によってこのように確認されたことは結構なるよき証拠と見解が述べられ、正にこの證文ゆえにこの時の検地は免除されたのである。最後に上記の点に少しも誤りがないことを述べ、先年の通りに仰せ付けられることを願っていた。なお淀藩初代藩主・石川憲之は延宝5年（1677）に畿内と西国の天領検地を勤めた。

　以上のように、金ヶ原村と下海印寺村が近世小倉社の神領地に入会権・入会地を有し、共同で入会権擁護運動を行ってきたのである。中世では小倉社は小領主だと思われるが、近世では、その所領は幕府から保障されていない。従って朱印状は元来ないのである。小倉社の「所領」は全て円明寺村の村高に含まれているからである。なお小倉社を含む円明寺村の村高は、「元禄郷帳」（国立公文書館デジタル画像）によれば、862石5斗3升である。上記の文書には小倉社の「所領」的表現があるのは、金ヶ原・下海印寺の両村が小倉社を潜在的に「小領主」だと一定度意識していたと考えることができるのではないか。

　こうした両村の絆をなした重要な一つが中世以来、両村が他の村々と共に小倉社の氏子として宮座を形成してきたことによるのではないかと勘案される。1889年（明治22）には両村の宮座がそれぞれ独立したという。享保2年（1717）頃に成立の「京都御役所向大概覚書」（洛中洛外神社祭礼之事）によれば、小倉社氏子の村々は10か村で、円明寺、下植野、調子、友岡、下海印寺、金ヶ原、神足、古市、勝龍寺、久貝の各村であったことが知られている。また金ヶ原村と下海印寺村が共に伏見宮領であったことも共同行動を行う重要な要因であったものと考えられる。金ヶ原村の隣村である奥海印寺村（明治初年に戸数98、他に社1、寺4）は走田神社（当時はハセタ）を有し、小倉社の氏子ではなかった。

　近世における金ヶ原村と下海印寺村の入会権の内容は、両村の共同所持的入会権として成長していく過程を現しているように考えられる。以下に述べるように、元禄年中（1688～1704年）の小倉社境内の運上山争論の結果、「両

村持山」では立木の伐採や下草の採取を行って来たとあるので、両村の入会権とは共同所持的入会権と見做してよいであろう。

4　明治初期における金ヶ原・下海印寺両村の入会権運動

（1）明治初期の小倉社を相手として金ヶ原・下海印寺両村を当事者とする入会権運動は、上記の『長岡京市史　資料編三』に関連史料が出ているが、同じく前掲書「本文編二」では十分に扱われていないので、やや詳しく検討しておきたい。

1871年（明治4）11月に、下海印寺村・金ヶ原村は共同で「両村持山」の下げ渡しを京都府庁へ両村庄屋・年寄の署名の下に願い出ていた。ちなみに金ヶ原村庄屋は湯川市右衛門、年寄は湯川佐兵衛であり、下海印寺村の庄屋は白井久左衛門、年寄は山本嘉兵衛である。この願書によれば、この両村の「共同所持的入会地」は東西330間（600m60）、南北432間（786m24）あり、古くから運上柴40束、この代銀10匁を納めてきたので、両村の入会権者たちは「御運上山」と心得てきた。しかるに元禄年中（1688～1704年）に小倉社境内の運上山争論が起こり、その節より「日借米」といって玄米3石6斗を両村入会集団は小倉社へ納めてきた。この結果、この場所一円に対して両村は立木・下草の伐採・採集の管理権を行使してきたのである。なお奥海印寺・長法寺・今里（代表・能勢清左衛門）の3か村（いずれも現長岡京市）でも1872年（明治5）2月付で「走田社境外上地払下願」を京都府庁へ提出していたが、実質的には神社林地の下戻運動であった（前掲書「資料編3」540～541頁）。

さて明治以後は「往略不分明」につき、除地（無負担地）とされ、立入（入会行使）が差し止められたので、金ヶ原と下海印寺両村の「小前」（小百姓）達は礑と当惑して、生活が難渋してしまった。両村は山中・山傍の村方であり、至って石高が少なく、田畑は些少の土地であるので、下層の村民は稼ぎのために、この場所から立木・下草を伐採・採集して、淀や横大路へ担い売

りに行き、春は秣を刈って肥料にして農業を続けてきた。「猶又作受（請作）ニ相成候間」、立木・下柴をお下げ下され度、伏してお願い申し上げる。このような次第であるので、右地所の内を開拓したい気持ちがある者もいるので、従前の通り右地所の運上柴及び日借米として３石６斗を上納するので、両村へお下げ下され度、この段幾重にも歎願する。何卒御憐憫を以て、右願いの通り御聞き済まし為し下されるならば、重々有難き仕合と存じ奉りますと、京都府庁に対して「山地下渡」を願ったのである。

　この両村による「山地下渡願」には両村（入会集団）の現民法上の共有入会権の意識は明白に出てはいないのであるが、潜在的に共有入会地の意識が存在しているものと考えられる。なお京都府庁に対する文脈には極めてへり下った表現が見られるが、これを額面通りに受け取ってはならない。ただし権利の主張を底流に持ちつつも、加えて生活の困窮を訴えた方が効果ありとの判断が優先したものであると考えられる。

　ところが、この願書の後が「後略」となっているので調査したところ、史料を解読すると、以下の内容であった[注5]。

　　　　書面両村持山之内、累年小倉社江日借料として差出来候得共、同社現境
　　　内之外、上知ニ付而ハ更ニ両村立会小物成山ニ申付候条、追而相達候迄、
　　　是迄之通、柴代銀拾匁幷米三石六斗宛上納可致候事
　　　　当年之儀ハ山地検査之上、柴代納ハ廃止、更ニ何石何斗と吟味増之税
　　　納可申付事
　　　　　申正月
　〔絵図面あり、省略。東は347間、西は尾根筋432間、南は348間、北は
　「従是弐百五拾間　奥海印寺村山境」、谷が７つ、尾根が８つあり〕
　　　右之絵図面之通リ相違無御座候、以上
　　　　明治五壬申正月　　　　　　　　　　　　乙訓郡下海印寺村
　　　　　　　　　　　　　　　　　　　　　　　庄屋
　　　　　　　　　　　　　　　　　　　　　　　　白井久左衛門㊞
　　　　　　　　　　　　　　　　　　　　　　　年寄
　　　　　　　　　　　　　　　　　　　　　　　　山本　嘉兵衛㊞
　京都府　　　　　　　　　　　　　　　　　　金ヶ原村

　御庁　　　　　　　　　　　　　　　　　　　　庄屋
　　　　　　　　　　　　　　　　　　　　　　　湯川市右衛門㊞
　　　　　　　　　　　　　　　　　　　　　年寄
　　　　　　　　　　　　　　　　　　　　　　　湯川　佐兵衛㊞

　これによれば、この内容は京都府の指令、下海印寺・金ヶ原の両村が添付した絵図面と、これに対する海印寺村庄屋白井久左衛門・年寄山本嘉兵衛の署名・捺印、及び金ヶ原村の庄屋湯川市右衛門・年寄湯川佐兵衛の署名・捺印があり、年月を見ると全て1872年（明治5）正月である。従って先の願書の翌年正月に絵図面が差し出され、同月に京都府が指令を発したものと考えられる。この「共有入会地」は、東347間（631m54）、西432間（786m24）、南348間（633m36）、北250間（455m、奥海印寺村山と境をなす）とあり、かなり広大な面積であった。

　京都府指令の内容は、書面の下海印寺・金ヶ原の両村「持山」に関して、両村は毎年小倉社へ「日借料」を差し出してきたが、同社の現境内の他は所有を外されて上知となった（1871＝明治4年、現境内地を除く社寺境内地上知令、政府による官没）。この政策を受けて、京都府はさらに両村立会いの上で、「持山」を「小物成山」（雑税地）に申し付けたので、追って達があるまでは、これまでの通り毎年柴代銀10匁並びに米3石6斗宛の上納を申し付ける。ただし当明治5年（1872）については、山地検査の上、柴代納付は廃止し、さらに何石何斗と吟味増の納税を申し付けるというものであった。近代に入っての民衆への負担増は明治維新を世直しのために下から支えた民衆たちには意外なものと映ったのではないか。

　さて廃藩置県は1871年（明治4）7月に近世領主制を廃止し、領主の土地領有権（土地・人民に対する政治的・経済的特権）を廃止するのであるから、民衆の土地所持権が土地私有権として上昇することを意味する。にも拘らず、京都府庁は両村持山を「小物成山」として近世的雑税地と位置づけ、民衆の「共有入会地」を土地私有権として認めることを躊躇したのである。民衆の権利擁護の点で、怠慢の謗りを免れないであろう。

　やがて地方制度に大区小区制が施行されて、金ヶ原村や下海印寺村は乙訓郡第3区に編入されるが、1878年（明治11）4月18日付で金ヶ原村・下海印寺村、円明寺村（同第2区）は「字高山村界判然不致場所」につき、「今般御検分ノ上」、村界の場所極めがなされ、三か村が立会いの上で確定したことの請書を府知事へ提出している。これには円明寺村・金ヶ原村・下海印寺村の各戸長・小前総代、及び第2区・第3各区長（崗崎治郎左衛門・正木安左衛門）が名を連ねていた。金ヶ原村の戸長は湯川佐兵衛、小前惣代は湯川庄兵衛、下海印寺村の戸長は山本太兵衛、小前惣代は中小路新左衛門であった（前掲書「資料編三」）。

　（2）京都府知事・北垣国道（職印付）は、この下海印寺村と金ヶ原村の共有入会山分割の伺を内務大臣・伯爵山県有朋宛に提出したのは何とほぼ9か年が過ぎ去ろうとする1887年（明治20）4月5日付であった。この伺いでは、両村入会山地は「今般両村人民協議之上、所属分離之義（儀）出願ニ及ヒ候」とあり、従前は所属の指定がなく、両村地内には耕地間に点在のものが少なかったが故に、所属指定を要する儀と判断したので、願いの趣旨を聞届けるべき哉、別紙にて反別取調書・図面及び願書類を相添え、この件に付きお伺いをしたい、という内容であった。これらの書類の作成には、1878年（明治11）4月18日付の請書に象徴される先の「村界確定書」が大いに役立ったことと考えられる。

　さて、この府知事の伺いによれば、この間、両村人民が協議の末、両村の「共有入会権」の及ぶ範囲を確定し、そのためには両村人民がそれぞれの耕地の入れ替えなどの整理の末に、改めてその帰属を願ったものと考えられる。そのために願書を作成し、反別取調書や図面などの作成にも熱心に協力したものであろう。1871年（明治4）11月に金ヶ原・下海印寺両村が「山地下渡」を願い、1887年（明治20）4月5日付の府知事の伺いまでには15年余りの差があるが、ただし、この年月の期間において両村人民が自らの権利意識を成長させたと判断するのは早計すぎる。

　この願書などを受け取った内務大臣・伯爵山県有朋（職印付）として、同

1887 年 4 月 14 日付で「書面伺之通」となり、両村人民の願書通り許可され
たのである。その後の文書は不詳なので、この後のことは残念ながら判明し
ないが、小倉社の「領有」内の両村「請作地」がそれぞれ「共有入会地」と
して所有権が認められたと考えてよいのではないだろうか。

5　結びにかえて

　近世において村高わずか 60 石 6 斗 8 升の金ヶ原村は、明治初年に 23 戸(他
に 1 寺)の村で、田畑合わせて 9 町 6 畝 26 歩、特産といえば竹の子 5600 貫、
薪 1080 貫程度の村に過ぎなかった。また共同で運動した、214 石 8 斗 2 升 5
合の下海印寺村は金ヶ原村よりは若干マシな村ではあったが、以上に検討し
たように、近世以来、小倉社の「領有」する山に対して「共同所持的入会権」
を粘り強く堅持し、訴訟を含む権利運動を行ってきた。

　金ヶ原村は、田畑には地質に恵まれず、用水に乏しかったので養水池を作
り(注6)、食料は不足がちであったが、下海印寺村と共同して、勤労意欲を振
るって小倉社の「領有」山に共同して入会い、「共同所持的入会権」に対す
る意識を持ち、やがて権利擁護のための「入会権」運動までの一定の認識に
到達し、廃藩置県による土地領有権の廃止の状況の中で、他村（下海印寺村）
との耕地入組みを調整して、それぞれの「共有入会地」の確認を京都府庁へ
働きかけたのである。京都府庁は土地領有権の消滅が土地所持権の私的土地
所有権への質的発展を理解できず、10 数年後に明治政府へ伺いを立てたが、
政府は両村の「要求」を 1 週間余りで確認したのである。

　ここでは金ヶ原村の入会及び「入会権」意識や、入会地の争論をめぐる領
主の「済状」（確認書）を金ヶ原村が大事に保管していたことが貴重である。
元「小領主」の小倉社が朱印状を有しなかったにも拘らず、「請作」をして
いた両村の「共同所持的入会権」を基礎とする慶安 3 年（1650）8 月 5 日付
の「済状」のおかげで検地や「入部」を免れたのである。

　また、ここでは金ヶ原村・下海印寺村の入会史を主に近世から明治 20 年
代にかけて扱ってきたのであるが、入会の起源は中世に遡るので、中世にお

ける入会をめぐる様相にも関心が沸いてくる。その際には宮座の在り方にも
考慮する必要がある。また入会争論は1回の紛争解決で終結するというより
も、形を変えながら、妥協を求めて紛争を繰り返すというのが入会史なので
はないだろうか。

注
（1） 幕末・維新期の養水池については、後藤正人「近世金ヶ原村の養水池紀行」（後藤
　　　編・刊『法社会史紀行』5号、2018年）を参照。
（2） 関連する文献に、後藤正人「長岡京市域の『金ヶ原陵』と学徒の勤労奉仕」（『大阪
　　　民衆史研究会報』183号、2009年）がある。
（3） 後藤正人「入会権と法意識—近世と近代を通じた訴訟—」（『中日本入会林野研究会
　　　会報』〈現『入会林野研究』〉16号、1996年）など、ただし本書第3章第1節第2「乙
　　　訓郡鳴谷山をめぐる入会裁判—裁許状堅持を中心に—」として増補してある。
（4） この元禄11年には、柳谷山をめぐる入会争論が浄土谷村と神足村との間に起こり、
　　　その後も争論が続いたという（井ヶ田良治監修『古文書からみた江戸時代の浄土谷村』
　　　長岡京市教育委員会、2008年）。元禄期における乙訓郡入会争論の基礎に農業生産の
　　　発展を考慮する必要があると思われる。
（5） 本史料は京都府総合資料館所蔵。史料の解読の一部につき、当時長岡京市教育委員
　　　会の生嶋輝美氏の協力を得た。
（6） 前掲後藤「近世金ヶ原村の養水池紀行」によれば、御所ノ池（現芦原池）、谷田ノ
　　　池（現金原寺池）、鎮守ノ池（現養魚池）が挙がっていた。いわゆる「減反政策」に
　　　典型的な農政の貧困性による田畠の減少に伴い、宅地開発が生じており、現在は防災
　　　の上で二つの池の水を抜く動きがある。

〔付記〕 本稿の原型に関して、大阪府交野市の古文化同好会の依頼により、2016年10月
　　　の例会にて「近世の地域社会と入会史」のテーマで報告を行い、会員諸氏の御示教
　　　に与った。また長岡京市の高台自治会に属する「絆の会」例会の講演を依頼されて、
　　　2019年4月に「金ヶ原村の入会権運動」について話す機会があり、会員諸氏の御
　　　示教を得た。

第 2　乙訓郡鳴谷山をめぐる入会裁判
—裁許状堅持を中心に—

1　はじめに

　ここでは近世・近代の入会権に関する法意識の如何を山城国乙訓郡鴨背山内の鳴谷山（45 町歩）をめぐる入会訴訟を通じて、入会権に関する法意識（入会権意識）を検討したい。

　法意識という場合には、権利についての一定の知識と意識、ないし関係する法についての一定の知識と意識を意味するものと考えられる。法意識の研究は、川島武宜『日本人の法意識』（岩波新書、1967 年）に代表されるように、1960 年代後半から盛んとなる。その後の法意識の研究では、関連する裁判制度の不備、訴訟期間が長年月に亘ることや、訴訟費用が過重となることなどが明らかになり、法意識研究は一定の深化をしている。しかし入会権と法意識との関係についての全面的な研究にはまだ至っていないように考えられる。

　そこで差し当り、地元の地方自治体史を分担した仕事から、幾つかの貴重な法的事実を素材として、「入会権意識」が持つ意味を歴史的に検討したいと思う。

2　乙訓郡下の鳴谷山をめぐる 2 度の裁判と村々の状況

　ここで紹介・検討する入会権をめぐる裁判は、西国三十三ヶ所の霊場の一つ・善峰寺の隣の三鈷寺の奥の小塩山にある鴨背山（現ポンポン山、加茂勢山とも、京都市西京区）の内の鳴谷山をめぐる寛文 9 年（1699）の裁許と、1886 年（明治 19）5 月の裁判上の和解に関するものである。ここでは共同所持的

入会集団（当時は京都府乙訓郡小塩村）と地役的入会権者（同郡井ノ内村・今里村・鶏冠井村・上植野村）との紛争である。現在でいえば、相手方（被告）の小塩村は京都市西京区大原野小塩町、訴訟方（原告）の井ノ内村・今里村は京都府長岡京市井ノ内・今里、鶏冠井村・上植野村は京都府向日市鶏冠井・上植野である。ちなみに下植野村は現乙訓郡大山崎町に属している。

「元禄郷帳」（国立公文書館デジタル画像）によれば、小塩村の村高は 356 石 6 斗 6 升 9 合、井内村（史料では）338 石 6 斗 7 升、今里村 1227 石、鶏冠井村 1003 石、上植野村 1272 石 7 斗である。幕末の村々の領主と石高（村高）を『旧高旧領取調帳 近畿編』[注1]で確認すると、小塩村の領主は花山院家・356 石 6 斗 7 升、井ノ内村は公家 5 家・345 石 5 斗 2 升 5 合、今里村はほとんど公家 16 家・1227 石、鶏冠井村はほとんど公家 14 家・1003 石、上植野村はほとんど公家 13 家・1179 石 8 斗 7 升 7 合であった[注2]。大方の村々は多かれ少なかれ孟宗竹の子の産地であり、純農村ないし准農村であった。ただし、このように井ノ内以下の 4 か村は領主関係が複雑でありながら、よくも団結したものだと感心させられるのである。

この入会裁判の基本的な帰結によれば、200 年近い間の 2 度の争点も結局地盤は被告の小塩村にあり、従って小塩村は共同所持的入会権を有し、地役的入会権は井ノ内・今里・鶏冠井・上植野の各村にあることが確認されたのである。

3 鳴谷山入会をめぐる寛文期・明治期の裁判を中心に

明治 10 年代に鳴谷山の入会紛争が起こったのは、旱魃のあった翌年の 1884 年（明治 17）に、原告村の者による鳴谷山の松茸を含む柴・下草の刈取りが突然に小塩村の者によって妨害されたことによる。こうした背景に、当時の松方デフレ政策による生活苦の影響があった。

①元来、小塩村所持の鳴谷山は寛文 9 年（1669）の裁許状では「奥鴨背山口鳴谷山」と称されていた。原告の村々から鳴谷山へは、一番近い井ノ内村では約 22 町半（1 町を約 109m とすれば、約 2.45km）、次いで今里村では約 26

町半（約 2.89km）、上植野村では約 32 町半（約 3.54km）、そして最も遠い鶏
冠井村では約 33 町半（約 3.65km）も離れていたのである（裁許状裏面の鳴谷
山山論絵図による）。こうした遠距離を有した入会地の利用には、地役的入会
権の権利意識の根強さを見なければならない。

　この寛文期の裁許の趣旨によれば、立木（刈敷・秣は勿論）は小塩村だけ
の支配とされ、下刈・落葉については井ノ内村・今里村・鶏冠井村・上植野
村として、5 か村の入会権が確認されたのである。従って、小塩村の権利は
共同所持的入会権、井ノ内村・今里村・鶏冠井村・上植野村の権利は地役的
入会権であったことが判明するのである。地役的入会権は一般に毛上の刈敷、
秣、茸類の採集が認められているのである。この裁許は、京都所司代による
ものであり、裁許状の裏に鳴谷山を含む広範囲の絵図面が描かれている。こ
の絵図面の山中には、「対馬様御印」（2 か所）、「内膳様御印」（1 か所）といっ
たように、所司代側が入会権の範囲を確認した証跡も記されている貴重なも
のである。この裁許状（裏が絵図面）を今里村が近代まで堅持していくので
ある。

　②明治期の入会裁判は京都始審裁判所（後に地方裁判所）による和解によっ
て終結するが、明治初年以降の主な動向を述べてみたい。鳴谷山の地券は
1873 年（明治 6）付で京都府知事（長谷信篤）によって小塩村宛に「検査之
上授与」されている。これによれば（体裁を崩すが）、「小塩村之内、第拾弐
番　字鳴谷険阻」とあり、「山四拾五町、立木・雑木　此代金百三拾五円也
東・長法寺村山限　西・シク山限　南・長法寺村山限　北・善峯寺（現善
峰寺）限」となっていた。ただし井ノ内村・今里村・鶏冠井村・上植野村の
「立会」（地役的入会権）の文言はない(注3)。京都府に主たる瑕疵責任、及び
小塩村に多少の瑕疵責任があると考えられる。やがて小塩村は、寛文期の裁
許の通り、立木伐採権については自村の権利としていたが、井ノ内・今里・
鶏冠井・上植野の 4 か村に対して、下草刈取りの権利を「認める」公正証書
を 2 年後の 1874 年（明治 7）4 月に 4 か村へ渡していたのであった。これに
ついては、この 4 か村からの小塩村への地役的入会権確認の要求があったか
らである。なお 1877 年（明治 10）に地券の改正があり、原告 4 か村から被

告・小塩村に対して、鴫谷山の入会に関する 1874 年（明治 7）の差入証書の通り、「改正差入証書」の発行を要求し、小塩村は 1877 年（明治 10）10 月 15 日付で 4 か村宛の「約定書」を発行している。

　さて井ノ内・今里・鶏冠井・上植野の 4 か村は、1885 年（明治 18）12 月に伏見治安裁判所（下級裁判所）へ「入山妨害の勧解（現和解）」を申し立てたが、小塩村は応じなかった。なお同 1885 年の 4 月に小塩は井ノ内・今里・鶏冠井・上植野の 4 か村を刑事告発（松茸狩りについてカ）していたが、棄却されていた。翌 1886 年（明治 19）2 月になって、京都始審裁判所は和解をするようにと、この両当事者たちに通達した。その理由は、原告と被告のそれぞれの入会権の種類・性格や入会地の区域（範囲）も明白であったからと勘案されるからである。この間、井ノ内・今里・鶏冠井・上植野の 4 か村は代言人として藤林九蔵を、小塩村は代言人として中川慈周を立てて激しく争った。今里村には 1885 年（明治 18）11 月 10 日付の「総名鴫谷山争論日誌　今里村他三ヶ村」や、「明治十九年　鴫谷山訴書写　乙訓郡今里村（印略）」が残されている（『今里区有文書』）。今里村に象徴的な如く、4 か村の権利意識も窺えるのである。

　やがて同 1886 年 5 月 27 日付で、両代言人の間で以下のような 4 項目が確認されて、和解することとなった。

　　①　小塩村は松茸などの茸類を排他的に採取して来たという証拠が見つかるまでは、井ノ内・今里・鶏冠井・上植野の 4 か村は自らの請求通り、「政府ノ御許可ヲ経テ落葉下芝草刈リ取リ」、及び松茸などの茸類を取ることは認められる。

　　②　鴫谷山の所有権をめぐる井ノ内・今里・鶏冠井・上植野の 4 か村の請求は取り下げる。

　　③　井ノ内・今里・鶏冠井・上植野の 4 か村の「下芝草刈取リ」については、「政府ノ御許可ヲ経タル上」、直ちに原告であるこの 4 か村へ通知する。

　　④　訴訟の経費は各村々の負担とする。

ただし、民法典が制定されていないとはいえ、地役的入会権の存否につい

て、「政府ノ御許可ヲ経テ」という文言は入会権の歴史を勘案すると、理解し難いことは明瞭である。なお、この鳴谷山の入会権が現在どのようになっているのかという問題は残念ながら調査できていない。

4　鳴谷山入会訴訟に現れた法意識と、その周辺

　入会権意識に現れた問題として特筆すべき第 1 点は、この明治期の入会権訴訟において、井ノ内村など 4 か村によって約 200 年前の寛文期の裁許状（裏面に山論絵図付き）が重要な証拠として京都始審裁判所へ提出されて、それが決定的に重要な証拠となったことである。同時に入会権意識として評価されるべき点は実に今里村がこの寛文期の裁許状を大事に当時まで保存してきたという点である（因みに本絵図は向日市上植野自治連合会でも所蔵されているようである）。第 2 点は、同じ 1886 年（明治 19）5 月 27 日付で判決が出た大阪控訴院まで闘った「今井用水訴訟」では、何と対立してきた井ノ内村と今里村とはこの鳴谷山の入会権訴訟では一致して法廷闘争を闘ったという貴重な事実である。井ノ内村は代言人として先の中川慈周を立てており、今里村の代言人は山下重蔵であったことも興味深いのである。

　先の第 1 点の問題は、法意識の歴史的意義を教えてくれるものである。また、第 2 点の問題の意義は、入会権の擁護のためには、別件では上級裁判所で争っている相手方とも共同して入会訴訟を闘うという法意識に関する近代的な合理精神である。こうした意味で、井ノ内村と今里村とは評価に値するものと思われる。

　この鳴谷山入会権訴訟の原告側の中心的役割を果たしたと思われる今里村の法廷闘争を支えた思想・精神的な背景について検討しておきたい。この入会権運動の思想的背景には、自由民権思想があったことが考えられる。この明治 10 年代の自由民権運動の時代には、民間の側から大日本帝国憲法よりも主に優れた人権規定を有する数多くの民主的な憲法草案が生まれ、また民事訴訟の件数も飛躍的に上昇したことなどが明らかにされている[注4]。

　今里村では京都府庁に先立って有産者の負担を中心とする社倉の設立願書

が出され、徴兵忌避が随分行われており、村会も開催されていた。具体的に今里村の思想・精神的背景として3点に亘って紹介してみたい。第1点は、今里村の一流の知識人であった民権派の能勢清左衛門などは1883年（明治16）に開田村（現長岡京市開田）に西岡学舎という学習結社を設立していたことである。第2点は、今里村では同1883年に集書社という図書館結社が設立されたことである。その趣意書には、自由民権思想に連なるものとして、以下のようなことが書かれていた。すなわち「博ク書籍ヲ覧閲（ママ）シテ社会ノ文明・改進ヲ図リ、人傑ヲ養成スルニアリ」と述べ、その理由として「明治弐三年ハ国会ヲ開設シ、人民ニ参政権ヲ附与セラル、ノ期ナレバ、苟モ愛国心アル者ハ聖詔ヲ奉戴シ、孜々汲々トシテ智識ヲ開キ、思想ヲ富サンコトヲ勉励セズンバアル可ラサルノ秋ナラスヤ」、ということを挙げていたのである。第3点は、今里村からは1884年（明治17）にやはり民権派の正木安左衛門などが実に同志社大学の設立に向けて協力をしていたのである。後には、地元選出の府会議員・能勢清左衛門や正木安左衛門を先頭にして、自由民権運動としての地価修正運動を始め、屎尿運搬時間・荷車取締規則の修正運動などを京都府庁へ対して行うこととなる。

　以上の鳴谷山入会権運動には、今里村のこうした法意識の背景もあって、原告側は寛文期の入会権が明記された200年前の裁許状・絵図面を証拠として提出し、かつ原告側の入会権意識が強かったことによって、従来の地役的入会権を守ることに至ったと考えられるのである[注5]。

注
（1）　近藤出版社、1975年。なお、下植野村の村高は717石4斗8升4合であり、五つの公家領と、小森一馬支配から成っている。
（2）　こうした「非武家的領有」については、井ヶ田良治「江戸時代における公家領の支配構造」（『同志社法学』152号、1978年）を参照。
（3）　「立会」（入会）が明記された公有地地券の例は、和歌山県伊都郡七浦山の例がある。後藤正人『社会科教育と法社会史』（昭和堂、1992年）72頁。七浦山の公有地地券は、地租改正の研究で名高い福島正夫先生が注目されていた。後藤『歴史、文芸、教育—自由・平等・友愛の復権—』（和歌山大学法史学研究会、2005年）99頁。
（4）　家永三郎・松永昌三・江村栄一編『新編　明治前期の憲法構想』（福村出版、2005

年）、及び熊谷開作『近代日本の法学と法意識』（法律文化社、1991 年）第 2 部「権利のための闘争と法意識」第 2 章「日本的法意識形成の歴史過程の一例─自由民権運動期における民事訴訟件数をめぐって─」を参照されたい。

（5）　1889 年（明治 22）4 月に乙訓郡小塩村などは合併によって新村の乙訓郡大原野村へ編入となり、戦後の 1959 年（昭和 34）11 月には、この大原野村は向日町、長岡町や大山崎町のある乙訓郡ではなく、当時の京都市右京区へ編入することとなる（西京区は 1976＝昭和 51 年 10 月に右京区から分区）。このことにつき、以上に検討した入会裁判の影響があるのだろうか。

〔付記〕　本稿の原型は、1996 年 8 月に開かれた第 16 回中日本入会林野研究会研究大会（於和歌山県東牟婁郡那智勝浦町）での私のシンポジウム報告が基礎となっている。この報告に関説したものとして、幡健樹「入会林野に対する要求の変化」（『中日本入会林野研究会　会報』16 号、1996 年。後継誌『入会林野研究』）がある。

第2節　兵庫県関係の入会史

第1　丹波市の新山管理組合の入会史
―抵抗と妥協の狭間で―

1　はじめに――入会権・入会集団をめぐって

　現代世界におけるグローバル化の複雑な影響によって、入会権・入会集団、及び生産森林組合も一定の変化を受けていると思われる。入会集団や生産森林組合はいかなる現状にあるかという課題は、過去の優れた調査に学び、発展させることが重要であると考えられる。入会権・入会集団や生産森林組合の現況理解やあるべき未来に関して、法社会史の立場から、現丹波市における入会史に関して具体的な事例を検討してみたいと思う。ただし、この事例は中世以来の歴史を有するので、第1章2の叙述と重複する部分があるが、鎌倉時代以降の一般的な入会史に触れておきたいと思う。

　鎌倉時代には守護・地頭補任権などによって武家による大土地所有化・経営化が一段と進んだ。この中世の時代に、地域民衆の共同体的な土地保有や労働、そして入会（採草など）・水利といった慣習法的な権利の発生をみるのである。こうした民衆の小経営を基礎にして、世界史的に見ると先進的な封建制が形成されていったと思われる。室町末期になると、地域の民衆たちは「惣」を形成するほどになり、摂関家や大寺社の荘園を次第にはっきりと形骸化させ、従来の「入会」に対する意識をますます強めていく。

　戦国末期における各地域民衆のパワーに対応して、やがて豊臣政権では軍役を担当する武士を城下町に集住させ、田畑、及び共同所持的な入会権を有して農業経営を行う者を百姓身分として農村居住を認め、漁業経営をする者に海岸部居住を認め、商工業経営者を町人身分として城下町や町場に集住させたが、当時における民衆の農業・水産業や商工業経営の実績や、農村や町場

における身分編成を認めざるを得なかったからである。この結果、唯一の支配身分である武士は、農業・水産業経営や商工業経営から退却して—ただし幕府・大名の林業経営が存在—、武力を独占する全くの寄生階級となった。

　民衆運動を基礎とする明治維新の後は、農民個人の農業経営地（所持地）に対して私的所有権を認めたように、共有入会地に地券を発行することが要請されたのであるが、明治政府は入会的所持地（林地）や入会的田畑（惣有田）には私的土地所有権をなかなか認めようとしなかった。他方、「官民有区分」を強行して、例えば北富士山麓の共有入会地などを取り込んで広大な官有地を形成していったのであるから[注1]、いわゆる共有入会権や地役入会権の承認運動が起こるのは必然のことなのである。

　入会権は、明治民法の物権に「共有入会権」と「地役入会権」として現在まで法の上では権利保障がなされているが、入会集団が強い入会権擁護の意思を有することが大事である。もちろん粘り強い権利運動を通じて現在に続く福井県美浜町の新庄入会集団などのように、共有入会権を維持している場合もあるが、種々の変容を示す場合も多いように思われる。主な契機として、1889年（明治22）の市制・町村制や日露戦後経営下の町村大合併による場合、特に大正・昭和初期の「入会林野統一」の名による入会権の解消による町村財産への組込み、戦後の入会近代化法による生産森林組合などへの変化が見られる。

　この他にも、たとえば近世の入会山から山林組合になり財産区を経て、現在の滋賀県の綿向生産森林組合に到達した場合（綿向生産森林組合『山の生い立ち』1977年）、あるいは兵庫県神戸市東灘区の六甲山における共有入会地の地縁団体としての「財産区」への変化[注2]や、これから検討するように地方自治法による変容（縁故使用地）の場合も考えられる。ただし、いずれの場合も入会の歴史を有していたのである。

　入会権に対する歴史学・地方自治体史・法曹の側の問題や、入会権教育の現状については、本書第2章、及び後藤「入会権・入会集団の歴史と未来を考える」[注3]も参照されたい。以下では、兵庫県丹波市柏原町の新井神社近くの岩見神社境内に存在する「入会顕彰碑」をまずはてがかりとして、現新

山管理組合の入会史を具体的に検討してみたい。

2 大新屋新山の顕彰碑文

　この顕彰碑は現丹波市柏原町大新屋(おおにや)地区の石見神社に存在する。碑文は、若干の不明部分があるが、以下の通りである。文面は縦書きであり、句読点を補ってみた。この顕彰碑には、町村合併20周年を記念し、1975年（昭和50）4月11日付で、新山(あたらし)6ヶ部落縁故使用地管理組合が建立した旨の記述が裏面にある。

> 広□(寛カ)五百町歩に及ぶ新山は遠く四百七十年の昔より大新屋外四ヶ村民の物□(心カ)両面の支えとなって民生に大きく寄与、将来も永くわれらの宝庫として地域振興に神益するであろう。新山は代々受継ぎ育ててきた先人の血が脈打っている心のふる里であり、新山の沿革はそのまま地域の歴史でもある。新山は永正六年（一五〇九）に米百石銭百貫を代償として五ヶ村の領有となったが、以後百年にわたって山争いが続発。元和年間に至って谷垣石見守の功労により、紛争は解決して侵犯は跡を絶ち、郷人ひとしく恩忠を享受。宝永元年墓碑を建立、文化五年に石見神社を発祀して、その徳を讃えた。大正十一年に入会権見返り分三十町歩を柏原町へ分割。大正十三年林野統一に際し、一五九町歩を五ヶ部落縁故使用地に設定。昭和二十年石戸開拓地を創設、三十町歩を分割譲渡。昭和二十五年五ヶ部落縁故使用地を分割管理。昭和三十年の町村合併には一〇二町歩を新町持寄の財産とし、残余を旧新井村縁故使用地とする。昭和三十二年新山六ヶ村部落縁故使用地管理組合を創設し、一部を分割管理に委ね、今日に至る。

　この碑文には、中世から近世にかけての歴史的評価を要する部分、大正期の「入会林野統一政策」や「部落縁故使用地」といった歴史事象や法律専門用語、そして戦後の町村合併に係わる「入会地」の割譲や「新山六ヶ村部落縁故使用地管理組合」の創設が記されている。

　当事者たちにとっては、たとえ自明のことであるとしても、一般市民には不明のことが多いものと思われる。公の目に触れる顕彰碑は啓蒙的な要素が

大事であるので、惜しまれる。

3　碑文の前近代に関する文面の検討

　（1）碑文は、まず中世以来の先人たち（入会集団の構成員たち）の粘り強い入会擁護の歴史を語り、それが入会構成員たちの農業経営や生活、そして精神的絆として貢献してきた歴史を顕彰する。この「大新屋外四ヶ村」とは、実は 15 世紀の新屋庄のことであり、中身には触れておらず、近世の正保 4 年（1647）の「丹波国郷帳」(注4)に出て来る挙田、大新屋、鴨野、北山、田路の 5 か村を念頭に表現したのであろうが、曖昧さが残る。

　次に、この入会山である新山は、16 世紀初頭に米 100 石と銭 100 貫を出して買い取られて、「領有」されたと表現されている。実は、この記述の基礎となる史料(注5)は以下の文書であると考えられる。ただしごく一部の体裁を変えた。

　　　　永代売渡申山之事
　　　　　　　　（榜示）
　　　右ノ傍尓者、新山松山也。東者池谷方ノ谷河ヲ限、南者限小丸山ヲ、西者限内山ノ峯ヲ、北ハクミノ木谷ヲカキル也、件ノ山ハ、雖為我々重代相
　　　　　　　　　　（要用）
　　　伝ノ山与、依有用腰、代ノ米百拾参石仁限ヲ永代□売渡申処実正也。若於
　　　　　　　　　　　　　　　　　　　（於）
　　　我々ノ子々孫々、違乱□（方に矣）申者出来候者、時之為　公方、堅可処
　　　　（科二）
　　　罪ニ科者也。永代売券ノ状如件。

　　　　　　　　　　　　　　　　　　　　　　　　久下駿河守
　　　　永正六己巳十一月十一日　　　　　　　　　　　政光（花押）
　　　　　　　　　　　　　　　　　　　　　　　　使堀孫五郎（花押）
　　　新屋庄
　　　　名主百姓中

　これによるならば、この新山が現在いうところの石戸山であるとしても、当時の面積は確認できない。さらに新山は「米百拾参石」で買い取られたといい、碑文の米 100 石、銭 100 貫には疑問がある。幻の鈴木末吉編『新井村

誌』（以下「村誌」と略）⁽注6⁾も先の史料からすれば「米銭百石百貫」と誤っているが、その要因は二つの伝来史料が存在したのではないかと思う。なお「村誌」には、本文中と共に、解読文の写真が付されており、「米銭百石百貫」とある。解読の他の誤読は割愛する。ちなみに上記の史料の方は「米百拾参石に永代ヲ限リ売渡し」と読むべきものと思われる。「村誌」には永正6年を1510年とするが、碑文の通り、1509年の誤りである。

　さて、この売買の結果、新屋庄百姓中の「領有」となったと記述していることは問題である。領有とは一般に封建的土地所有制下の領主的土地所有一般をさす概念であり、中世における職の体系によれば、最上位の本所職（本家職）を初め、それ以下の支配的所有を表現し、近世の所有構造（「領有と所持」）では領主的所有（主に将軍・大名など）を意味する⁽注7⁾。

　従って中世では具体的にどのような職であるかが問題となる。例えば『角川日本地名大辞典28　兵庫県』（角川書店、1988年）によれば、新屋庄はかつて宇多院領と見え、やがて建武4年（1337）の足利尊氏下文では久下時重に同庄が宛行われ、文明3年（1471）の細川勝元奉書には新屋庄領家職安堵の記述がある。これによれば、先の売買のあった永正6年（1509）頃には、将軍家が新屋庄の本家職を有し、久下氏が領家職（地頭職もほぼ同じ）を有していたと考えられる。久下氏が新屋庄百姓中へ売買したのは、新山の領家職ではなく（「領有」のレベルではなく）、名主職のような被支配的職であると考えられる。前掲「村誌」がこの売買を「新屋庄の山林全部」と解説しているが、問題である。これには疑問があり、一つは売買の対象となったのは「新屋庄の山林全部」ではなく、山林を含む「新山」である。「村誌」はこの売買を職の体系の中で位置付けることを行っていないのである。結局、久下氏は衰退の過程で、「新山」の被支配的職を売り渡したものと考えられよう。

　（2）碑文の次の問題は、元和年間（1615～1624年）に打ち続く入会紛争に対して、谷垣石見守なる人物の貢献によって解決し、以後の紛争は収まったとする記述である。そもそも谷垣石見守に関する確実な史料を欠いている。また紛争も収まったのではなかった。「村誌」では、元和・承応（1615～1655年）の頃より「久下新井両村間には新山の水域が久下村（くげむら）に流れている関係上」、

争論が絶えなかったとし、「古来伝説によれば」、谷垣は「久下領主」とこれを憂い、谷垣は相手方支配者との囲碁試合の勝利を博し、その後は紛争が全く収まったとする。ただし、この元和・承応の頃には新井村は存在していないので、ここで新井村を挙げるのは間違いである。氷上郡新井村が生まれるのは、1889年（明治22）4月1日（町村制の施行）に、挙田、大新屋、鴨野、北山、田路、母坪の6か村が合併して成立した新村である。新井村の名称は、先に挙げた新屋庄にあやかったものと勘案される。なお入会紛争の相手方である柏原町は、同年同月に大合併の末に新柏原町が誕生していた。

　また宝永年間（1704〜1711年）に「谷垣石見守は新山治山に対する偉大な功績あり」とある。これも曖昧な叙述なのであるから、先の「村誌」中の「新井村誌年表」には岩見守の入会紛争解決の役割は全く出ていないのである。ただし文明15年（1483）10月付の文書として「禁裏御領真継保藤田分ノ内下地事」という宛行状を発給した石見守長喜という人物が知られている。しかし、これは谷垣ではなく、酒井ではないかと推測されているのである(注8)。近世の「石見守」伝承の源流に、この「石見守長喜」が絡んでいるのかどうかに関しては不明である。

　なぜ碑文を初め、「村誌」が史料に登場していない谷垣岩見守の叙述に陥ったのか、その要因を探ってみたい。例えば「村誌」によれば、文化年間（1804〜1818年）に新井神社の境内に石見大明神として奉祀することとなり、毎年の式典を行ってきたという（ただし当時新井神社の名があったのかは不詳）。やがて1914年（大正3）に現在地に移転して社殿を改築し、1924年（大正13）に臨時大祭を行い、戦後では1950年（昭和25）に盛大な祭礼を行ってきたという事情によると考えられる。また現在見られるような日本一の大きな碁盤が社殿に作られていることも一役買っていることであろう。ただし史実と「古来伝説」とは明確に一線を画さなければならない。また入会山が兎にも角にも続いてきたことは、結局は共有入会権者たちの粘り強い権利意識があったのであるから、こうしたことに意を用いるべきものと思われる。なお氷上郡新井村は1955年（昭和30）10月1日に柏原町と合併して消滅する。

　「村誌」掲載の史料によれば、宝永元年（1704）に、新山（石戸山）の入会

の山札をめぐる大新屋村他4か村と旧柏原町他6か村との間の訴訟に対して、裁許状が出ている。旧柏原町などにも一定の毛上の入会権（「地役的入会権」）が認められたが、江戸時代を通じて両当事者の紛争が続いたのである。当時の氷上郡柏原町は、織田氏が領主であった柏原藩の城下町であり、同じく氷上郡大新屋村など5か村に対しては一貫して攻勢的であったことが推測できる。因みに幕末における城下町・柏原町の町高、及び大新屋村など5か村の村高を紹介しておきたい（『旧高旧領取調帳　近畿編』近藤出版社、1975年）。一方の柏原町は1600石1斗3升2合、他方では鴨野村が246石5斗5升6合、以下は大新屋村533石5斗6升9合、挙田村309石8斗4升9合、北山村272石1斗3升1合、田路村515石4斗1升1合7夕である。なお、この大新屋村など5か村へ1957＝昭和32年に加わる母坪村は338石7斗3升9合であった。これによれば、一方では柏原町の町高がずば抜けて多く、他方では大新屋村の村高が一番多かったことが判明する。

4　碑文の近現代に関する検討

（1）大正期の記述で分かりにくいのは、まず1922年（大正11）に入会権見返り分30町歩を旧柏原町へ分割したという部分である。近代に入り、この新山の地券はどうであったのか、また登記がどうであったのかは、「村誌」には不明である。もっとも入会権は登記がなくとも一般に対抗力を有しているが、「所有権」登記をする場合が相当あるということである。ただし、この数名の登記名義人は委任による単なる名義人（所有権者にあらず）に過ぎない。

1909年（明治42）に、石戸山は兵庫県知事によって砂防地に指定されたという。その結果、松木の伐採が禁じられ、松茸が多く発生したので、大新屋村他4地区（新井村側・共有入会権集団、大新屋他、鴨野、挙田、北山、田路の5地区。ただし母坪地区は入っていない）から数地区の留山（地役入会権差止め）を新柏原町他6地区（地役入会集団）へ通知したが、両当事者間の紛争はエスカレートした。この入会紛争はやがて両行政担当者間の争いにも拡大

し、やがて氷上郡長が介入の労を執ったという。すなわち私法的な解決ではなく、行政的な解決に移行したが、このことは旧城下町である柏原町、及び6か村へ有利に傾いたことと考えられる。

　このような事態の中で、新井村の5地区〈共有入会権者たち〉は止むなく入会地の分割・割譲によって、新柏原町他6地区の地役入会関係を解くことに同意した。しかし、その提供した分割林地が僅少であるとの理由で新柏原町などを首肯させるに至らず、新柏原町などは1920年（大正9）11月に柏原区裁判所に林地の分割に関して提訴したという。新柏原町他6地区は砂田重政・草鹿弁護士、新井村側は清瀬一郎弁護士（安保国会の頃に衆議院議長）を立てるなど激しく争ったが、結審には至らなかった。そして共有入会権及び地役入会権をめぐる本訴を提起するか、適当な仲裁者を立てるかの瀬戸際に立たされたものと思われる。結局は県会議員2名の仲裁者を定め、その結果、仲裁者の側から、新井村側が所有する共有入会地の一部を新柏原村他6地区へ譲渡することによって、新柏原町他6地区側の地役入会権を廃止する案が提唱されて、当事者双方の同意を得られたのだという。従って、これにより新柏原町他6地区の地役入会権は若干の入会地の割譲を受けて解消することになったのである。

　かくして1922年（大正11）5月30日付で当事者間に契約書が交わされて、共有入会権者である新井村大新屋他4地区から地役入会権を有する新柏原町他6地区へ石戸山（実測総面積492町5畝8歩、台帳面積総反別180町余）の分割（無償譲渡）がなされた。新柏原町他6地区へ分割された推測面積は反別34町1反1畝28歩と明記されていた。この大新屋他4地区というのは、新井村の大新屋、挙田、鴨野、北山、田路の地区である。

　翻って碑文に返ると、1922年（大正11）に入会権見返り分30町歩を新柏原町へ分割したとの意味は、管見によれば、以下のようである。共有入会権を有していた大新屋他4地区が、500町に近い新山の内、新柏原町他6地区が有していた地役入会権を放棄させるために、34町余りを無償譲渡したという意味である。従って大新屋他4地区の入会残余地には相変わらず共有入会権が、また旧柏原町他6地区が新たに獲得した土地も「共有入会権」が発

生するはずであった。

　（2）次の問題は、大新屋他4地区が1924年（大正13）に入会林野統一政策に直面した際に、159町歩を「五ヶ部落縁故使用地」に設定したという部分である。

　この入会林野統一政策とは、国家による日露戦後経営の中で市町村財政の窮乏化が生じ、この是正のために（町村合併等と共に）採られたのが入会集団の共有入会山を市町村財産へ移し、入会権を消滅させることであった。併せて帝国日本を支える市町村の財政作りの意味も強かった。しかし、国家権力が所有権の一つとして保障されている共有入会権を奪い、市町村財源に組み入れることを政策として行うならば、正に明治憲法第27条第1項「所有権の不可侵性」に違反する暴挙であるといわなければならない。従って入会集団は断じて許さないことを憲法上できるはずのことであった。しかし歴史の中では、多かれ少なかれ国家・府県及び市町村当局による抑圧的状況と、集団内部からの追随によって、入会林野統一という名の下で「入会権解消ないし剥奪」が行われたのであった。

　さらに「部落縁故使用地」に関して述べなくてはならない。1888年（明治21）の市制・町村制の成立は町村合併を伴う新しい市、町、村を生みだそうという動きを伴った。翌1889年の町村制の施行によって、林野等入会財産の主体であった従来の大字などは行政村の性格を失ったが、このような入会財産の共有主体として適法に存続し続けた。旧大字などの入会財産を新町村の財産に取り込むことに失敗した場合として、町村制の規定の中では入会権を「町村有ノ土地物件を使用する権利」として内包しようとするものであった(注9)。現在この規定は、戦後の地方自治法238条の6に継承されている。ただし地方自治法上の「旧慣使用権」（旧慣使用地）は実体的には入会権（入会地）であることに注意しなくてはならない。その後の歴史を見ても共有入会地の役割を果たしているのである。

　以上の法状況の中で、その後の新山入会山の推移を併せて勘案すれば、入会林野統一政策によって、大新屋他4地区は159町歩を「縁故使用地」として設定するが、その他の約299町歩が新井村へ差し出されたこととなる。大

新屋他 4 地区は共有入会権を有していたにも拘らず、入会林野統一政策を契機として、「慣行（縁故）使用権」と称することが注目される。

　この大新屋他 4 地区の「共有入会権」については、『昭和 5 年　全国山林原野入会慣行調査資料』の「兵庫県」に「特殊的入会関係類似慣行地」の事例として述べられている。体裁を変えて紹介すれば、以下の通りである[注10]。すなわち本質的には「新屋他 4」地区の共有入会地であり、かつ柏原村他 6 地区の地役入会権と記録されていたのである。

　　　氷上郡新井村大字大新庄字新屋（屋）、地番：194-1、地目：山林、反別：183 反歩、所有者：新屋他 4、入会者：柏原村他 6、摘要：入山札・夏札 40、冬札 60 ヲ定ム、入山料ヲ徴ス、入会林野整理：済

　その後、 1945 年（昭和20）に石戸開拓地に 20 町歩を分割し（残 139 町歩？）、1950 年に先の縁故使用地 159 町は大新屋他 4 地区で分割管理することとなったという。1955 年（昭和25）4 月 1 日の柏原町・新井村合併に際しては、縁故使用地から 102 町が柏原町へ差し出されたという（残 37 町歩？）。同年の 6 月 11 日付「柏原町・新井村合併協定書」中に「財政財産は新町に引継ぐものとする。但し旧慣使用権の設定してある山林については、その旧慣を尊重して使用権を継続せしめるものとする」とされ、付属の「覚書」によれば、「両町村」の直営林（同年月日現在）は、柏原町に関して「評価の上一戸当りの評価額を算出して全部新町に提供するものとする」とされ、旧新井村に関して「直営林中より評価の上柏原町の一戸当りの同評価額に戸数を乗じて得た山林を新町に提供するものとし、余剰の直営林は縁故使用に切り替えるものとする」と規定された。その後、1956 年 1 月の新町議会で「合併協定書」の一部変更がなされ、この内、新井村より合併してできる柏原町に引き継ぐ財産は、大新屋新山：地番 194-12、台帳面積 269 町 7 反 1 畝歩中より、地番 194-3（以下略）であったという[注11]。

　（3）現在に至る変遷を述べると、名称の変更があるが、「六ヶ村部落縁故使用管理組合」が存在し、一部は分割管理されていた。これによれば、旧新

井村のこれまで述べてきた5地区に、同村に属していた田坪地区が加わった
ものと考えられる。「新井自治協議会事務局」のホームページによれば、2004
年（平成16）に地縁認可団体として「新山管理組合」と名称を変更したとい
う。なお同ホームページでは、先の永正6年（1509）の新山売買について、
「米銭百石百貫」を示す「売券状」を公開するが、なぜ正しい文書としたの
かについての説明、原文書か解読文なのか、なぜこれらの説明が欠如してい
るのか、説明が欲しいところである。

　先の「村誌」の記述も参酌しつつし、若干述べておきたい。柏原町などへ
の分割後、新山は入会林野統一に際して実測が行われ、その面積が456町5
反7畝14歩とされて、新井村の「村有」（共有入会地）となった。しかし、
その中の159町歩を「五ヶ部落縁故使用地」（五地区入会共有地）として「所
有」（共有入会地）したというのであるから、入会林野統一政策によって298
町9反4畝2歩を新井村へ差し出したということとなる（村有カ）。また1945
年（昭和20）11月に石戸原野開拓のために、新井村の村有原野10町歩を限
度として貸し付けたことがあったという。1950年（昭和25）の縁故使用地
分割管理取極によれば、総面積は159町2反2畝、各大字地区の分割管理総
面積が131町2畝（各地区間に差等がある）、共同管理総面積が28町2反と
いうことである。その後、1955年（昭和30）10月に新井村と柏原町との合
併に際し、さらに新井村の共有入会地を部分的に旧新井村へ提供することと
なり、「五ヶ部落縁故使用地」（五地区入会共有地）の総管理面積は102町余
となった。結局、かつての共有入会山は「5部落縁故使用地」、「旧新井村縁
故使用地」、「石戸開拓地」と「柏原町有林」となったという。

　1957年（昭和32）に「新山六ヶ村部落縁故使用地管理組合」と名称を変
更し、その後「柏原町新山縁故使用地管理組合」となり、2004年（平成16）
に柏原町などが丹波市となる際に又また地縁認可団体として「新山管理組合」
と名称変更し、現在に至っているという。ただし、この間の名称変化の具体
的な理由は伝わってはいない。以前は「五ヶ部落縁故使用地」といっていた
のが「新山六ヶ部落」に代わっている。この変化の説明はないが、この「六
ヶ部落」とは、大新屋（石戸を含む）、挙田、鴨野（東鴨野を含む）、北山、田

路に、新しく母坪が加わったものであると考えられる。なお「柏原町新山縁故使用地管理組合規約」（1990＝平成2年9月施行）によれば、各部落の代表者から成る管理委員会が新山に関する処分権を有すること、及び「谷垣石見守」の顕彰を行うことも取り決めていた。従って、入会権の原則（全会一致）がある程度形骸化していると考えざるを得ないであろう。

　いわゆる「新山入会地」は、共同所持的入会権から共有入会権へ、さらに「慣行使用権」への変遷、そしてこの間の入会林野統一政策や町村合併政策を契機とする共有入会地の縮小などの問題は様々な研究課題を我々に投げかけてくれている。一方では、入会権の名称の取り止めや、共有入会地の縮小に対して深い歎きが寄せられるかも知れない。他方では、種々の政策を契機としつつも、「林業村落」としての生き残りや合併する新町村への配慮・贈与としても把握し得るかも知れない。いずれにしても、元来は入会権利者たちの生活と権利という問題が基本であることを心しておかなくてはならないと思うのである。

5　結びにかえて――入会権意識を中心に

　まず顕彰碑文に関しては、「歴史史料」と「古来伝説」との混同、専門用語の分かりにくさ、共有入会地面積の不明瞭などの問題がある。また明確な史料が存在しない「谷垣石見守」に関する伝承に関しては、全くの作意だと断定するのではなく、先に触れた中世の「石見守長喜」といった人物の事績や宝永年間（1704〜1711）の「旧大新屋側」と「旧柏原側」との裁許などを総合した考察が必要だと考えられる。

　とりわけ共有入会権は入会集団が有する物権なのであるから、町村合併の度に新町村へ入会山を分割する義務はないのであり、権利上は公権力の介入を法的には排除できるはずであった。この入会史では、公権力や合併自治体の中心地域の政治力によって、「私権」から「公法上の権利」となったかのようにみえる。

　かつての「縁故使用地」は現行地方自治法238条との係わりで、「慣行使

用権」を有するとされるが、実体的には共有入会権を有する共有入会地であり、その後も民法上の共有入会地である。国家や地域権力、あるいは開発大企業の「攻撃」や「介入」を指摘することは容易であるが、最も重要なことは入会集団が主権者として自らの入会山を守るという強い権利意識を基礎とする団結の問題である。

以上を一言でいえば、入会権をめぐる「政治」の問題では、明治民法制定後において入会権は物権として保護されているとはいえ、全体の法体系からすれば、近代天皇制の下で天皇・内務大臣・知事・（郡長）・市町村長・（市町村議会）という中央集権国家の下で主権者から排除され、人権を制約されている国民と、日本国憲法の下で国家や地方自治体から基本的人権保障を要請されている主権者の地位を獲得した国民とは、質的な違いがあると考えられる。とりわけ市町村議会では寄生地主の地域支配を保障する等級選挙制（熊谷開作氏のいう階級選挙制）の下に置かれていた時代（1888＝明治21〜1923＝大正10年）のことを看過してはならない。従って、少なくとも現日本国憲法下では国家・地方自治体などから要請されて止むなく整備をして入会権を解消するとか、町村合併に際して入会財産を分与する義務は全く存在しないのである。旧村の共有入会権や地役入会権は市町村合併に際して、法的には一切の影響を受けないことを銘記しなくてはならない（これらの入会地の売買によっても、入会権は法的に消滅しない）。ここでも入会権整備の問題では、入会権者の「生活と権利」の問題が重視されなければならない、と強調した戒能通孝氏の言葉が生きている。

今後の研究課題として、関連史料の所在の有無など、是非若い地方史研究者がこうした入会権をめぐる困難な課題に粘り強く取り組んで頂けることを期待したいと思う。

以上のように、近世の入会的所持権（「共同所持的入会権」）は、大雑把に捉えると、一方では戦前の町村大合併や入会林野統一政策による「財産区」や、「慣行使用権」（地方自治法上）への変化、戦後民主主義期に住民の一定の自治意識を反映して共有入会地から「財産区」への形成（これらの諸組織も実体的には入会地）、あるいは入会近代化法によって生産森林組合への変化、

さらには共有入会地を分割して単純所有権にする場合や、現代的窮乏化など
の理由によって共有入会地や生産森林組合を地縁団体にする場合が存在す
る。他方において、このような「入会権の冬の時代」を生き抜いた、現在に
至る共有入会権・入会団体を維持している場合も存在する。

　今後は入会集団が種々の政策に直面して具体的にどのように対応したのか
という実証的な研究が必要と思われる。ともあれ、こうした入会権意識をめ
ぐる苦闘の歴史に学ぶことが大事ではないであろうか(注12)。「現状は、ある
べき入会地の未来をみんなで考え、そして歴史との対話から明確になるので
はないか」、入会集団と生産森林組合の現状研究に寄せる私のメッセージで
ある。

注
（1）　この入会集団の粘り強い入会権運動の歴史については、山梨県の富士吉田市外二ヶ
　　　村恩賜県有財産保護組合刊『恩賜林組合と入会権を考える講座』（2010 年）を参照。
（2）　神戸市東灘区役所刊『東灘区 25 年』（1976 年）を参照。
（3）　後藤正人「入会権・入会集団の歴史と未来を考える―第 31 回中日本入会林野研究
　　　会の研究大会をめぐって―」（『入会林野研究』31 号、2011 年）を参照。
（4）　掲載順、『兵庫県史　史料編』（近世 1、1989 年）。
（5）　「田路村文書」（『兵庫県史　史料編』中世 3、1988 年）。
（6）　『新井村誌』新井村誌編集委員会刊、1959 年。明石工業高等専門学校附属図書館所
　　　蔵による。
（7）　後藤正人『土地所有と身分―近世の法と裁判―』（法律文化社、1995 年）を参照。
（8）　前掲『兵庫県史　史料編』（中世 3）。
（9）　中尾英俊『入会権―その本質と現代的課題―』（勁草書房、2009 年）を参照。
（10）　小林巳智次監修、福島正夫・北条浩編『昭和五年　全国山林原野入会慣行調査資料
　　　第四巻』（徳川林政史研究所、1969 年）所収。後に述べるように、現在は「新山管理
　　　組合」と名称を変更する。関係者から戴いた冬札には、体裁を崩すが、表には「大正
　　　11 年、新井村ノ内　大新屋村、田路村、鴨野村、北山村、挙田村」とあり、裏には
　　　「第 43 号、戊 9 月 2 日出之、亥 2 月 28 日限」とあり、「冬牘」の焼印が押されている。
　　　1922 年（大正 11）から 23 年（翌 12）の内、5 カ月余り有効であったことが判明する。
（11）　兵庫県氷上郡柏原町編・刊『柏原町誌』（1975 年）。「新山六ケ部落縁故使用地管理
　　　組合」の項ではやはり谷垣石見守について述べ、6 ケ部落縁故使用地は面積 159ha で、
　　　1924 年（大正 13）の入会林野統一の際に通称奥石戸の約 160ha を挙田、大新屋、鴨
　　　野、北山、田路の縁故使用地として 5 部落で管理してきたが、1950 年（昭和 25）に

管理強化の徹底と、林野効果の向上のため、各部落に分割管理する方が効果的とする議がまとまり、1951年に5部落の配分面積131.6ha、共同管理面積25.8haに決定したという。ただし石見神社の顕彰碑が新山管理組合発足20周年記念事業として建立されたとの叙述は正しくない。なお新町誕生に伴い、合併した「森林組合」（実は生産森林組合）についても触れている。なお2004年（平成16）11月1日に氷上郡6町が合併して、丹波市が誕生する。

(12)　本書第3章第1節第2「乙訓郡鳴谷山をめぐる入会権訴訟」は、寛文9年（1699）の裁許状（裏面が絵図）を後の時代まで大事に保存して、1886年（明治19）に京都始審裁判所の裁判上の和解まで証拠として提出するという粘り強い権利意識を持っていた貴重な事例を明らかにした。

〔付記〕　本稿の原型は、2011年9月1日に第32回中日本入会林野研究会の研究大会（於兵庫県たつの市）で行った報告「入会権・入会集団の変遷について―兵庫県丹波市の『入会顕彰碑』をてがかりに―」である。この研究に関連して、2011年12月に憲法・政治学研究会例会（於京都市労働者総合会館・ラボール）にて「入会権と『政治』―中世以来の入会集団の歴史を中心に―」のテーマで報告して、会員諸氏の御示教を得た。さらに2013年2月に大阪府交野市の市民講座にて「入会山の移り変わり―丹波の入会集団をてがかりに―」のテーマで講義を行った。上記の研究大会の私の報告に関説した、石川修司、高山敏弘、牧田勲の三氏のそれぞれの大会参加記（前掲『入会林野研究』32号）が寄せられている。

第 2　宍粟市の東河内生産森林組合の入会史
―「故焼山久吉氏頌徳碑」を中心に―

1　はじめに

　宍粟市一宮町の東河内生産森林組合は、地域の山林が 1748ha、所有形態
では当生産森林組合が 38%、株山共有林が 18%、その他は森林総研（公団）
に出している所や、宍粟市の市有林があり、残りの 18% が個人有だという。
なお株山共有林とは、1889 年（明治 22）の市制・町村制施行以前に有して
いた所を各持分（各世帯の共有入会権の持ち分）によって分割して、1892 年（明
治 25）に成立したものだという（注1）。ここの入会史に関して、以下のように
紹介されている。『宍粟郡誌』（注2）によれば、1904、1905 年（明治 37、38）頃
から公有林（入会林野）の整備（入会林野統一）の話が出たという。この中に、
3 割程度を村有林に出して、7 割を地元に残して「縁故使用地」（行政法上の
概念、実体は入会地）として使用するとなっているという。1925 年（大正 14）
に入会権者の確定が行われ、個人名（世帯主）を挙げて「権利」（共有入会権）
の有無を明確にしたという。

　さらに旧一宮町では 1966 年（昭和 41）から入会林野整備が始まり、東河
内生産森林組合は旧一宮町では 3 番目に設立され、組合員数は 199 人、出資
金 9060 万円、山林 562ha だという。最後に、若くして地域の大総代（今日
の住民総理）となり、当生産森林組合の組合長となった焼山久吉氏（1870 =
明治 3 年生）の顕彰活動、及び同氏の頌徳碑が紹介されている。

　以下では、当生産森林組合の見事な山林を見て、採録したこの頌徳碑の碑
文（縦書き）を紹介し、この碑文をめぐる歴史的考察を行い、今後の課題を
提示しておきたい。

2 東河内入会集団の「故焼山久吉氏頌徳碑」文について

碑文は次のようであるが、一部に推定箇所があることを指摘しておく。

　　　　（正面）
　故焼山久吉氏頌徳碑
　　　　皇紀二千六百年七月
　　　　　農林大臣従三位勲二等島田俊雄書
　　　　（裏面）
　氏者
　自明治廿六年至大正八年東河内
　大総代自明治三十四年至大正八
　年百三十人持管理者東河内之発
　展策山林開発上改之制度尽粋杉
　桧之植林業励揚今日之精華住民
　報□此之努力紀念功績永久者也
　　　昭和十五年十月建之

　　　発起人
　東河内
　　　東河内百三十人持
　石工
　　　田路作太郎
　　　橋本　　定雄

　これによれば、正面は焼山久吉の頌徳碑であること、この撰筆は1940年
（昭和15）7月付で農林大臣島田俊雄による。また裏面の主な意味は、焼山
が1893年（明治26）から1919年（大正8）まで東河内の大総代であったこ
と、1901年（明治34）から1919年まで「百三十人持管理者」であったこと、
そして焼山が従来の制度を改めて杉や桧の植林を奨励して、1940年（昭和15）

に精華をみることになったことにつき、焼山の功績を顕彰するというものである。この建立の月を同年 10 月とした（当時は第 2 次近衛文麿内閣）。

　頌徳彰碑を支える台座には、次のように彫られている。

　　　発起人
　　東河内
　　　東河内百三十人持
　　石工
　　　田路作太郎
　　　橋本　定雄

　以上の内容の内、入会史の上で最も注目されるのは、「東河内百三十人持」とは何を意味するのかということである。

3　碑文をめぐる検討

　入会権史や入会権意識の視角からいえば、最も重要なことは、正面に出ている「東河内百三十人持」とはなにかという問題である。先に結論からいえば、この「東河内百三十人持」とは東河内の入会集団を表す名称で、東河内入会集団は 130 世帯から成り、この数に限定されていたものと考えられる。すなわち東河内入会集団の入会権者は 130 人から構成されていたことを示しているのである。明治民法に存在した家父長制的家制度では戸主権を有していた戸長の数（世帯の数）をも示していたのである。

　この頌徳碑は、東河内入会集団が上記のような功績を残して来た「百三十人持管理者」であった焼山久吉の功績を讃える碑なのである。焼山の呼びかけに答えて、立派な植林を行い、維持してきたのは「百三十人」から成る入会集団なのである。従って、この頌徳碑もやはり実質的には「入会顕彰碑」に他ならない。

　「故焼山久吉氏頌徳碑」の撰筆は、1940 年（昭和 15）7 月に農林大臣・島田俊雄から受け取ったものと読み取れる。ただし島田俊雄が農林大臣であっ

た期間は、米内光政内閣の存続期間、すなわち 1940 年 1 月 16 日から同年 7 月 16 日までである。かつて島田は広田弘毅内閣（1936 ＝昭和 11 年 2 月 9 日～ 1937 ＝昭和 12 年 2 月 2 日）で農林大臣を務め、後に小磯国昭内閣（1944 ＝昭和 19 年～ 1945 ＝昭和 20 年 4 月 7 日）でも農商務大臣を務めるが、いずれも短期間であった（京都大学文学部国史研究室・日本近代史辞典編集委員会編『日本近代史辞典』東洋経済新報社、1958 年）。江口圭一「島田俊雄」（同書）によれば、島田俊雄（1877 ＝明治 10～1947 ＝昭和 22 年）は島根県出身、立憲政友会所属、早稲田大学などの講師の経歴を有し、1931 年（昭和 6）に犬養毅内閣の法制局長官、1942 年（昭和 17）には大東亜建設審議会委員長を歴任したという。

　東河内入会集団が 1940 年（昭和 15）という年に撰筆を受け取り、かつ碑を建立したのは当時支配的であった皇国史観に倣って「紀元 2600 年」に合わせようとしたからであると考えられる。

4　前近代における東河内入会集団の歴史

　東河内入会集団をめぐる歴史を整理してみたい。『角川日本地名大辞典　28 兵庫県』（1988 年）によれば、鎌倉～南北朝期には染河内荘が存在したが、後堀川院の時に藤原長倫に与えられ、やがて長倫は播磨一宮（現伊和神社）の神主職を手に入れて、染河内・神戸の領地も所領として手に入れたようである。しかし、この権利は不安定で進止権（現実の支配権）が国司や院に握られていたようであり、この不安定さを克服するために、この藤原氏は後高倉院の法華堂へ寄進したのだという。貞治元年（1362）8 月付で「染河内・神戸沙汰人等連判屋敷山畑争論済状」が残されており(注3)、染河内と神戸との両荘民間の入会紛争があったものと勘案される。鎌倉末期には染河内荘は書写山・円教寺（現姫路市）に寄進されるのである。播磨一宮の伊和神社（現宍粟市）は荘内に神田・修理田・神林沢田を所有していたという。

　戦国期における染河内の領主は宇野氏から神子田氏へ、やがて黒田孝高(勘兵衛)へと代わり、天正 15 年（1587）には竜野城主・木下勝俊（長嘯子、秀

吉夫人・北政所の甥）の所領となった。

　宝永5年（1715）頃には野田村・能倉村・東河内村が染河内谷といわれたという。幕末には宍粟郡内で河内の名を冠するのは「西河内村」（村高225石1斗4升5合）と「東河内村」（244石8升4合）である（『旧高旧領取調帳 近畿編』近藤出版社、1975年）。また幕末の宍粟郡には、延宝7年（1679）に入封した本多氏の山崎藩（1万石）と、享保2年（1717）に入封した小笠原氏の安志藩（1万石）とが継承されているだけである。宍粟郡の幕末の総村高は3万8500石余であるが、残りの全てが幕府領ではなかった。他に領主たちの散在所領が存在していたからである。詳しくは前掲『旧高旧領取調帳 近畿編』を参照されたい。

　幕末の東河内村などは久美浜代官支配であり幕府領であった。何故に幕府が旧一宮町域を所領としたのかといえば、美林が多く、林業経営が盛んであったことに求められる。さらに近隣の明延（あけのべ）のように優秀な鉱脈（すず、銅、亜鉛）が存在することも重要な要因であった(注4)。いずれにしても、東河内入会集団の林業は、入会権者たちの努力と共に、幕府の保護も預かって、近代に入って行ったものに違いない。

5　近代以降における東河内の入会史

　まず東河内をめぐる市町村合併の大要を見るならば、1889年（明治22）に宍粟郡の上野田・下野田・能倉（よくら）・東河内の4か村の合併があり、染河内村（そめこうち）が成立した。やがて1956年（昭和31）4月に神戸（かんべ）・染河内・下三方（しもみかた）の3か村が合併して、旧一宮町が成立し、同年9月に三方・繁盛（はんせ）の2か村も旧一宮町に編入された。現在の宍粟市が誕生したのは、山崎・一宮・波賀・千種の4か町村が合併したことによる、2005年（平成17）4月のことである。

　さて1930年（昭和5）頃の東河内の入会地を勘案するために、『昭和五年全国山林原野入会慣行調査資料　第四巻』(注5)を検討してみると、宍粟郡における「類似入会林野関係調」の染河内村には、「共有入会」（共有入会権）として、「大字下野田字向山11番-6、地目：山林、台帳面積3町4117、所

有者：下野田」と、「大字下野田字小タキダニ 595 番、台帳面積 1 町 8310、所有者：下野田・東市場、摘要：採草ノ外禁伐、整理済否：未済」との記述がある。後者では、入会林野統一には反対であったことを示していた。これらの入会地が東河内の入会地と具体的に如何なる関係を有するのかは未検討であるが、宍粟郡では他に神戸村の「共有入会」が 3 か所、同じく「毛上入会」（地役入会権）として 7 か所が挙がっており、旧一宮町の生産森林組合の共有林とどのような関連があるのか、この検討は今後の課題であろう。

　こうした種々の歴史を縫って、東河内の入会地、及び生産森林組合の共有林は発展してきたのである。

6　結びにかえて

　東河内の入会史、及びその林業の歴史を垣間見たに過ぎないが、この間には東河内の入会地にとって、地券公布・官民有区分、入会林野統一政策の問題や、入会権と市町村合併、あるいは登記、そして入会権整備をめぐる厳しい問題が存在したと考えられる。実際にはどのような状態であったのであろうか。ぜひ当事者たちによる解明を期待したい。

　とりわけ入会集団であった「東河内百三十人持」の法慣習などの具体的な内容や、「株山共有林」の規則といった現状も明らかになれば、東河内生産森林組合の共有林に対して、兵庫県民のより一層の関心を引くものと考えられる。こうしたことを手際よくまとめた、現代に至る入会権史と林業史を含む歴史読本は次世代以降の後継者たちにも必要となるものと思われるのである[注6]。

注
（1）　福田耕二（東河内生産森林組合理事）「時代に引き継ぐ林業経営」（『入会林野研究』
　　　32 号、2012 年）による。なお古川裕康「伊和生産森林組合経営の 10 年の軌跡と一宮
　　　町の生産森林組合の課題」（『中日本入会林野研究会　会報』11 号、1991 年）に東河
　　　内生産森林組合に関する若干の指摘がある。

（2）　正しくは、兵庫県宍粟郡編『兵庫県宍粟郡誌』（同県宍粟郡刊、1923 年）。

（3）　伊和神社文書（『兵庫県史　史料編　中世 3』1988 年）。

（4）　明延鉱山から専用軌道が神子畑まで通り、東洋一といわれた大選鉱場があった。この辺りは近代産業遺跡となっており、この研修では、若い友人研究者の協力を得た。

（5）　小林巳智次監修、福島正夫・北条浩編、徳川林政史研究所、1969 年。同書の兵庫県の部に関する閲覧には、当時中日本入会林野研究会の運営委員の協力を得た。

（6）　近世・近代の入会史を纏める際の重要な入会・入会権概念につき、本書第 1 章「歴史のなかの入会史」、及び付説 1「近世の入会概念と信州の歴史研究―入会顕彰碑をてがかりに―」が多少役立つ可能性があるものと思料される。

第3節　滋賀県関係の入会史

第1　栗東市の金勝生産森林組合の入会史
―部落有林野統一政策に対する抵抗を中心に―

1　はじめに

　2013年8月に中日本入会林野研究会の第33回研究大会が大津市で開かれ、事例報告として、宮城定右衛門「栗東市内における3生産森林組合の合併について」(注1)という興味深い報告が行われた。報告の趣旨は、主として上砥山生産森林組合（1974年設立、森林面積35ha、組合員144名）と平谷生産森林組合（1987年設立、70ha、364名）が金勝生産森林組合（1983年設立、305ha、515名）に吸収合併された経緯、合併協議の上での問題点、合併後の事業展開や今後の事業方針に関するものであった。現在金勝生産森林組合の事務所は、栗東市御園1614-2に置かれている。

　私が法社会史の視角から関心をもったのは、報告で詳しくは触れられなかった金勝入会集団の、とりわけ入会権に係わる歴史であった。幸いに同研究会の若い運営委員の協力を得て、近世における金勝入会集団の入会的所持権（「共同所持的入会権」）がその土地領有権の下にあったという金勝寺を見学し、金勝生産森林組合の森林の生育状況や同森林組合事務所前に存在する各種顕彰碑に遭遇したのである。ただし1923年（大正12）3月に建立された一番大きな顕彰碑は全体として風雪に冒されており、碑面の判読はかなり困難であった。

　そこで宮城氏にお願いして碑面の記録の有無を問い合わせ、宮城氏の御好意により、滋賀県栗太郡金勝村金勝財産区管理会編『金勝村有林沿革誌』(注2)を利用する機会に恵まれた。本書は、金勝入会集団の入会山が誤って官有地に編入され、入会地の下戻運動を展開するも、この地を幕末に「売買」で入

手したという人物の下戻申請と競合するという困難に直面したが、やがて和解が成立し、大きな金銭的犠牲を払いつつも、入会地として回復して、その後に「入会林野統一」（部落有林野統一）を行ったという基本資料を復刻し、これらの経緯をきわめて簡潔に叙述する貴重な史料集といってよいであろう。

　以下では、主として本書、及び宮城氏の報告を素材として、あまり触れられていない金勝生産森林組合の入会史をめぐる諸問題を解明し、今後の主な課題を鮮明にしておきたいと思う。

2　近世における金勝寺入会地をめぐる問題

　1896 年（明治 29）10 月付の「官有山林並ニ立木引戻請願」書（下戻請願書）によれば、証拠書類を挙げつつ、「元金勝寺領地ニシテ共有山林ニ有之往古ヨリ貢米を上納シ……立入自由ニ致来候処明治来四年一般社寺境外上地被仰出該山林ハ同寺境外地ト共ニ右山林誤リテ上地ニ組込ミ官有地ト相成タルモ元来貢米ヲ上納シ……立入立木伐採自由ニ致来リ候上ハ私有地タルコトハ明瞭ニ有之」と、入会の用語は使用していないが、近世における「共同所持的入会権」の主張は説得的であった。金勝寺は天台宗の寺で、現在の住所は栗東市荒張である。

　翌 1897 年 12 月付の「官林下戻請願書」を勘案すれば、反別 669 町 2 反 8 畝 24 歩は金勝寺を近世の土地領有権者とする入会的土地所持権であり、その内訳は 608 町 4 反 5 畝 6 歩が「一大字若クハ数大字共有ノ分」であり、「60 町 8 反 3 畝 18 歩」が「一個人若クハ数人共有ノ分」であるという。民有地の証拠として、代々の年貢上納や維新以降の租税上納も果たし、個人の所持者が売買した場合は村役人や金勝寺が公証し、「共有ノ分」は入会集団の規制が働いていたことも挙げられていた。

　近世の土地所有構造によれば、領主的土地領有権は被支配身分の土地所持権の実現（農民の農業経営）によって現実化する収取的権利である。土地所持権は主に百姓的土地所持権と町人的土地所持権から成るが、入会的土地所

持権は土地所持権の一部である。領主の土地領有権は廃藩置県（領主権の廃止）によって廃止され、被支配身分であった庶民の土地所持権は私的土地所有権となり、民法物権法の公布によって近代的土地所有権になることが原則であった(注3)。

　ところで金勝寺には安政3年（1856）5月付で寺持山林を国松彦兵衛なる人物に代銀25貫文で売却するという売渡證文があるが、偽文書であるか否かは別として、文言からすると、この売買は土地領有権を借金の担保にする本物返（本銭返）契約である。さらに安政5年（1858）5月の添證文によると、改めて金勝寺から「永代貴殿へ譲り渡」すこととなったという。しかし、国松は下地について一切の負担を果たして来なかったこと、山林の年貢米も全部ではなく、取分が35％だけであったことなど（滋賀県知事の主務大臣あて意見書）が明白であるので、国松の「権利」は入会的所持権ではなく、土地領有権の全てでも決してなかったのである。この「売買」は極めて限定的なものといえる。

　実は近江国栗太郡下の金勝寺の土地領有権は幕府公認の領有権である。幕末における金勝寺の土地領有権を検討すれば、近江国栗太郡12か村（牧、平野、桐生、荒張、大鳥居、観音寺、井上、金勝中、上砥山、馬場、部田、岡本の各村）の各一部に亘っている(注4)。これを具体的に検討すれば、金勝寺の領有高は荒張村の30石が金勝寺領で、他は全て金勝寺除地で12か村併せて537石7斗8升4合2夕8才となり、寺領と除地を加えると、567石7斗8升4合2夕8才となり、割と大きな所領を有していたのである。すなわち金勝寺の寺領の30石は徳川家康からの寄進といわれるように朱印地であり、残りの537石7斗8升4合余りは除地である。この除地とは一般に幕府・大名から年貢を免除された土地で、朱印地や黒印地を除いた土地を指す。朱印地は本来売買不可能の地である。除地についても領主が金勝寺であるが故に年貢を免除したのであり、領主から年貢を免除された除地の売買は通常認められないものと考えられる。従って国松某は土地領有権者になることができないのである。仮に国松某の売買は実際には地役的入会権の売買を意味すると捉えても、従来の金勝入会集団の「共同所持的入会権」と抵触することと

なるであろう。なお、地役的入会権は地盤の売買によって消滅することは法的にない。

　こうした近世の土地所有構造を明治政府の顕官たちには理解できず、金勝入会集団の入会的土地所持権（「共同所持的入会権」）を私的土地所有権として認めず、「官民有区分」を通じて官没としてしまったのである(注5)。明治政府の責任は重大である。その後、当該の「下戻問題」においても、明治政府は金勝入会集団ではなく、国松側の下戻の主張に傾いたのは何故であろうか。また、国松彦兵衛とは何者か、苗字があるのでいわゆる大庄屋的な人物か、豪農・豪商でもあったのであろうか。なお幕府によって例えば大名の土地領有権が転封などによって他の大名に取って代わられたとしても、そこに存在している入会的土地所持権は消滅するのではなく、存続するものであることも指摘しておかなければならない。

3　金勝入会地の下戻から入会林野統一までの主な歴史

（1）金勝入会集団の基本的性格

　金勝入会集団と国松側とのそれぞれの下戻問題では、明治政府は国松側の主張を容認したが、主に滋賀県知事の仲裁により、入会集団と国松側との和解が成り、入会集団は多額の出費の末に(注6)、1903 年（明治 36）2 月にほぼ所定の入会地を回復できた。しかし、これまで述べてきたように、金勝寺入会地の官没もまた誤りであり、その後の下戻や和解の出費も本来は不要なことであったと考察しなくてはならない。

　さて金勝入会地の経過につき、先の宮城論文では 1890 年（明治 23）には「金勝寺領国有林となる、村民の入会権消滅」、1903 年（明治 36）には「払下げ運動の展開、地域住民の所有となる」、翌 1904 年に「山林保護組合の設立」、1930 年（昭和 5）に「部落有林の統一が図られ金勝村有林となる」、1954 年（昭和 29）には「町村合併により金勝財産区を設立」が挙げられ、その後は三つの生産森林組合の設立などが挙げられているにすぎない。

　ここでは、下戻運動後に金勝入会地が如何なる法的形態をとって、また如何なる問題を乗り越えて、三つの生産森林組合の結成に至ったのかという問題が残されている。限られた史料から、これまで未だ不明である「下戻運動後の金勝入会地から部落有林野統一による金勝村有林へ」の主な歴史を考察してみたい。

　まず金勝入会集団と国松側との間に、1902 年（明治 35）7 月付で「国有林野下戻ニ関スル和解公正証書」が作成されるが、この入会集団の署名者たちや、例えば「所有権ノ移転ヲ受ク可キ当事者ノ氏名」に現れた人たちこそ、入会権者であった。なお翌 1903 年 2 月の「土地台帳登録申請書」によれば、金勝入会地が幾つかの区画に分かれていることが判明する。そして 1904 年（明治 37）6 月の村会決議を経て、山林保護組合規約が制定されるが、これは村内の公有及び民有（入会地）に係わる山林の保護繁殖を目的として設立されたものである。なお同じく 1904 年に公有林野整理規定によって金勝入会地においても一般的には造林に着手するが、大部分の入会林が保安林であるが故に、その作業には国の認可が必要であった。この過程では、入会山の一部を売却している。

　次に金勝入会集団の基本的性格を明らかにしてみたい。20 世紀初頭と考えられるが、金勝入会集団は「金勝村共有山林組合規約」を制定する。第 2 条にある「大字御園東坂観音寺井上荒張及上田上村大字大鳥居山本藤右衛門外四拾名ノ共有山林」という規定は、金勝入会集団の全入会権者を示している。すなわち金勝入会集団は大字の御園、東坂、観音寺、井上、荒張、及び大鳥居の山本他 40 名から成るのである。ただし、この共有団体は地縁団体それ自体ではないことが、第 7 条の「新ニ一家新立シ立入権ヲ得タル者ハ一時金拾円ヲ拠出シ入札鑑札ヲ請求スベシ、但他管ヨリ転住シタル者ニシテ入林ヲ希望シタル時ハ一時金弐拾円ヲ徴シ入林ヲ許可シ其ノ年ヨリ十ヶ年ハ第六条（入会林による利益の配当―引用者）ノ利益ノ配当ヲセザルモノトス」という規定から明確なのである。

　また同規約第 5 条によれば、入会集団は上記の 6 区の小入会集団から成り、各共有部分には差等があるが、先の配当は一戸を以って単位としていた。役

員の規定では、役員会の決議事項には入会地の処分などの権限はないが、村会議員は役員会で意見を述べることができるという。組合の総会などの会議は過半数以上の出席によって成立し、出席者の過半数で可決することができるというのであるから、あえて総会の権限の規定はないが、「全会一致」という入会権の重要な原則は一部で形骸化されていたことが判明する。なお山林の立入に関して、規約の違反に対しては、違約金の罰則が規定されている。従って金勝入会集団には「全会一致」という原則は一部で形骸化しているが、なお共同体的規制の下にあったことは明白である。

　幕末栗太郡の金勝入会集団に属する各村の幕末における村高を挙げ（前掲『旧高旧領取調帳　近畿編』）、これに見えない御薗村についても紹介しておきたい。荒張村728石3斗2升1合3夕2才、大鳥居村281石5斗6升5合6夕7才、東坂村255石6斗5升6合、観音寺村152石2斗1合、井上村156石8升2合2夕である。ただし御園村は金勝中村（同じく580石6合3夕）と上山依村（同402石3斗6升1合6夕）とが1874年（明治7）に合併して誕生した大村であった。かくして金勝入会集団における御薗村のやや指導的な地位を推測できるのである。

（2）金勝入会地の入会林野統一政策をめぐる問題

　入会林野統一（部落有林野統一）政策の背景について確認しておきたい。この言葉自体も分かりにくい表現となっていることをまず指摘しておかなければならない。近代天皇制政府は、先の日露戦争が国家歳入の10倍もの戦費を投入したアジア大陸での戦争に鑑み、自前で国外戦争ができるような強大な国家体制を作るために、日露戦後経営（注7）といわれる8・8艦隊などの軍備大拡張、主な鉄道の国有と拡張、製鉄所・電話事業の拡張、朝鮮・「満州」の植民地経営、を行おうとした。このような計画のために、国民の国税負担は2倍余りに膨張した。同時に地方に対しては地方改良運動（この言葉も分かりにくい響きを持っていた）が行われ、これは町村大合併や社寺合祀令と共に、入会林野統一政策などを主な内容としていた。町村大合併とは日露戦後経営を財政的にも担える新しい町村作りを意味し、入会林野統一政策と

は町村財産を強固にするために入会集団が有する入会林地を町村の所有へ強力に移すという異例の施策であった。すなわち日露戦後経営によって疲弊した町村の財政へ入会林地を組み入れようとするものであった。この地方改良運動の全面的な展開の宣言となったのは1908年（明治41）10月の第2次桂太郎内閣の時に発せられた「戊申詔書」である。

　この入会地受難の波はやがて金勝村へも押し寄せてきたが、この様相は如何なるものであったのか、また、この入会地の村財政への組み入れによって、金勝入会集団の入会権は全く解消してしまったのか、この重要な問題を検討してみたい。

　1930年（昭和5）10月13日に、金勝村村長・服部岩吉が金勝入会地の入会林野統一の成立について奉告祭で述べたという報告文は政府による地方改良運動の思想を忠実に反映したものであるとはいえ、この入会林野統一に現れた一定の種々の動向も反映したものであった。すなわち、かつて憲政擁護運動などの大正デモクラシーの潮流も見えていた1914年（大正3）に当時の金勝村村長・三好房吉は大正天皇即位記念事業として金勝入会地の入会林野統一を図ったが、「種々ナル議論ガ出マシタ」と述べたように、入会集団からの批判があったことが窺えよう。

　その後の鵜飼村長も尽力し、服部村長時代の1925年（大正14）に財政調査会（村会の下にカ）が設けられて、金勝村の財源を何に求めるべきかについて調査を行った結果、金勝入会集団の共有入会地500余町歩を入会林野統一すること（共有入会権を解消して、村財産と為すこと）という結論に達したという。しかし、このような処置については、入会集団から「統一ノ方法ニ至マスト種々ナル希望ヤ条件ヲ要求セラル、為メ私ノ希望スルガ如キ無条件ニハ参リ兼ネタノデ」、種々の方策を施して、4年後（ママ）の1930年（昭和5）4月頃から入会林野統一案を作成して村会議員・区長・勧業委員などと意見を交換して賛同を得たので、同1930年9月に金勝村議会へ「部落有財産編入」を付議し、満場一致で原案通り可決されたという。

　すなわち金勝入会地を金勝村の村有財産に組み入れようとする提案が1930年（昭和5）9月に村議会へなされ、同9月17日に金勝村議会は「金勝

村各大字有財産ヲ金勝村有財産ニ編入及処分ノ件ニ左記ノ方法ニ依リ編入及処分ス」との決議を行った。この申請は翌日の9月18日になされ、同年10月1日に許可されたと、『金勝村有林沿革誌』の編者は記述する(注8)。

　ここでいう「各大字有財産」とは全体の金勝入会地のことであり、「大字御園外四大字有財産」、「大字上砥山所有」、「大字荒張所有」、及び「大字観音寺所有」から成る。これらの入会山は入会権を全く消滅させて村有財産となったのかといえば、そうではなかった。村有財産への編入に際しての条件が4項目存在したのである。これらの項目について紹介したい。第1項は、あらゆる立木の伐採については歩合金を上記の大字に交付すること、ただし生育の差によって歩合には差がある。第2項は、入会林野統一後、毎年大字御園外4大字共有関係の林野から生じる収入が当該関係大字1戸当たりと、大字上砥山有林野から生じる収入が当該大字1戸当たりとを比較して、その差額の100分の70を、収入の少ない大字戸数に乗じた金額を10か年に限り、不均一の賦課または寄付金として、収入が少ない大字から納入または徴収すること。第3項は、入会林野統一後も下芝草の採集は毎年管理者が採取区域を決めて、自由に採取できること。ただし採取区域は従来通りとするも、特に村民の便否を考慮して、協議の上で変更することもあるべしとされた。第4項は、大字御園外4大字が交付を受けた歩合金は、特別会計として「関係大字罹災救助金」または「産業資本」として蓄積し、村長管理とする。ただし、この資金は別に運用規定を設定して、関係大字住民へ低利をもって貸し付けることとされた。

　この入会山の村有財産への組み入れの条件を勘案すれば、入会集団の共同体的規制を見ることができ、ここに入会集団の地役入会権の新しい成立を見ることができるのである。ところが、第1、第2、第4項は「監督官庁ニ於テ認可セザルニヨリ実行不能ナリ」とされて、これらの条項は認められなかった。ただし全て実行できなかったのかどうかは不明である。しかし第3項は認められたのであり、すなわち下芝草採取や緩やかな区域設定が可能となったのであるから、少なくとも一定の地役入会権が成立したことは明白である。これらの経過から勘案すれば、金勝集団のこの入会権意識こそが多かれ少な

かれ歴史的評価に値するものといえるのである。

　以上に検討したように、金勝入会集団の入会地は金勝村有となったが、地役入会権を有する入会集団となったものと考えられる。しかも、この「財産権移転」は莫大なものであるが故に、入会林野統一後において、1930年（昭和5）度では「部落有財産統一ノ分」として245円50銭、翌1931年度には「部落有財産統一ノ分」として滋賀県知事から補助金が供せられていたのである。実質的に、こうした補助金交付の意味を考察していかなければならないであろう。

4　結びにかえて——残された課題

　近世の金勝入会集団は、膨大な入会地を維新政府によって官没されたが、粘り強い下戻運動を行い、その後に如上の如く受難の歴史を経て、入会地として回復できたその原動力とは一体何であったのであろうか。それは金勝入会集団の生活・生産に根差した強い入会権意識の存在を抜きにしては考えることができない。このことは重要である。

　日本国憲法成立後の金勝入会集団の歩みについて、先の宮城論文の「表1金勝生産森林組合の沿革」によれば、1954年（昭和29）に「金勝財産区を設立」、1983年（昭和58）に「金勝生産森林組合の設立」が紹介されている。要するに、金勝村有林→金勝財産区→金勝生産森林組合となったとする。このような推移で大事な問題となることは、かつて金勝入会地であった金勝村有財産がいかなる理由と法的手続きによって金勝財産区に組織代えとなったのか、さらにこの金勝財産区がいかなる理由と法的手続きによって（旧）金勝生産森林組合に組織代えができたのか、ということである。

　是非、旧金勝生産森林組合の方々に、このような推移を明らかにして頂くことを望んで止まない。このような推移で推測されることは、地役入会権を有するに留まった金勝入会集団が第2次世界大戦後に共有入会権意識を再び持つようになったことの反映なのであろうか、併せて御示教を俟つ次第である。

注

（1）　『入会林野研究』34 号（2014 年）所収。

（2）　滋賀県栗太郡金勝村役場刊、1934 年（昭和 9）4 月発行、1981 年（昭和 56）再版。本稿で利用する金勝入会集団に係わる文書史料は全て本書による。

（3）　近世日本における土地所有構造、及び近世の入会的土地所持権については、後藤正人『土地所有と身分─近世の法と裁判─』（法律文化社、1995 年）、及び本書第 1 章「歴史のなかの入会史」・同章付説 1「近世の入会概念と信州の歴史研究」を参照されたい。

（4）　『旧高旧領取調帳　近畿編』（近藤出版社、1975 年）から推定。

（5）　林野官没の重要な研究として、熊谷開作『日本の近代化と土地法』第 2 章「明治顕官たちによる官没林野の収奪─那須野の場合を例として─」（日本評論社、1988 年）を参照されたい。

（6）　詳細については、前掲『金勝村有林沿革誌』66 頁以下。

（7）　日露戦後経営については、宮地正人『日露戦後政治史の研究』（東京大学出版会、1973 年）を参照されたい。

（8）　この村議会への提案を服部村長の奉告文は 9 月 18 日とするが、誤りであろう。

第2 旧栗太郡金勝入会集団の「上地」に対する抵抗
―入会地「下戻運動」を中心に―

1 はじめに

　かつて拙稿「滋賀県の金勝生産森林組合の入会史をめぐって」[注1]は、「近世における金勝寺入会地をめぐる問題」及び「金勝入会地の下戻から入会林野統一までの主な歴史」を検討した。ここで明らかになった歴史の内、とりわけ厳しかった広い意味での「下戻運動」に現れた入会地再獲得運動（入会権確認運動）とその入会権思想とが、どのように当時の入会権者や現在の生産森林組合員に意識され、継承されているのかといった問題は検討課題として残されていた。

　ここでは、さしあたり「下戻運動」をめぐって、1924年（大正12）3月付の銘のある顕彰碑を検討してみたい。滋賀県栗東市の金勝生産森林組合事務所前には幾つかの顕彰碑があり、とりわけ大きく立派な碑がここで検討する「金勝村部落有山林紀念碑」である。まず全文を紹介する。しかし現在、碑面は雨露に曝され、判読困難な個所がある。同生産森林組合の宮城定右衛門氏から紹介された『金勝村有林沿革誌』[注2]には碑文の紹介があるが全面的ではなく、小さなミスもある。また同氏から提供されたコピーは大分以前に撮ったと思われる写真であるが、若干の不鮮明な個所がある。以下では写真版を基に、同沿革誌も参考にして復刻してみた。

　次には碑文に現れた権利意識と、入会権運動に対する理念を検討し、最後に「むすびと課題」を述べておきたい。

2　「金勝村部落有山林紀念碑」の文面

碑文の全体は旧漢字であり、句読点が付されていない。

〔賢德善俗〕
　　　金勝村部落有山林紀念碑
　　　　　　　滋賀県知事從四位勲三等堀田義次郎篆額
　　　　　　　滋賀県内務部長從五位勲六等島内三郎撰
　　栗太郡金勝村部落有山林往昔属于金勝寺所領居民年納米便宜採樵因習之
久其實殆不與本村民有殊焉明治四年官令社寺上地此林地亦為國有吏民乃相
議述舊慣陳現狀纔得納料金採集柴艸之允可然其所資遠不及昔日衆歎愁久有
年焉二十九年村長井上耕吉郎深慨之提言準據二十三年農商務省訓令第二十
三號申請下附闔村賛之擧井上耕吉郎及鳥飼退蔵服部岩吉吉澤治三郎大角重
太郎三好房吉等為請願委員以圖志望之實達願來耕吉郎等忘眠食竭心從事六
年于茲至三十五年遭不允之命而下附草津町國松彦十郎村民驚駭相會凝議耕
吉郎等之他更推奥村治兵衛澤幸太郎竹村民右衛門三好菊太郎等為委員俾陳
情哀請善後之方于主務省及本縣廳河島知縣招致関係者懇訓切諭関係者亦互
重折衝遂完歸于本村部落有爰貫達宿年志望一掃歎愁歡喜満地焉蓋所以其得
若斯者竟非闔村一致熟誠努力之所効而何也邪頃者村内有志士胥謀約將來大
致力造林令此山鬱鬱秀茂以傳事蹟于永遠欲建紀念碑具狀來謁余文余望闔村
益一致實踐此約加福祉乃據狀叙其梗概以授焉云爾
　　大正十二年三月　　　官幣大社日吉神社宮司從五位笠井喬□□□

なお□□□の部分には、『金勝村有林沿革史』が述べるように、揮毫が入
るものと思われる。

3　「金勝村部落有山林紀念碑」の大意

　まず顕彰碑の上部に篆字で彫られた「賢德善俗」という題字は全体に付さ
れた言葉であり、賢く徳のあることとは善き慣習を守ることだというのであ

ろうか。これは滋賀県知事・堀田義次郎が選んだ篆額である。また撰文は同県内務部部長・島内三郎によるものである。従って、この文面は島内内務部長の文章のように見えるが、実際は金勝入会集団の意向を汲んだものと考えられる。なお、書体は現大津市の日吉神社宮司笠井喬によるもののようである。

　碑文の大意は以下のような内容である。滋賀県栗太郡金勝村の部落有山林は、昔金勝寺所領に属し、地元民は年貢米を納めて、地上の物を採集・伐採してきた。その慣習は長く続いたが、その実ほとんど村民は民有として与らなかった。ところが明治4年（1871）の社寺上地令によって、この林地は国有とされてしまった。そこで地方官吏や村民は相談して、旧慣習を述べて現状を陳述した。この結果、料金を納めて柴草を採集する許可をわずかに得ただけであった。しかし、その資する所は昔日には遠く及ばなかったので、村民たちの歎き愁いも久しかったが、遂に明治29年（1896）になり、村長・井上耕吉郎はこれを深く嘆き、明治23年（1890）の農商務省訓令第213号に準拠して（下戻）申請による下附を提言した。これには村を挙げて賛成し、鳥飼退蔵・服部岩吉・吉澤治三郎・大角重太郎・三好房吉などを請願委員となし、年来の志望を実現しようとした。これ以来、井上村長などは寝食を忘れて、これに従事すること6年、明治35年（1902）になって不許可の命に接すると共に、この林地は草津町（現草津市）の国松彦十郎に下附されてしまったのである。

　この報に接した村民たちは驚愕し、相会して議論を詰め、井上村長などの他、さらに奥村次兵衛・沢幸太郎・竹村民右衛門・三好菊太郎などを推して委員として、善後策を陳情・哀請することとし、主務省に滋賀県知事の河島を招致するに及び（意訳。碑文の「知縣」は知事の誤り）、関係者は懇ろに訓話・切論し、相互に折衝を重ねた結果、遂に本村部落有へと完全に帰したのである。ここに宿年の志望を貫徹することができ、これまでの歎愁を一掃し、歓喜は村の隅々まで行渡った。このような成果を得た所以のものは何かと言えば、村を挙げて一致団結して努力を傾けたこと以外に何があろうか。近頃、村内有志の我伍子胥たちは将来造林に大いに力を尽し、この山を鬱蒼とした

美林と為すことを盟約している。依って、こうした事績を永遠に伝えんがために、この紀念碑を建てんとしたのである。以下、割愛。

　滋賀県の官選知事・河島醇（あつし）は、1899 年（明治 32）4 月 7 日から 1902 年（同35）10 月 4 日まで在任した元鹿児島藩士である。原敬内閣下の官選知事・堀田義次郎（福岡県出身）は、1919 年（大正 8）4 月 18 日から 1923 年（同 12）10 月 25 日まで在任した。日吉神社宮司の笠井喬は撰文・揮毫を良くしたようである。ちなみに笠井は 1891 年（明治 24）5 月の大津事件の際は滋賀県官房首席としてロシア皇太子の接待係であった。

4　顕彰碑文の「下戻運動」に現れた権利意識と、その継承

　ここでは民法物権編に規定する入会権を基に、主に権利意識とその継承という点から、顕彰碑文に現れた問題点を指摘しておきたい。

　まず全体的に述べると、金勝山林が金勝入会集団の共有入会権の下にあるという意識が弱いものとなっている。金勝村部落有山林という表現は行政サイドの表現である。また民法の所有権の一つである共有入会権（民法 263 条）であるという財産権は国家・地方権力によって奪われないと明治憲法で保障されていることの認識が最も重要である。こうした意識は碑文から伺うことはできない。

　しかしながら、1897 年（明治 30）11 月付の官林下戻請願書によれば、金勝入会集団は領主の金勝寺へ毎年年貢を納め、受領の記載や署名・捺印を受け取っていた。政府による金勝入会地の上地（官没）後も 1874 年（明治 7）までは「膳所藩大津縣ヨリ舊金勝寺領及其他ノ領地ニ係ル田畑山林等ニ對スル租税ニ列記シタル免定ヲ下付セラレ之ニ由テ納租シ來レリ」と明らかにしつつ、こうした事実から金勝寺林地が「純然タル民有ナルガ故ニ、他ノ田畑等ト同一ノ手續ヲ以テ間斷ナク納租シ來リタルニモ拘ハラズ、其田畑等ハ依然民有ニシテ獨リ此山林ニ限リ官有ニ編入セラルヽハ其失當ト云ハザルベカラズ、是全ク錯誤ニ出デタルモノト確信ス」（注3）と、史料を挙げて正確に「民

有」を主張したことは貴重である。

　下戻の問題をさらに詳しく検討すれば、以下のようである。近世において国松某が金勝寺と交わした安永3年（1774年）「金勝寺持山林」の「売渡證文之事」という契約は本物返しの契約であり、同5年の「添證文ノ事」は「永代貴殿へ譲リ渡候」という契約となった。しかし、国松某は金勝寺の土地領有権を得ることは幕府が掌握する土地領有権構造から決してできないことである。というのは、朱印地は売買など土地の移転が絶対に禁じられていたからである^(注4)。国松某が有することになったのは領主である金勝寺の土地領有権に依存した「一種の債権」に過ぎなかったのではないか。

　国松某は契約後に金勝山林に対してどうであったかを見るに、「爾後使用収益処分ヲナシタル事実ヲ有セザリシノミナラズ」というのである。他方の金勝入会集団はそれ以来も元領主である金勝寺に「租税」を納め、「我々ニ於テハ更ニ在来ニ異ナルコトナク任意ニ使用収益処分ヲナセシニ係ハラズ金勝寺若クハ買得者ヨリ一回ノ異議ヲモ受ケタルコトナキノミナラズ」というのである^(注5)。従って、明治政府は、金勝山林地に入会して付加価値を与えてきた金勝入会集団に所有権を認めず、該山林地に全く付加価値を付与してこなかった国松某へ所有権を認めたことは正しかったのか、大いに疑問のある所以である。

　金勝入会集団は、国松某への下付以後、村内有志者の奮闘を基礎としつつも、知事を始めとする地方行政者の援助を得つつ、「本村部落有」に帰したと述べているが、この間の財政的負担は碑文には見えていない。ただし現在、金勝生産森林組合の林地には見事な成木が育成されており、碑文に誓った約束は十分に果たされているのである。

5　むすびと課題

　この碑文には、村内有志者たちの努力は反映されているが、法的根拠である入会権という言葉が見えていない。このことは金勝入会集団の自らの価値の法的根拠に対する認識が弱かったということを示しているのではないであ

ろうか。ただし本来は共有入会権の存在を示教すべき天皇制政府にも入会権
意識が希薄であったことは言うまでもないことである。

　入会集団のこうした共有入会権の意識が弱かったことは、林野の利用によ
る暮らしが係っているからという理由では闘えず、その後に共有入会権をな
くして、その所有権を町村へ移そうとする「入会林野統一」政策に妥協する
重要な要因となるものと考えられる。

　ところが金勝村有林が金勝財産区になり、やがて金勝生産森林組合になっ
たというのであるから、この間の法的推移と経緯は如何なるものであったの
であろうかという疑問が当然のように湧いてくる。こうした疑問に答えて頂
くよう、先の拙稿で金勝生産森林組合にお願いしたのであるが、再度ここで
も指摘しておきたい。いずれにしても、金勝村有林・金勝財産区と表現され
ていても法的・実体的に共有入会権の本質を有してきたからに他ならない、
と勘案できるからである。

　入会林野に関する顕彰碑には、実のところ入会権をめぐる厳しい運動が存
在したことが秘められている。この厳しい運動は入会集団の強い入会権意識
に支えられていたならば、各入会権者たちの「仕事と生活」が維持されるこ
とを教えているのではないだろうか。

　なお入会地は入会集団の有形無形の利用の管理によって維持される限り、
入会権が時効で消滅することはない。ただし管理だけでは、入会権者たちの
生活に役立つとはいえない。先祖以来の入会権の尊さを若い世代に伝える教
育の実践と共に、今後は入会地を生かす活動、例えば植林とその育成、果樹・
花卉・茸の栽培、レクリエーション、とりわけ自然学習・環境教育や周辺住
民たちとの交流の場として創造的に利用・管理していくことが重要であるに
違いない。

注
（1）　中日本入会林野研究会『入会林野研究』35 号（2015 年）所収。
（2）　滋賀県栗太郡金勝村金勝財産区管理会編、滋賀県栗太郡金勝村役場刊、1934 年（昭
　　　和9）4 月発行、1981 年（昭和56）再版、90 頁。
（3）　前掲『金勝村有林沿革誌』14 頁。

（4） 近世の土地所有構造と、入会概念については、後藤正人『土地所有と身分―近世の法と裁判―』（法律文化社、1995年）、及び本書第1章「歴史のなかの入会史」・同章付説1「近世の入会概念と信州の歴史研究―入会顕彰碑をてがかりに―」を参照されたい。

（5） 前掲『金勝村有林沿革誌』21頁、1900年（明治33）「陳情書」の内。

第4節　和歌山県関係の入会史

第1　神社林と南方熊楠の森林環境保護思想
—神社合祀令の廃滅運動を通じて—

1　南方熊楠の学問と思想・運動

　南方熊楠（1867～1941年）は、幕末に現在の和歌山市に資産家の息子として生まれ、長い外国での研究生活を経て、現和歌山県田辺市で生を終えた大学者である[注1]。熊楠は和歌山中学（後身が県立桐蔭高校）を卒業後、東京大学予備門（後身が旧制第一高等学校）へ進むが、その同期生に自由民権家を目指して松山から上京した正岡子規、子規から文学的薫陶を受けた夏目漱石、土佐出身の民権家である田岡正樹・正枝の兄弟や同じく橋本綱麿（後に熊楠へ依頼して、アメリカから社会主義の文献を送付してもらう）、言文一致運動を行う山田美妙、内務大臣となる水野錬太郎や、立命館の創立者といわれる西園寺公望の片腕となる中川小十郎などがいた。

　熊楠のアメリカ留学時代には在米愛国有志同盟の亡命民権家たちと交流して、その機関紙『新日本』を愛読し、民権滑稽風の『大日本』（新聞）・『珍事評論』（雑誌）の編集・発行に携わった。その後にはイギリスへ渡り、同国に滞在した8年間には猛烈な勉強と共に、大英博物館における東洋関係の仕事の実質的な責任者として活躍し、最も世界的権威のある科学雑誌『NATURE』に50本近い英文論文などを発表した。

　ロンドンでは辛亥革命の指導者となる亡命中の孫文とは刎頸の交わりを結び、孫文の武装革命に協力するマルカーン（アイルランド独立党）や、ロシアから亡命中のクロポトキンなどの革命家とも交流した。孫文が来日最後の演説「大アジア主義」（アジアの被圧迫民族は団結して欧米の帝国主義と闘うべし）に対して、熊楠は1890年代に孫文の思想に影響を与えたと、1925年9

月 21 日付で愛弟子・上松 蓊 宛の書簡に述べている(注2)。

　帰国後の日本で 20 世紀初めから、熊楠は「エコロギー」(1911＝明治 44 年 11 月 19 日付の川村竹治和歌山県知事宛の書簡。同県知事期間は 1911〜1914 年)という言葉を使用していた。すなわち「殖産用に栽培せる森林と異り、千百年来斧斤を入れざりし神林は、諸草木相互の関係はなはだ密接錯雑致し、近ごろはエコロギーと申し、この相互の関係を研究する特種専門の学問さえ出で来たりおることに御座候。然るを、今無智私慾の徒が、単に伐採既得権云々を口実とし、是非に、かかる希覯の神林を、一部分なりとも伐り去らんとするは、内外学者に取りても、史蹟名地のためにも、はなはだ惜しまるることに有之候」(注3)。

　熊楠の自然環境保護思想は、主に神社合祀令の廃滅運動を通じて本格的に展開されている。神社の消滅は、熊楠にとって、神社の神聖な森に生育する多くの粘菌、奇草・奇花や、長寿を保ってきた樹木などの喪失を意味するのであった。従って自然の宝庫である神社林地を保護することは神社の氏子たちにとっての入会地を守ることに通じているのである。

　しかし熊楠の偉大であることは、神社合祀が住民や神社の氏子たちのみならず、動植物にとって大なる生存条件の破壊であると捉えたところにあるといえよう。熊楠の神社合祀反対運動はジャーナリストや著名人や外国人の学者などに働きかけただけではなく、神社合祀を奨励し、あるいは許可の権限を持つ知事などへ働きかけ、究極的には帝国議会へ向けて神社合祀令の廃滅運動を行っていくのである。神社合祀令の廃滅は全て熊楠、及びその影響下でなされたのではないが、熊楠の提出したエコロジーの問題、政教分離とも関連する神社宗教論などは貴重な問題提起であった。環境権の規定を有しなかった明治憲法の下で生まれた、熊楠の「萌芽としての環境権」思想は、人類を含む動植物の未来にとって、大きな意義を認めることができるのである。

　熊楠の自然環境保護思想や運動は田辺市天神崎のナショナル・トラスト運動(日本最初の成功例)や、和歌山市和歌浦の環境権運動(新不老橋訴訟)へ影響を与えた。とりわけ熊楠は既に戦前において天神崎の別荘化を憂いて、ナショナル・トラスト運動を「構想」していたのである。熊楠の自然保護運

動は現代の「環境権教育」に役立つ豊かな創造的な性格を有すると考えられる⁽注4⁾。以下では、熊楠にとって神聖なる森林は自然環境へいかなる影響を及ぼすかという課題と共に、熊楠の神社合祀令廃滅運動、及び森林環境保護思想の具体相を検討してみたい。

2　南方熊楠の神社合祀令廃滅運動を通じた森林環境保護思想

（1）日露戦後経営と地方改良運動

1)　日露戦後経営

　日露戦争は、当時の国家歳入の10倍を要する軍事費を投じた対外戦争であったがために、国民には多大の犠牲をもたらした試練であった。日露戦後に日本政府は外債などに頼らない自前の帝国主義戦争ができることを目的として、以下のような政策を実行することとした。すなわち、①8・8艦隊の建造を含む軍備大拡張、②鉄道の国有と拡張、③製鉄所・電話事業の拡張、④朝鮮・「満州」の植民地経営、である。これが「日露戦後経営」と言われるものであった⁽注5⁾。

　こうした政策によって、国民の国税負担は実に2倍余りに達した。非戦や国民生活の充実などを旗印とする社会主義思想や運動などの波及によって、国民の中に新しい権利意識が芽生え、農村には農民運動が、都市には労働運動が盛んになってきた。これに対して、内務行政は官僚統治の強化を図っていく。

2)　地方改良運動

　日露戦後経営の一環として、地方に対する政府による上からの運動が地方改良運動といわれるもので、この運動の理念は一村一家、分度推譲、勤倹貯蓄などが基軸であった。市町村民の自発的服従と協力の体制作りである。具体的には、町村大合併（1911＝明治44年の市制・町村制の改正）、部落有林野の統一（入会集団が有する共有入会地を町村財政に移し、日露戦後経営を担える町村作りのため）、増税諸法や社寺の大合併などであった。

3) 神社合祀令の法制上の背景

① 1906 年（明治 39）4 月 6 日付の法律第 24 号「官国幣社経費ニ関スル法律」・同年 4 月 28 日付の勅令第 96 号「府県社以下神社ノ神饌幣帛料供進ニ関スル件」があり、神社合祀に係わる直接の法令は同年 8 月 9 日付の勅令「神社寺院仏堂合併跡地ノ譲与ニ関スル件」であり、この勅令に基づいて、同年 8 月 14 日付で内務省神社・宗教両局長の通牒（社甲 16 号）が出されるのである。ここには神社合祀の目的が神社崇敬の実を挙げることにあったことが判明する[注6]。

（2）神社合祀令と南方熊楠の廃滅運動

1) 神社合祀令とは、地域の民間信仰を近代天皇制国家神道へ統合しようとした宗教思想の統一政策であった。神社合祀に関する法律・勅令・通牒を受けて、熱心に神社合祀政策を行ったのは特に三重県と和歌山県である。熊楠は、1910 年（明治 43）6 月 21 日付の『牟婁新報』（本社は当時西牟婁郡田辺町）を引いて、合祀された神社の数が最も多いのは三重県の 5320 社、次いで和歌山県の 2409 社であると挙げている。

和歌山県の「神社の存置と合併の基準」（1906 ＝明治 39 年 12 月）の原則は、①村社は一町村に一社とする、②無格社は全て村社に合祀する、というものである。この場合、天皇・領主などと深い関係を有するか、あるいは地方に功績・縁故を有するか、という例外が認められている。しかし、いずれの場合でも神社の維持確実であることが条件である。また以上に当てはまらない神社の場合には合祀を奨励されるが、合祀に応じたくない場合には村社や無格社は一定の坪数を保有する境内・本殿・拝殿や、鳥居の保有、神職の常置と一定の報酬、一定の基本財産の保有や、一定の常収方法の策定などが義務付けられており、実にこれらの条件を準備することを誓い、合祀を否認する場合には誓約書を県当局へ差し出して、実行を期さねばならなかったのである（『牟婁新報』662 号、1906 年 12 月）。

ここで神社合祀令の事実上の廃滅について予め述べておくと、熊楠を中心とする廃滅運動などによって、貴族院での合祀廃止の議論なども加わり、1918

年（大正7）3月の貴族院予算委員会第3分科会で「神社ノ合祀ハ万已ムヲ得ザルモノノ外容易ニ之ヲ許ササルノ方針ヲ取ラレンコトヲ望ム」という内容が全会一致で決議された。内務大臣の水野錬太郎は、地方官会議で神社合併の措置について、最も慎重な調査を経なければならないと指示するまでに至ったのである。

2）　熊楠の神社合祀令廃滅運動

熊楠は自ら神社合祀の動きや神社林の乱伐に対して具体的な説得に出掛けていることはもちろん、各種の新聞・雑誌へ積極的に原稿を送り、講演も行っている。主な例を指摘したい。

①帝国議会への要請〔中村啓次郎代議士への働きかけ〕

熊楠は地元選出の衆議院議員・中村啓次郎へ参考資料を提供して議会へ働きかけている。中村を含む3名の議員連名で「神社合祀ニ関スル質問主意書」を1910年（明治43）3月18日付で提出する。また中村は賛成議員32名を得て同年3月22日付で「神社合祀ニ関スル再質問主意書」を提出する。さらに中村は1912年（明治45）2月28日付で「神社併合奨励ニ関スル質問主意書」を賛成議員63名と共に提出していく。これらの質問に対して、平田東助内相が答弁書を提出している。原敬内相の答弁書（同年3月20日付）には神社合祀には厳重な監督と慎重な考証との上で行うことなどを述べているが、神社信仰と憲法との関係や社寺林が有する環境的機能に関する視点は全くなかったのである。

②ジャーナリストへの働きかけ〔杉村楚人冠（朝日新聞社の大ジャーナリスト）の場合〕

熊楠は、和歌山中学の後輩・杉村楚人冠〈広太郎、縦横〉へ神社合祀令廃滅運動の影響を与えている。楚人冠の記事「乱暴なる神社合祀　紀州熊野の実例二三」（「東京朝日」8934号、1911＝明治44年6月22日付）などに熊楠の影響が見られる。

③植物学者への働きかけ〔白井光太郎・帝国大学教授の場合〕

白井「郷土の破壊と天然記念物」（『中学世界』16-15、1913＝大正2年11月）に熊楠の影響が認められる。白井は、神社合祀令に最も熱心な山県有朋に叱

責されても、神社合祀反対の主張を譲らなかった。

　④民俗学者への働きかけ〔柳田国男の場合〕

　柳田国男は、熊楠が大学予備門時代の教員であった東大理学部生物学科助教授・松村任三に宛てた神社合祀反対のための膨大な量の書簡を『南方二書』として印刷し、各界の代表者へ配布した。

（3）南方熊楠の神社合祀令廃滅の思想と森林環境保護論

　熊楠が先に紹介した県知事あての書簡（1911年11月11日付）で「エコロジー」の概念を以下のように捉えていたことを再び挙げておきたい。「千百年来斧斤を入れざりし神林は、諸草木相互の関係はなはだ密接錯雑致し、近ごろはエコロギーと申し、この相互の関係を研究する特種専門の学問さえ出で来たりおることに御座候」とある(注7)。

1）熊楠の神社合祀令廃滅の思想

　熊楠は神社合祀反対意見を8箇条に纏め、それぞれの箇条について、具体的な多くの実例と論理とを導入して、神社合祀令廃滅の思想を1912年（明治45）2月9日付の白井光太郎宛の書簡に発表している(注8)。

　　1　神社合祀で敬神思想を高めたりとは、政府当局が地方官公吏の書上に瞞されおるの至りなり。

　　2　神社合祀は人民の和融を妨ぐ。

　　3　合祀は地方を衰微せしむ。

　　4　神社合祀は庶民の慰安を奪い、人情を薄うし、風俗を害することおびただし。

　　5　神社合祀は愛国心を損ずることおびただし。

　　6　合祀は土地の治安と利益に大害あり。

　　7　神社合祀は史蹟と古伝を滅却す。

　　8　合祀は天然風景と天然記念物を亡滅す。

2）熊楠の森林環境保護思想

　熊楠の森林環境保護思想は、神聖な森が日本人の美的感覚や愛国心を育み、動植物を保護してきたことの指摘の中に最も鮮明に現れている。この熊楠書

簡はリスターの学術論文「日本産粘菌について」（『英国粘菌学会報』1915 年、第 5 巻）に引用されたものである（注9）。こうした森林が持つ大きな役割をイギリスのギューリエルマ・リスター（植物学者・リンネ協会特別会員）宛の書簡から紹介しておきたい。

① 1909 年（明治 42）5 月付「以前は猿神社の社の神聖さをいやがうえにも高めていた森が、一本の木も残さずすっかり消え失せてしまっていたのです。……風景は完全に破壊されてしまいました。近年は毎日のように行われているこうした破壊行為は、日本人の美的感覚のみならず愛国心をも、遠からず荒廃させることになりそうです」。

　この猿神社は、当時稲成村糸田（現田辺市稲成町）にあったが、明治末に稲成村の日吉神社に合祀された。

② 1910 年 4 月付「昨年九月から私は政府当局に対しけんめいの抗議活動を行っています。政府は、古い歴史をもつわれわれの神社を次から次へと取り壊し、その破壊行為は必然的に無数の動植物を絶滅させるというきわめて嘆かわしい結果をもたらしました。そうした動植物は、ひたすら神聖な森の庇護のもとにこれまで存在を続けてきたのです。強欲な奴らは樹木を切り倒しては金に換えています。この三月に友人の代議士が、私に代わって衆議院で大演説を行い、三一人の賛同を獲得しました。その演説では、科学的にみてきわめて遺憾な損失の例として糸田の神社のはなしが持ち出されました。同じ日、内務省は、全国の地方行政当局あてに次のような通達を出すことを約しました。その内容は、今後、歴史の古い、科学的に興味深い神社の取り壊しにあたっては、事前にできる限り慎重な審議を尽くすようにというものです」。

③ 1911 年付「神社の保存のために戦ってきましたが、現在ではわが国の知識人はおおむね私に賛同してくれているのに満足しています。政府の措置に対して過激な反対行動をとったため、昨年九月には一八日間拘留（勾留―引用者）されましたが、みなが私のために騒いでくれたおかげで、無罪放免になりました。……科学の大義のために留置

（勾留—引用者）にも耐えた記念として、監獄の古柱の上に生えているのを見付けた Stemonitisu の一片を採取してきました。今回お送りする箱のなかの一つにそれが入っています」。

3 南方熊楠の森林環境保護思想の内在的・外在的要因

（1）国内での森林環境勉学の契機

① 熊楠の郷土の友人：川瀬善太郎（後に帝大林政学教授）

川瀬善太郎（当時・農林学校学生）「森林ト水トノ関係」（『和歌山学生会雑誌』6号、1889年）では、「吾人が森林を需要する目的に二種あり。……此保護林なるもは国土保安上に於て最要用なるものにして之を細別すれば水源涵養、洪水保護、土砂扞止、気候調和、及び風致装飾之なり」。

熊楠はこうした考えにも学んだことと思われる。熊楠と川瀬も、この和歌山学生会に所属していた[注10]。

② 熊楠の東大予備門学生時代の教員：松村任三（帝大植物学助教授）

熊楠は、先に紹介したように、植物学の教えを受けた松村宛へ膨大な二つの書簡を送り、神社合祀令が種々の環境を破壊していることを具体的に述べて、この一連の法令の廃止を訴えた。先に述べたように、民俗学の後輩・柳田国男がこれを印刷した。

（2）外国での自然保護運動との接触

熊楠はアメリカにおいて亡命民権家を中心とする在米愛国有志同盟の同盟員たちとの自由民権運動などの民主主義運動を行っており、そうした思想を受容していた。従って、その後の熊楠のロンドン時代（1892～1900年）が重要である。

とりわけ当時のイギリスでは社会主義者で芸術家・詩人のウィリアム・モリス（1834～96年）が自然保護運動を行い、古建築物保存協会を組織して、古建築物の現代風な修復に対して反対運動を行い、中世の職人の手仕事の中

に芸術を見出していた。モリスを中心とする歴史的環境の保全運動などにも熊楠は具体的に接していたものと思料される。熊楠は、モリスが晩年深く関わったサウス・ケンジントン博物館（現ビクトリア・アンド・アルバート美術館）にも 1899 年から通っていたからである(注11)。当時、イギリスではナショナル・トラスト運動も開始されていた。なお熊楠にもナショナル・トラスト運動の影響が「天神崎別荘化」に対する危惧の思想に示されていく。

注

（1）　和歌山県白浜町に南方熊楠記念館があり、京大の臨海実験所の近くである。田辺市には南方熊楠顕彰館がある。

（2）　後藤正人『南方熊楠の思想と運動』（世界思想社、2002 年）222〜225 頁を参照。本書は主に「民権・環境・国際交流」の視角から検討している。

（3）　『南方熊楠全集7』（平凡社、1971 年）526 頁。

（4）　後藤正人『現代社会科教育研究―紀州・日本・世界―』（和歌山大学法史学研究会、2002 年）第 8 章「『環境教育』―南方熊楠の自然環境保護思想―」を参照。

（5）　日露戦後経営・地方改良運動については、宮地正人『日露戦後政治史の研究―帝国主義形成期の都市と農村―』第 1 章（東京大学出版会、1973 年）が先駆的に重要な分析を行っている。日露戦争後における民衆生活の窮乏化の実態について、後藤正人『歴史、文芸、教育―自由・平等・友愛の復権―』（和歌山大学法史学研究会、2005 年）第 1 章「戦争と国民―日露戦争と民衆をめぐって―」第 5 節「戦争と民衆生活」を検討したことがある。

（6）　この内務省神社・宗教両局長の通牒を含む神社合祀令の詳しい分析は、前掲後藤『南方熊楠の思想と運動』第 5 章「熊楠の神社合祀令廃滅運動―1902〜21 年―」を参照。

（7）　前掲『南方熊楠全集7』526 頁。

（8）　同上 529 頁以下。この指摘を最初に行ったのは、後藤「現代人権発展論と南方熊楠の環境権運動―神社合祀反対運動にあらわれた『社会権』思想―」351 頁（安藤精一編『紀州史研究 4　総特集熊野Ⅱ』国書刊行会、1989 年）である。

（9）　ギューリエルマ・リスター（高橋健次訳）「日本産粘菌について」（『南方熊楠日記 4』月報 4、八坂書房、1989 年）。

（10）　後藤正人『権利の法社会史―近代国家と民衆運動―』（法律文化社、1993 年）86〜89 頁。

（11）　前掲後藤『南方熊楠の思想と運動』201 頁、後藤「ウィリアム・モリスをめぐる芋銭、花外、熊楠」（黒木三郎先生傘寿記念集『旅する法社会学者―八十年の軌跡―』東京紙工社、2002 年）を参照。ウィリアム・モリスについては、名古忠行『ウィリアム・モリス』（研究社、2004 年）が詳細である。

〔付記〕 本稿の原型は、2000 年 8 月に第 21 回中日本入会林研究会研究大会（於奈良市）
において「南方熊楠の森林環境思想—神社合祀令の廃滅を通じて—」のテーマでの
報告が基礎となっている。なお報告に関説したものとして、村上弥生氏と岩松文代
氏の二つの大会参加記（『中日本入会林野研究会　会報』21 号、2001 年）がある。

第2　田辺湾神島と史蹟名勝天然紀念物保存法
―南方熊楠の指定運動をめぐって―

1　神島における植生の特異性について

　和歌山県田辺市鳥の巣の泥岩岩脈から海上 350m ほどに存在する小島が神島（か）
島（しま）である。この島は、大小二つの島から成るが、世界的科学雑誌『NATURE』
に 50 本近い論文などを有する世界的大学者の南方熊楠がすでに指摘するよ
うに、俗に弯珠（ワンジュ）といわれるハカマカズラや、バクチノキなどの極めて貴重な
樹木に恵まれている。このワンジュは、「古来熊野詣での輩、この蔓生植物（まんせい）
の実を一つ持てば道中悪虫に螫（さ）されず、諸事無難なりと尊信」されたとい
う（注1）。また、念珠にも珍重された。このように神島は熊野参詣道と密接に
係わっているが、2004 年 7 月 7 日に世界遺産として登録された「紀伊山地
の霊場と参詣道」には含まれなかった。しかし 2015 年 9 月 24 日に、吉野熊
野国立公園が拡張された機会に、この国立公園に編入されている。

　　［参考］『紀伊続風土記』（幕末に紀州藩命により、国学者を中心に編纂）
　　　　　　によれば、「○弯珠　一名袴加都良○大蔓にして其茎の周二尺に及
　　　　　　ふ。長さ数丈にして喬木上に蔓（の）ふ。葉矢筈の如くにして互生す。花
　　　　　　は未たみす。莢（さや）の形扁豆（不詳）に似て濶（ひろ）く、中に二黒子あり。至
　　　　　　りて堅し。形羅望子（ワニグチモダマ、南方熊楠による）に似て、
　　　　　　小さし。根は黒色、大塊なり。俗に此実を帯びて悪気を辟くといふ」。

　神島は、『紀伊続風土記』の「新庄村」条に、「○神島明神森　境内島九町
鳥ノ巣より海上三町計を隔てゝ神島にあり。祈神祥ならす」とあり、島全
体が氏子たちの神聖な森であり、氏子たちの入会地であったと勘案される。
同村小祠八社の一として、「若宮　社地周百二十間、小名鳥ノ巣にあり。末
社神島明神社中の御前社あり、又拝殿あり」、とある。半島の様子からも、

神島明神社の崇敬の有り様が判明する。

　熊楠はいかなる運動によって神島の法的な保護を獲得して行くのか。同時にこの保護運動は入会地としての一種の保護運動であったのである。また神島が一部の専門家だけの対象地となるのはいかなる問題を生ずるのか、考えてみたいと思う。

2　神島の保安林化と神島の植生調査

　1911年（明治44）6、7月頃、新庄村（現田辺市新庄町）が小学校改築費に充てるために、その頃は「村有」となっていた神島の神林を売却して、伐採に取り掛かったことがあった。熊楠は、西牟婁郡田辺町（現田辺市）で発行された『牟婁新報』社長の毛利柴庵（清雅、熊楠の社会運動の同志）と共に、当時の榎本宇三郎村長に説き、村会の決議を経て売却した林木を買い戻して、神林の保護に努めた。熊楠は、島内の弯珠が極めて衰頽していることに鑑みて、当時の和歌山県知事・川上親晴に申請した結果、神島は翌1912年5月5日に県の保安林へ編入された。この保安林制度によって伐採・土石採掘が制限され、受粉を盛んにすることによって、1916年（大正5）、17年には弯珠の一定の繁茂が生じた。

　熊楠は、1929年（昭和4）6月に昭和天皇に対する進講によって神島の植物学上の貴重性をアピールすることに成功したが、神島の植生を国家的保護の下に置くために史蹟名勝天然紀念物保存法による法的保護による必要があることを認識した。神島のある新庄村の榎本村長へ宛てた、1932年（昭和7）4月付の熊楠書簡[注2]によれば、神島の史蹟名勝の理由は「聖上臨幸の史蹟」であり、天然紀念物とは「ワンジュ及び粘菌アルクリア、ヨネモトイ」の存在であった。熊楠は、この頃にはすでに内務省へ指定の申請を考慮していたのである。

　ところで熊楠が1933年（昭和8）5月の月刊雑誌『日本及日本人』に発表した「南方翁より第二信」によれば、新庄村議会は小学校建築のためにまたもや神島の神林を伐採して、その売上高によって無料で建築を行おうと決議

した。神林の一部の伐採を聞きつけた熊楠は、「毛利清雅氏と二人、いろいろ当時の村長榎本宇三郎氏に説き伐採中止、買い取り人に交渉して納金を返却し、神林を保存に及」んだ(注3)。

　そこで熊楠は、新庄村村長による田辺営林署長宛の「新庄村有神島山林樹木調査請願」が許可されたことを確認して、1934 年 10 月に植物学の弟子・樫山嘉一へ書簡を出し、近く神島が史蹟名勝天然紀念物として内務大臣の指定を受けるために、神島調査の協力を依頼する。その際に「島内のことは一切口外せぬ約束にて」ということである。要するに「之を口外されては、一、二年の内に何もかも盗み去られ了る也。盗んでくれと云て広告する様なことになる」からであった(注4)。熊楠の自然の恵みを永久に子孫へ残そうという深い配慮を読み取ることができる。

　1934 年（昭和 9）10 月付で提出された田辺営林署長宛の「調査請願書」(注5)は、新庄村村長・坂本菊松の名で提出されているが、その内容は熊楠の考えによったことは間違いない。

　　　昭和四年六月一日、聖上陛下田辺湾地方御巡幸の御砌、当村神島へ御上陸其の森林を親から御視察在らせられしは村民一同永く無上の光栄と仰ぎ奉る次第に有之候。就ては科学御尊重の聖旨に副い奉るべく、彼の島に現存する生物諸品を永遠に保存して科学上皇室と国家の御用に備ふる為に史蹟天然記（紀）念物として主務省の指定申請することと相成、同島の樹木種類別、員数を調査致度候。只不慣の為め先輩各位の御援助を仰ぐにあらざれば万全期し難く、過般来南方熊楠先生に御依頼致し置き候次第に付、御繁務中御手数恐縮に被存候へども、何卒事情御賢察の上、御繰合、本月中に御署員同島に御派遣御精査可相成様御配慮相賜り度、此段伏して奉懇願候也。
　　　追て、御派遣の日時決定相成候得者、当日当役場吏員は勿論南方熊楠先生も御同行なされ候筈に付、御了承相成度此段申添候也。（下略）

　神島調査の最大の理由は、まず昭和天皇が神島を自ら視察したことを挙げて、こうした天皇の自然科学尊重の精神に副（そ）うために、神島の全生物を永久

に保存して、皇室及び国家の要請に科学的に備えるために、史蹟名勝天然紀念物として内務省へ指定申請をするためとした。熊楠は、科学を尊重する天皇を拠り所にしたのである。

　この請願が許可された結果、神島の測量と調査が同1934年（昭和9）11月5、6日に行われ、その後も熊楠たちは神島へ渡って調査を続け、同11月の終わりには、神島の植物総目録は一応できたものと勘案される。翌12月下旬には、神島の地図3点、及び写真6点（行幸記念碑を含む）の用意は早急にできたが、史蹟名勝天然紀念物指定の申請書の作成は慎重を要した。

　熊楠は、神島を原敬内閣の下で1919年（大正8）4月10日成立の史蹟名勝天然紀念物保存法（法律44号、施行同年6月1日）によって指定を受け、島への立ち入りを禁止して、その植生を保護することとした。そのためには、指定権者である内務大臣の承認を得ることが必要であった。本法に基づいて史蹟名勝天然紀念物調査会官制（同年5月、勅令258号。調査会は内務大臣の諮問機関）と史蹟名勝天然紀念物保存法施行令（同年12月、勅令499号）が制定された。この指定の事務は、1928年（昭和3）に文部省宗教局（1913＝大正2年設置）へ移管されている^(注6)。

　　［参考］　○史蹟名勝天然紀念物保存法（抜粋）
　　　　第一条　本法ヲ適用スヘキ史蹟名勝天然紀念物ハ内務大臣之ヲ指定ス
　　　　　　　　前項ノ指定以前ニ於テ必要アルトキハ地方長官ハ仮ニ之ヲ指定スルコトヲ得
　　　　第三条　史蹟名勝天然紀念物ニ関シ其ノ現状ヲ変更シ又ハ其ノ保存ニ影響ヲ及ホスヘキ行為ヲ為サムトスルトキハ地方長官ノ許可ヲ受クヘシ
　　　　第四条　内務大臣ハ史蹟名勝天然紀念物ノ保存ニ関シ地域ヲ定メテ一定ノ行為ヲ禁止若ハ制限シ又ハ必要ナル施設ヲ命スルコトヲ得
　　　　　　　　（中略）
　　　　第五条　内務大臣ハ地方公共団体ヲ指定シテ史蹟名勝天然紀念物

　　　　　ノ管理ヲ為サシムルコトヲ得
　　　　　前項ノ管理ニ要スル費用ハ当該公共団体ノ負担トス
　　　　　国庫ハ前項ノ費用ニ対シ其ノ一部ヲ補助スルコトヲ得
　　第六条　第三条ノ規定ニ違反シ又ハ第四条第一項ノ規定ニ依ル命
　　　　　令ニ違反シタル者ハ六月以下ノ禁錮若ハ拘留又ハ百円以下
　　　　　ノ罰金若ハ科料ニ処ス
　　○史蹟名勝天然紀念物保存法施行令（抜粋）
　　第一条　内務大臣史蹟名勝天然紀念物保存法第一条ノ規定ニ依ル
　　　　　指定ヲ為シ又ハ其ノ指定ヲ解除セムトスルトキハ史蹟名勝
　　　　　天然紀念物調査会に諮問スヘシ

3　神島の「史蹟名勝天然紀念物保存法」による、熊楠の指定運動と思想

　熊楠は、神島の史蹟名勝天然紀念物指定申請書の案文について県会議員の毛利柴庵と相談する。この案文を熊楠は毛利から 1934 年（昭和 9）12 月 20 日に入手した。熊楠は毛利へ申請書を同月 24 日朝までに届けるので、できるだけ同 24 日の午前もしくは翌 25 日に和歌山県庁へ差し出してくれるように要請した(注7)。1934 年 12 月 21 日付の「和歌山県田辺湾内神島を史蹟名勝天然記（紀）念物保護区域に指定申請書」(注8)を対象として、神島の史蹟名勝天然紀念物指定運動に現れた、熊楠の思想を検討してみたい。

　提出者には、新庄村村長・坂本菊松と前村長・田上次郎吉、調査主者・熊楠、調査者で和歌山県史蹟名勝天然紀念物調査委員・毛利清雅の 4 名が名を連ねていた。しかし、この申請書は形式的には毛利の意見に従ったが、歴史上かつ植物学上の点については熊楠の考えが展開されている。申請書の記述は極めて重要なので、主な内容を紹介しておきたい。

　［参考］「神島の史蹟名勝天然紀念物指定申請書」
　一　名称神島（カシマ）

一　所在地　和歌山県西牟婁郡新庄村字北鳥ノ巣三九七二番地
一　地目及び地積　山林土地台帳に面積参町六畝弐拾壱歩とあり、昭和九
　　年十一月田辺営林署の実測により、面積二ヘクタール九九と分明す。
一　所有者　新庄村
一　管理者　新庄村長
一　申請　御省より史蹟名勝天然記（紀）念物保護区域に指定を申請す。
一　現状及び由来。……

　　……遠近の眺望絶佳なれば、『建保三年内裏名所百首』恋の二十首
　　の内、順徳天皇、僧正行意、家隆朝臣、忠定朝臣の詠歌、いずれも紀
　　伊国磯間浦（現時田辺町の内）に合せてこの神島を読みたり。

　　……東島の島頂に古来健御雷之男命と武夷鳥命を祀り、海上鎮護の
　　霊祇として、本村は勿論近隣町村民の尊崇はなはだ厚く、除夜にその
　　神竜身を現じて海を渡るよう信じたり。

　　明治四十二年本村村社を合祀してすでに二十五年を経る今日といえ
　　ども、素朴の漁民賽拝を絶たず、供品腐るに及ぶも掠め去らず。この
　　輩島内の一木一石だに犯さず、もっぱら畏敬して近日に及べり。上述
　　のごとくこの島名勝をもって古く聞こえたるが上に、また特にその絶
　　好の彎珠を産するをもって著わる。これは豆科の大攀登植物にて、『紀
　　伊続風土記』九四に……とあり。琉球と九州南部、四国南端にもあれ
　　ど、本州にあって紀伊のみに産し、古来この神島と西牟婁郡江住村二、
　　三所と和深村の江田の双島とがその産地として著わる。就中神島の物
　　形最も円く肌細かに光強く外面凹凸なきをもって、念珠を作るに最も
　　貴ばる。古伝に、神島に毒虫あるも人を害せず、これ島神の誓願によ
　　る。

　　故に夏期に熊野に詣ずる者、多く島神に祈り彎珠一粒を申し受け、
　　これを佩びて悪気と毒虫を避けしという。宇井縫蔵の『紀州植物誌』
　　にいわく、神島産の彎珠は、幹の最も大きもの周囲一尺ばかり、蜿蜒
　　として長蛇のごとく、鬱蒼たる樹間を縫うて繁茂せり、と。これよく
　　形容せるの辞、単独林下に在りてはいと気味悪く覚ゆる程なり。した
　　がって古く島神を竜蛇身を具え悪気毒虫を制すと信ぜしなるべし。過
　　ぐる明治四十四年六、七月の交、新庄村小学校舎改築費に宛てんがた
　　め、この旧神林を売却して択伐に取り懸かると聞き及び、毛利、南方
　　二人、当時の村長榎本宇三郎に説くところあり、榎本その道理あるを
　　認め、村会の議決を経て売却せる林木を買い戻し、もっぱら神林の保

護に力む。その時南方神林に入りて彎珠のはなはだしく衰頽せるを見、その再興の方策を建て、当時の川上親晴に申請して、翌四十五年五月五日保安林に編入さるるを得、同月十日入山禁止を標示し、力めてその花の受精を盛んならしめること十六、七年にして、一旦絶滅に瀕する彎珠が復た全盛するのみならず、かつてこれを産せざりし西部小島また彎珠を生ずるに及べり。この彎珠再興の方策は、五年前御召艦長門に召されし節、南方が聖聴に達し奉りしところなり。

　また、上述のごとく神島の神は近年まで諸人に畏敬されたるを以て、神林が人為の改変を受けしことはほとんど絶無なれば、林中の生物思うままに発育を遂げ得、また近地に絶滅してここにのみ残存する物多く、往々今までこの島にのみ見出されて全く他所に見えざるもあり。現時確かに知れたる神島産顕花植物および羊歯類総て一百八十五種、……。……等は田辺湾付近にこの島以外に全く見ず、あるいは絶滅に瀕し在り。……南方が立てたる新菌属シクロドンは、この島と日高郡川上村のみに産し、新菌種ストロファリア・スグサルサは海水近く生ずる希有の物にて、この島のみに生ず。

　聖上御研究の粘菌類に在りても、……四品の中、二種はこの島に限って生じ、二種は各その島の外一地に限って生ず。（熊楠の進講と顕彰歌・顕彰碑のこと……中略）

　爾来毎年六月一日を行幸記念日と定め、村内各戸国旗を掲げ、小学校にて記念式典を挙行し、校長等より訓話をなし、一に誠心もて、奉祝し来たれり。然るところ近年道路の開通、土地会社の宣伝等により、爰に遠からざる湯崎、白良浜等隣村温泉等への遊覧者、しばしば温泉等に無関係のこの島に濫入し、はなはだしきは学校職員、官公吏など種種の方便を仮り、この島監視人の目を掠め、天然記（紀）念諸物を偸み去り、破損するもの多し。……ことに不埒なるは、最近猥りに入林し手に任せて植物を抜き取りその場に捨て去る者ありしこと数回なり。これを上述素朴の漁民が旧祠趾に捧げある餞物錆び腐るを見るも盗まざるに比して、人心に霄壤の差あるを見る。（中略）

　右の次第に付き、何とぞ閣下の御同情と御英断をもって、一日も速く本島全部を史蹟名勝天然記（紀）念物区域に御指定相成りたく、この島の形相と事歴を徴するに必要なる別紙図面三枚……、写真六枚……で説明要略を書き付け、この申請書に相添え、従来の関係者四人連署の上、県知事を経由し右の段至急申請仕り候なり。本島は昭和五

年五月三十一日県告示二二八号をもって、本県史蹟名勝天然記（紀）
念物保存顕彰規程により指定されおり、その後しばしば本省へ指定申
請すべく県庁の人々より勧められたるも、従来伝え来たりし地積は正
確を保し難く、ことに林樹の直径階別本数は一切不明なりしをもって、
最近正確なる調査を遂げようやく申請仕り候。今年九月二十一日の大
暴風にて本島の樹木多くは流され去り、彎珠の老木は十の九まで海中
へ飛散したれば、このまま人の侵入するに任せては遠からず全滅すべ
しと惟わる。

　これによれば、神島は 1930 年（昭和 5）5 月 31 日に県の史蹟名勝天然紀
念物に指定された。しかし熊楠は、やはり国家の指定を受けなければ万全で
はないと考えて、神島に「史蹟名勝」と「天然紀念物」とに値する相応しい
意味を与えている。まず「史蹟名勝」では、特に神島を詠った順徳天皇など
の君臣の和歌、神域としての崇敬、昭和天皇の神島上陸と採集、進講・顕彰
歌を伴う顕彰碑、そして毎年 6 月 1 日を行幸記念日として村内各戸の国旗掲
揚と小学校式典・校長の訓話といった奉祝などが存在したことを挙げてい
る。
　また「天然紀念物」では、まず神島が地域の住民たちに畏敬されたので、
「人為の改変」を受けたことが全くなかったこと、その結果、生物は思いの
ままに生育してきたことを指摘している。とりわけ彎珠は全国でもごく一部
にしか存在せず、本州では紀伊の一部にのみ存在するが、神島のそれは形が
もっとも丸く、肌も細やかで光沢も鮮やか、しかも表面には凹凸がなかった
のである。この島にだけ残存するものでは、神島産顕花植物及び羊歯類総て
185 種がある。またリュウキュウカラスウリ、チョウジカズラなども貴重で
あった。熊楠は自分の立てた新菌類属シクロドンのことや、新菌種ストロファ
リア・スグサルサがこの島のみに生育すると述べている。さらに昭和天皇研
究の粘菌類にあっても 4 品のうち、2 種はこの島のみに生じ、他の 2 種は他
の一地にのみ生じることを挙げていた。
　熊楠は、神島が「史蹟名勝」と「天然紀念物」に値するにつき、共通する
要素として、古来より熊野詣などの人々が多く島神に祈って彎珠を貰い受け

て、毒虫などを避けたことも、神島への崇敬をもたらしたと指摘している。
また『紀伊続風土記』にも称揚された弯珠は、本州では紀伊のみにあり、神
島の弯珠が全国的にもっとも優れており、念珠には最も貴ばれていたことも
挙げられていた。最近では密かに島へ渡って植物を抜き取る者も現れ、近い
将来には絶滅の危機を指摘して、申請に至ったことを述べて結んでいる。

　翌 1935 年（昭和 10）4 月に発行された『和歌山県史蹟名勝天然紀念物調
査会報告』第 14 号にも、熊楠を始め 4 名による指定申請書からの抜粋が記
録されているのである。

　神島の史蹟名勝天然紀念物指定は申請時から 1 年余りも経過して、熊楠を
嘆かせたが、遂に神島は史蹟名勝天然紀念物として 1936 年（昭和 11）1 月 15
日に文部省によって指定される。『文部省天然紀念物調査報告書』（植物之部
第 6 編輯、同年 3 月刊）を見た熊楠は、弟子の上松 蓊 宛書簡によれば、自ら
申請書を書いたこと、及び指定運動の一定の成果も述べていた[注9]。

　　　神島の指定一件は、今度の文部省出板の報告に出居り、一本を送来候も、
　　神島を南牟婁郡とし、又新庄駅より海上（一里ほど）三里とせるなどよい
　　加減なものに御座候。説明は小生が書きしに拠たもの乍ら、至極簡単に抄
　　略せり。あまり詳しく書くと又抗議が出るからならん。然し一里のものを
　　三里と書てくれたは弥次連の来襲濫採の防ぎになり与三郎の此創と共に勿
　　外（怪）の幸ひに御座候。

4　現状と課題について

　1991 年（平成 3）2 月の和歌山県議会定例会（第 8 号議事録）では、「田辺
湾に係る樹皮漂着対策」が問題になっていた。また最近の『紀伊民報』（2004
年 4 月 28 日付。本社は田辺市）によれば、12 年前（1992 年）程ではないが、
神島のカワウによる糞害が目だっている。沼田正博氏（日本野鳥の会県支部
事務局長）は、「神島は安全で餌場も近い。ほっておくと営巣地になりかね
ない」と指摘する。2004 年 4 月の「調査で特徴的なのは、アライグマのも

のとみられる足跡が初めてみつかった」ことである。この点、津村真由美氏（日本野鳥の会会員）によれば、「カワウは田辺市街地で2000年から3年間繁殖したが、昨年（2003年）から白浜町の池を営巣地にしているという。アライグマに追われたためとみられ、その際、カワウが神島にも飛来したらしい。それを追ってアライグマが新庄町（田辺市）から島まで数百メートル泳いで渡ったとみられる。同町に生息するアライグマは多く、今年（2004年）3月末までに58匹が捕獲されている」という。そして同紙は、「調査と対策が後手に回った前回の轍を踏んではならない」と警鐘を鳴らし、同時に「市民が『神島』の価値を再認識するため、船で神島の周りを見学するなど、『保全ツアー』などが試みられていいのではなかろうか」と締めくくっている。

　熊楠を中心とした神島をめぐる保安林制度や史蹟名勝天然紀念物保存制度を運用した貴重な環境保全の権利運動は歴史的に大きな役割を果たしてきた。神島は、表面上では旧新庄村の所有に見えるが、実体的には旧氏子たちの家々の入会地と考えられる。ただし現実には自然保護の対象の神島として生きているのも事実である。これからの私たちの課題として、神島の環境保全の貴重性を全国・世界へ発信して、法的な手続きを踏みつつ、継続的な「神島の環境保全のためのエコツアー」など、創造的な多様な取り組みが要請されているものと考えられる。

注
（1）　『南方熊楠全集5』（平凡社、1972年）552頁。
（2）　紀南文化財研究会編・刊『増補　南方熊楠書簡集』（1988年）101頁。
（3）　前掲『南方熊楠全集5』551〜552頁。
（4）　前掲『増補　南方熊楠書簡集』51頁。
（5）　中瀬喜陽編『南方熊楠書簡―盟友毛利清雅へ―』（日本エディタースクール出版部、1988年）273頁。本書には、史蹟名勝天然紀念物保存法に関して、天然「記念物」とする誤りがあるので、注意を要する。
（6）　史蹟名勝天然紀念物保存法は、1950年（昭和25）に国宝保存法（1929＝昭和4年3月公布）や重要美術品等ノ保存ニ関スル法律（1933＝昭和8年4月公布）と共に廃止となり、1950年（昭和25）5月に公布、同年8月に施行された文化財保護法に受け継がれた。なお、文化財保護法附則の規定によれば、認定物件に関して、重要美術

品等ノ保存ニ関スル法律には今なお効力を有する条文がある。

（7）　前掲『南方熊楠書簡』240 頁。

（8）　『南方熊楠全集 10』（平凡社、1973 年）99 頁以下。

（9）　南方熊楠『門弟への手紙―上松蓊―』（中瀬喜陽編、日本エディタースクール出版部、1990 年）264 頁。

〔付記〕　かつて紀南文化財研究会（田辺市）で「南方熊楠の自然環境保護思想」に関して講演を行った際に、当時同市立図書館長であった杉中浩一郎氏の御配慮によって、神島に上陸し研修を行うことができた。紀南の歴史も教示してくれた故杉中氏に感謝している。本稿の原型は、2006 年 9 月の第 27 回中日本入会林野研究会の研究大会（於和歌山県西牟婁郡白浜町）での報告に基礎を有している。当日の報告に対する質問（青嶋敏氏）があった。その後は史・資料を得ていない。報告に関説した加藤俊哉「第 27 回中日本入会林野研究会大会を終えて」、天野雅夫「第 27 回中日本入会林野研究会大会報告」、及び松下幸司「森林保護について」（『中日本入会林野研究会　会報』27 号、2007 年）がある。なお 2006 年 12 月に法制史学会近畿部会例会（於京都大学）にて「史蹟名勝天然紀念物保存法と、その機能」のテーマで報告して、会員諸氏の御示教を得た。本稿は、「民権」・「環境」・「国際交流」の視角から検討した、後藤正人『南方熊楠の思想と運動』第 7 章（世界思想社、2002 年）を基礎にまとめ、かつ新資料を加味して、新しい指摘も行った。

付　説　近畿地方の入会史の特徴

　本章では、第2章の検討対象はほとんど関東地方が中心であり、また近世期が対象であったので、近畿地方を対象として、主に近代を中心に検討してみた。

　（1）京都府関係では、まず乙訓郡下の金ヶ原村と下海印寺村（現京都府長岡京市）とが同郡の小倉社境内地（現京都府乙訓郡大山崎町）に対する共同所持的入会権の確認を求めて近世には京都奉行所や、近代では京都府、明治政府へ訴えを提起し、認められていた。次に乙訓郡鴨背山の地役的入会権を同郡小塩村（現京都市西京区）に対して井ノ内・今里（現長岡京市）・鶏冠井・上植野（現京都府向日市）の4か村が確認の訴えを京都奉行所に起こし、そして京都所司代による井ノ内村など4か村の入会権を確認した寛文期の裁許状を勝ち取った。近代でも両者の紛争が勃発し、京都始審裁判所の下で内済が行われるが、井ノ内などの4か村には地役的入会権が確認されたことには、今里村が保持して来た、井ノ内など4か村の入会権を認めた寛文期の裁許状が大きな役割を発揮したのである。

　兵庫県関係では、まず丹波市の新山管理組合の入会史を扱ったが、この入会集団の入会史は中世に遡るもので、近世においても入会紛争があり、近代に入ると共有入会権側からは地役入会権の解消をめぐる紛争となり、大正期には入会地を分割譲渡して一応の決着がついた。その直後には部落有林野の統一政策を受け入れて、地方自治法上の「慣行（縁故）使用地」と称することになるが、私法的には入会地に他ならない。その後には紆余曲折があるが、現在は「新山管理組合」として山林を管理していることはいうまでもないが、組合員たちの入会権意識は、かつて管理組合が建立した入会団体の苦闘の記念碑には入会の言葉はなかった。次に宍粟市の東河内生産森林組合の入会史を、主に「故焼山久吉氏頌徳碑」（1940年建立）を対象として検討した。この建立者は「東河内百三十人持」という入会団体なのであるが、碑文には全く入会権という言葉が入ってはいなかった。ここでは幾つかの課題を提起し

た。

　滋賀県関係では、まず栗東市の金勝入会集団の入会史につき、近世以来の入会をめぐる状況や、入会地の「下戻運動から入会林野統一へ」という問題、とりわけ入会林野の統一政策との係わりを検討した。次に同入会集団に係わる「下戻運動」に現れた入会地再獲得運動とその入会権思想とがどのように当時の入会権者や現在の生産森林組合員に意識され、継承されたのかという権利意識の問題にアプローチした。金勝入会集団が苦闘を重ねて旧入会地を獲得した末に、「金勝村部落有山林紀念碑」を1923年（大正12）3月に建立したが、碑文には入会権や入会地という表現は見えていない。その後に、このような意識は、この共有入会権をなくして、入会地の所有権を町村へ移そうとする「入会林野統一政策」に妥協する重要な要因となったものと勘案した。ところが金勝村有林が金勝財産区になり、やがて金勝生産森林組合となったという。かくしてこの間の法的推移と経過について課題を提起した。ただし財産区は私法的には旧入会権者たちの入会地であることを反映したものと考えられるので、結論からいえば、妥当な結果として認められるのはもちろんである。

　和歌山県関係では、まず南方熊楠の神社合祀令廃滅運動を通じた森林環境思想を検討した。神社の本体は神聖な森にあり、神社の森、すなわち神社林を神社合祀令から保護することは熊楠の専門である粘菌を守ることであり、森林が自然の生態系を守ることにも通じ、そして神社の氏子たちの入会地を守ることにも通じることであった。次に熊楠は、植生に恵まれて類い稀な田辺湾・神島（現田辺市）を一般人の戯れの植物採集から守り、島への上陸を阻止できる史蹟名勝天然紀念物保存法による史蹟名勝と天然紀念物への指定運動を行うことを通じて、指定運動を成功させ、結果的に氏子たちの入会地を守ったことを検討したのである。

　近畿地方では、入会地の擁護運動を、主に刈敷や秣などの採集から木材資源を守るためへ、という発展に気付かされた。この木材生産は後に生産森林組合に形を変えた兵庫県の東河内入会集団や滋賀県の金勝入会集団の歴史に顕著であった。また和歌山県では南方熊楠という偉大な博物学者による神社

の神聖な森や神島の貴重な植生を守る運動を通じて、入会権・入会地の擁護に資するのみならず、生態系の維持を図るという歴史もあった。このことは現代に繋がる重要な問題を提起したものであった。

（２）全体的に見れば、京都府下の二つの入会史の事例は共に裁判に係わる内容を有し、裁許状や絵地図の堅持に見られる強い「入会権意識」の存在が見られた。兵庫県下の二つの入会史は、一方では地役的入会集団との粘り強い裁判や妥協の歴史を示し、他方では入会集団の顕彰碑から今日の生産森林組合の森林経営に繋がる歴史を垣間見せてくれるものであった。また滋賀県下の事例は共に金勝入会集団に係わる入会史であるが、国の「官没」に対する「下戻運動」と、「部落有財産統一政策」に対する「抵抗運動」の歴史であった。さらに和歌山県下の二つの入会史の事例は、博物学者の南方熊楠による自然環境保護運動が神社の氏子たちの入会権を擁護する機能を果たすものであった。

以上のような研究を多少とも行うことができたのは、各入会集団の訴訟や紛争、あるいは学者の自然環境運動を通じて、関係史料が残されてきたことによるのである。「入会権・入会地の史料は紛争があったから残されるのだ」ということがしばしばいわれてきたが、「入会権」の意識が多少とも存在したから入会権運動が維持され、入会関係史料が残されたのである。

入会地の活用の内容は、現在に至って種々の変貌を遂げているが、入会集団の関係史料を廃棄することは当該集団の入会史のみならず、「村」の歴史を葬り去ることにつながることを認識しなければならないことを教えるものであった。

終　章｜本書の成果と残された課題

1　本書の成果

（1）　本書の第1章「歴史のなかの入会史」では、歴史における入会・入会権の意味と役割、近世の共同所持的入会権と地役的入会権の概念を提唱しつつ、この概念の存在が評定所や、訴訟方及び相手方の主張に見られることを明らかにした。ただし、同じ「入会」という表現ながら、この二つの内容を明白に区別していた。また近世の共同所持的入会権と地役的入会権という二つの入会権が現民法上の共有入会権と地役入会権という二つの入会権規定の原型であることを検討した。

第2章「評定所の享保期入会裁判」では、幕府の評定所における享保期の入会裁判を分析し、及び入会が係わった入会関係裁判も検討した。八つの入会裁判では内済が4件、裁許が4件であった。内済の場合は訴訟側と相手方とが相互の入会権の内容（共同所持的入会権は樹木の伐採・畑地の開墾ができる。地役的入会権は刈敷・秣・小枝などの採集）や範囲についての共通の認識がある場合に実現した。一般には一方における入会権の内容や範囲についての違反があった場合に、当該の入会権の内容・範囲が両当事者によって確認されると「取替證文」が作成されて、両当事者が受け取り、かつ一通を評定所へ差し出すのである。裁許が行われるのは、両当事者が主張する入会権の種類や範囲が異なり、物証や周囲の関係村民の証言によっても判明しない場合である。評定所は証拠としてどのようなものを用いたのかといえば、過去の裁許状・絵地図、検地帳（水帳）や領主に差し出す村明細帳といった公の史料であり、両当事者が取り交わした文書である。また評定所は両当事者の申し立てに食い違いがある場合や、「見分」（検分）を要する場合には一般に

地域の異なる代官の手代2名を論所へ派遣して検分させるのである。裁許の場合、評定所は関係史料のみならず、種々の現状に鑑みて、入会権について「創設的」役割を果たすことさえあったことは注目される。

享保期の論所の地域性に関しては関東地方が多く、史料上次の時代である天明期の入会裁判7件ではかなり関東以外への広がりを見せている。また享保期には内済と裁許が五分五分であったが、天明期では6件が内済で、もう1件は訴訟取り下げであった。内済では、「取替證文」には両当事者のそれぞれの村の代表者である名主たちが署名し、さらに各々の知行主の名前が書かれている。裁許では寺社・勘定・町奉行（南・北）の全てが署名するが、すでに見たように略称である。ただし各奉行はそれぞれ固有の役目もあり、「月番などの交代」で吟味に携わるものと考えられる。一般の実務については、勘定所の勘定留役が職務としたことが知られている。また内済・裁許に係わらず、享保13年（1728）以降は初判を行った1人の奉行の肩書（何の守）だけが見えてくる。

第3章「近畿地方の入会史」では、近畿地方の京都府、兵庫、滋賀と和歌山各県下の入会史を扱ったが、裁判における裁許状や絵図面の堅持に見られる入会権意識、及び近代国家による「官没」や「部落有林野統一政策」に対する入会権意識に基づく抵抗運動、さらに南方熊楠の現代にも通じる自然環境保護運動を基礎とする神社合祀令廃滅運動や史蹟名勝天然紀念物への指定運動を通じた氏子たちの入会地擁護に果たした役割は、いずれも貴重なものであった。こうした運動の中からその後の生産森林組合の林業経営や、熊野古道が世界遺産となるにあたっての礎を築くことになって行くのである。

（2）　入会集団・入会地に関する調査は、明治26年（1893）の調査、及び昭和5年（1930）の調査がある。近年では黒木三郎・熊谷開作・中尾英俊編『昭和49年　全国山林原野入会慣行調査』（青甲社、1975年）が47都道府県合計1440入会集団につき、総論、地方別（東北、関東、中部、近畿、中四国、九州）の検討、全国集計表、項目別調査結果表（都道府県別）、文書資料編から成る、貴重な文献・資料となっている。

ｉ）この調査で扱われた入会集団と、本書で検討の対象とした入会集団と

は一致するものがあるとは必ずしも言えないが、かつての入会地が形を変えて現在に至っているのかどうか検討を要する入会地が幾つかあるように思料される。例えば、本書第2章第1節「伊豆国賀茂郡下の入会裁判」中の筬場村・下筬場村の場合とこの調査による「静岡県　⑧田方、中伊豆、上大見、筬場。⑨田方、中伊豆、上大見、筬場他2」(69頁)、第2章第5節「駿河国駿東郡下の入会裁判」中の仁杉村の場合とこの調査による「静岡県　④御殿場市、(駿東)、御殿場町、仁杉」(69頁)、同じく第5節中の古沢村の場合とこの調査による「⑤御殿場市、(駿東)、北郷、古沢」(69頁)、及び第3章第2節第2「宍粟市の東河内生産森林組合の入会史」中の染河内・能倉村の場合とこの調査による「兵庫県、宍粟、一宮、染河内、能倉」(81頁) である。

　ⅱ）評定所の入会裁判、及び入会が係わった裁判に現れた入会地利用の内容と、この調査を比較してみると、すなわち近世と現代との大雑把な比較であるが、まず近世から近代にかけての入会林野の利用の変化を見ると、かつての刈敷・秣、小枝・薪、キノコ・果実の採集、天然林の建築材の伐採や育林から、主に天然林・人工林の利用、南方熊楠の植物学などの学術研究の対象地となる場合も存在した。さらに現代への変化を見ると、植林、天然林・人工林の利用、種々のレクリエーションの場の提供、あるいは借地による各種のスポーツ施設などへの変化・発展が窺われる。

2　今後の課題

　（1）　まず第1は、近世の「入会」という言葉の概念にはすでに検討したように樹木の伐採や、一定の畑地の開墾ができる共同所持的入会権と、他所における刈敷、小枝 (燃料) や秣を採集できる地役的入会権が内包されていた。しかし、近世法では、この二つの意味をそれぞれ独自に示す入会権の二つの言葉を生み出すに至っていないことは一つの弱点であったのではないか。廃藩置県 (近世領主権の廃止) 以後、明治民法で二つの入会権の規定が生まれるまでの間の入会権の研究が本書では必ずしも十分ではないが、第3章の例えば京都府下の小倉社の領地への金ヶ原・下海印寺両村の小塩村野地

への「立入」の権利（共同所持的入会権）や、鴫谷山の入会権裁判をめぐる
井ノ内・今里・鶏冠井・上植野４か村の「立会」の権利は地役的入会権を意
味するが、入会権を示す法律用語としては弱いものであった。従って、今後
はこの間の、特に明治民法ができるまでの明治年間の入会裁判の研究がより
一層俟たれるのである。

　（２）　評定所の裁判については、三奉行（計10人）が全て何から何まで
吟味したとは考えられず、町奉行であれば与力が町奉行を助けるために、ま
た勘定奉行であれば勘定所の公事方（訴訟関係）が勘定奉行を助けるために、
具体的な取り調べを行ったものと勘案される。従って三奉行や与力などはい
かにして裁判関係の法知識を身に付けたのであろうかと新しい課題が生じる
所以である。

　ただし中世（とりわけ鎌倉期）では特定の家が明法家となるが、近世では
これとは異なっており、すなわち特定の旗本家が代々決まった奉行になると
いう仕組みではなく、むしろ与力や公事方の下役となった頃から実務の研究
が開始されるので、こうした下役の法実務に関する研究が課題となるものと
考えられる。

　（３）　幕府の評定所が近世日本における裁判所として最高の地位にあり、
こうした在り方は近世の封建制が幕府を頂点とする中央集権的構造を成して
いることの反映であると考えられる。このような構造こそが、幕府をなし崩
し的に消滅させた明治国家の成立によって兎にも角にも近代日本の統一的な
裁判制度、及び訴訟制度ができる重要な要因となったものと勘案されるので
ある。このような構造と変革の在り方が、同時に近代天皇制国家の近代法の
不徹底性に結果することとなったものと推測されるのである。従来、近世か
ら維新期、そして日本近代に至る法制史は過渡期として重点的に検討される
ことはほとんど存在しなかった(注1)。過渡期の法制史研究は、いうなれば日
本法制史の大事な分野なのである。究極として、裁判・訴訟制度の近世・明
治を横断する真の日本法制史の研究が俟たれるのである。

　ただし評定所の裁決のために行う検分や審理を通じて重要なことは、評定
所は現地の論所へ「地方巧者」といわれる代官ないし主に手代を派遣して、

裁判の論拠となる「証拠」を探索させて、裁許や内済を行っていることである。現代の入会裁判は主に書面の審査だけであり、裁判官を始め、論地である「入会地」へ足を運ばないのである。評定所のみならず、例えば山城国乙訓郡下の入会裁判を行った京都町奉行所は紛争のある場所へ代官ないし手代を派遣して吟味させた「論所見分」が現代では生かされていないのである。

　近世前期における「入会裁判」は「入会関係裁判」として処理された可能性が大きいが、若干の検討を行ったように、近世前期の「入会関係裁判」史料も知られるようになってきたので、近世前期の研究と、主に『裁許留』の享保期以後の研究とは今後の研究課題である。これらの研究については、是非若い入会史研究者に期待したいと思う。

　（4）本書が明らかにして来た近世・近代の入会・入会権をめぐる歴史研究から、何が一体見えてくるのであろうか。一つには入会集団が自らの入会地を守り、あるいは国の官民有区分などによる「官没」、神社合祀令や入会林野統一政策などから入会地を守って来たのは多かれ少なかれ「入会権」意識が根底にあったからに他ならない。現在の経済重視の風潮にあって、入会集団の若い層の中には入会地から「利益」を上げたいと考える傾向があるともいわれている。ただし過去の入会権者たちは入会地の森林に対する植林や枝打ちなどの出役に象徴される労働を通じて、入会地の価値を維持してきたことも事実であった。こうした労働の在り方は確かに現在では変容を迫られていることも事実であろう。しかしながら現在にあって最も重要なことは若い入会権者たちに対する「入会権教育」の実施である。この面では、かつて入会集団や生産森林組合員たちが中日本入会林野研究会（かつて同種の東日本入会林野研究会や西日本入会林野研究会が存在）に大勢参加していたのである。また入会研究者などが府県の入会林野コンサルタントとなり、入会林野の整備のみならず、入会権の教育に果たした多少の役割も存在したのであった。現在の新しい状況の下で、入会研究者による入会集団や学界や行政に対する相応しい努力が求められているものと考えられる。

　入会集団に係わる法社会史の今後の研究の手掛かりとして、現在の生産森林組合に関する入会史を探る研究と共に、先に挙げた『昭和49年　全国山

林原野入会慣行調査』（1975年）を手掛かりに調査を行うことが可能である
と考えられる。京都府長岡京市でいえば（旧町村、集落）、①「海印寺　浄土
谷」、②「海印寺　浄土谷・神足」、③「海印寺　奥海印寺」と挙げられてお
り、今後若い人たちによる新しい研究が期待されるのである。

注
（1）　後藤正人『近世・維新期の民衆と法—東九州を中心に』（文理閣、2021年）第7章
　　　「廃藩置県直後、高鍋地方の民衆運動をめぐる法意識—農民、美々津・宮崎県庁、司
　　　法省—」は、このささやかな試みである。

あとがき

　ここでは各章・各節などの拙稿につき、その成り立ちを簡単に述べておきたい。

　序章「近世・近代の入会史」は、新稿である。

　第1章「歴史のなかの入会史」は、拙稿「歴史のなかの入会・入会権」（中日本入会林野研究会『入会林野研究』39号、2019年）を多かれ少なかれ補訂したものである。

　付説1「近世の入会概念と信州の歴史研究―入会顕彰碑をめぐって―」は、拙稿「近世の入会概念について―信州の研究と入会顕彰碑を中心として―」（前掲『入会林野研究』33号、2013年）の補訂である。

　付説2「歴史における入会・入会権の役割」は、新稿である。

　第2章「評定所の享保期入会裁判」は、新稿である。

　第1節「伊豆国賀茂郡下の入会紛争―河津組上郷・下郷の『取替證文之事』を中心に―」は、拙稿「享保5年、天城山をめぐる豆州賀茂郡河津組上郷・下郷の入会紛争―幕府評定所の入会裁判（1）―」（前掲『入会林野研究』38号、2018年）の補訂である。

　第2節「上総国市原、武蔵国都筑、常陸国多珂郡下の入会裁判―三つの裁許状を中心に―」は、拙稿「享保5年、上総国市原、武蔵国都筑、常陸国多珂郡下の入会紛争―幕府評定所の入会裁判（2）―」（前掲『入会林野研究』39号、2019年）の補訂である。

　第3節「下総国香取郡、同海上郡下の入会裁判―二つの『取替證文之事』を中心に―」は、拙稿「享保13年、下総国香取、同海上郡下の入会紛争―幕府評定所の入会裁判（3）―」（前掲『入会林野研究』40号、2020年）の補訂である。

　第4節「安房国長狭郡下の入会裁判―大幡村・北風原村の『取替證文之事』を中心に―」は、拙稿「安房国長狭郡下の入会紛争―幕府評定所の入会裁判

（4）—」（前掲『入会林野研究』41号、2021年）の補訂である。

　第5節「駿河国駿東郡下の入会裁判—北方・南方への裁許状を中心に—」は、新稿である。

　付節1「下野国那須郡下の『村境論』裁判—向田・落合両村への裁許状を中心に—」は、新稿である。

　付節2「下総国葛飾郡下の『地論』裁判—西夏見村・中夏見の『差上申一札之事』を中心に—」は、新稿である。

　付節3「美濃国土岐郡下の『山論』裁判—細野村と曾木・妻木両村への裁許状を中心に—」は、新稿である。

　付節4「伊豆国田方郡下の『秣場通路』裁判—吉田村・三福村の『差上申一札之事』を中心に—」は、新稿である。

　付説「評定所の享保期入会裁判の特徴」は、新稿である。

　第3章「近畿地方の入会史」は、新稿である。

　第1節「京都府関係の入会裁判」の第1「乙訓郡金ヶ原・下海印寺両村と小倉社との入会裁判—入会権意識を中心に—」は、拙稿「山城国乙訓郡金ヶ原村の入会権運動—近世・近代を通じて—」（前掲『入会林野研究』37号、2017年）の補訂である。

　第1節第2「乙訓郡鳴谷山をめぐる入会裁判—裁許状堅持を中心に—」は、拙稿「入会権と法意識—近世と近代を通じた訴訟—」（『中日本入会林野研究会　会報』〈現『入会林野研究』〉16号、1996年）の改稿である。

　第2節「兵庫県関係の入会史」の第1「丹波市の新山管理組合の入会史—抵抗と妥協の狭間で—」は、拙稿「入会権・入会集団の変遷について—兵庫県丹波市の『入会顕彰碑』を手掛かりに—」（前掲『入会林野研究』32号、2012年）の補訂である。

　第2節第2「宍粟市の東河内生産森林組合の入会史—『故焼山久吉氏頌徳碑』を中心に—」は、拙稿「兵庫県宍粟市の東河内入会集団の歴史によせて—焼山久吉頌徳碑をてがかりに—」（前掲『入会林野研究』34号、2014年）の補訂である。

　第3節「滋賀県関係の入会史」の第1「栗東市の金勝生産森林組合の入会

史—部落有林林野統一政策に対する抵抗を中心に—」は、拙稿「滋賀県の金勝生産森林組合の入会史をめぐって」（前掲『入会林野研究』35 号、2015 年）の補訂である。

　第 3 節第 2「旧栗太郡金勝入会集団の『上地』に対する抵抗—入会地『下戻運動』を中心に—」は、拙稿「滋賀県栗東市の金勝入会顕彰碑について」（前掲『入会林野研究』36 号、2016 年）の補訂である。

　第 4 節「和歌山県関係の入会史」の第 1「神社林と南方熊楠の森林環境保護思想—神社合祀令の廃滅運動を通じて—」は、拙稿「南方熊楠の森林環境思想—神社合祀令の廃滅を通じて」（『中日本入会林野研究会　会報』21 号、2001 年）の多少の改稿である。

　第 4 節第 2「田辺湾神島と史蹟名勝天然紀念物保存法—南方熊楠の指定運動をめぐって—」は、同名の拙稿（『中日本入会林野研究会　会報』27 号、2007 年）の多少の補訂である。

　付説「近畿地方の入会史の特徴」は、新稿である。

　終章「本書の成果と残された課題」は、新稿である。

＊

　最後になったが、文献の参照については中日本入会林野研究会、憲法研究所や法制史学会近畿部会の研究者の協力を頂き、また『中日本入会林野研究会　会報』・『入会林野研究』に所収された拙稿の原型については中日本入会林野研究会の運営委員や会員たちから貴重な御教示を給わり、とりわけ入会団体や生産森林組合の調査では同研究会の天野雅夫氏の有益な協力を得た。併せて御礼を申し上げたい。

　　　　　2022 年 2 月 9 日

　　　　　　　　　　　　　　　　　長岡京市金ヶ原にて

　　　　　　　　　　　　　　　　　　　　　後藤正人

著者紹介

後藤正人（ごとうまさと）

1943 年青森県生（早稲田大学大学院法学修士、大阪大学大学院法学研究科博士課程単位取得）、和歌山大学名誉教授、元和歌山県庁・京都府庁入会林野コンサルタント、中日本入会林野研究会元代表委員。

著書（主な単著）

『社会科教育と法社会史』昭和堂、1992 年

『権利の法社会史―近代国家と民衆運動―』法律文化社、1993 年

『土地所有と身分―近世の法と裁判―』法律文化社、1995 年

『南方熊楠の思想と運動』世界思想社、2002 年

『近代日本の法社会史―平和・人権・友愛―』世界思想社、2003 年

『平和・人権・教育―地域と職場にねざして―』宇治書店、2004 年

『松崎天民の半生涯と探訪記―友愛と正義の社会部記者―』和泉書院、2006年

『児玉花外の詩文と生涯―社会的ロマン派詩人―』文理閣、2019 年

『近世・維新期の民衆と法―東九州を中心に―』文理閣、2021 年

主な共著

『非戦・平和の論理』法律文化社、1992 年

『市民革命と日本法』（フランス人権宣言 200 年記念）日本評論社、1994 年

『長岡京市史　本文編 2　近世・近現代編』京都府長岡京市市役所、1997 年

『平和憲法と人権・民主主義』法律文化社、2012 年

『裁判と自治の法社会史』（熊谷開作先生生誕百年記念論集）晃洋書房、2020年

監修・各巻解説・天民小史

『松崎天民選集　全 10 巻』クレス出版、2013 年

歴史のなかの入会・入会権
—評定所の享保期入会裁判、近畿地方の入会史—

2022年9月20日　第1刷発行

著　者　　後藤正人

発行者　　黒川美富子

発行所　　図書出版　文理閣
　　　　　京都市下京区七条河原町西南角　〒600-8146
　　　　　TEL (075)351-7553　FAX (075)351-7560
　　　　　http://www.bunrikaku.com

印刷所　　亜細亜印刷株式会社

ISBN978-4-89259-917-0